南京大学经济学院教授文选

刘志彪自选集
咨政岁月

刘志彪 著

南京大学出版社

自　　序

2010年9月,江苏省委一纸调令,把我从工作了26年的南京大学调到了江苏省社会科学院。从此我从一个教育工作者正式地走上了咨政服务的工作领域,开始了另外一种不同于教授的思考和工作模式。

其实,在这之前的十多年里,我的研究也经常服务于政府的决策咨询工作。除了做一些政府委托课题、参与政府工作的研讨会议外,最深入和直接的咨政活动,就是从1997年1月开始,我辅助了洪银兴教授创设"江苏发展高层论坛"。这个由南京大学经济学科作为主要智力支持的发展论坛,迄今为止已经办了37期,先后7任省委书记每期都参加,而且每次都是从头坐到尾,听取专家学者的意见并发表讲话。为了办好这个论坛,争取发言多出彩,我们每次都要结合论坛特定的议题做一些调查研究,进行研究思考分析。这个论坛一直被江苏省委各任主要领导誉为"智囊团""思想库"。自然,我作为参与组织这个论坛的主要学者之一,在这个过程中开始逐步学习作为政府官员思考问题的方式和方法。

地方社会科学院,尤其是它的社会科学学科部门,与综合性大学的研究定位是有很大差异的,主要体现在它必须承担党委政府的"智库"功能。在省社科院工作的近四年中,我要经常训练自己的"逆向思维"能力,即站在领导思维的立场和角度,思考如何看待和处理一些经济问题。从2012年开始,我担任了第十二届全国政协委员,被分在社会科学界别。承担参政议政的责任和发挥自己的专业特长,也需要我更多地从解决实际问题出发,广泛地进行调查研究和撰写有关咨询报告。在这期间,由于经常参加地方党委和政府召开的各种会议,我对政府工作的特点和内容,也有了更具体的认识和体会。这是我作为一个大学教授难能可贵的学习机会。

2015年,在时任江苏省委常委、宣传部长王燕文的鼓励和大力支持下,我以南京大学经济学科的研究力量为基础,和各位同事一起创设了"长江产业经济研究院(南京大学)",该智库在当年11月就成为江苏省首批重点高端智库。得益于江苏省委和南京大学领导的高度重视和实质性支持,智库于2017年9月入选中宣部国家高端智库建设培育单位。这些年来,我除了带博士生和博士后外,一般的教学工作做的并不多,主要精力都放在了做好国家智库的工作上。

相较于以往我已十分熟悉和习惯的教书工作,做智库对我来说确实具有巨大的挑战。从事智库工作不仅要适应智库快速变化的研究主题和内容,以及高强度的、迅速反应的工作方式,同时要逐步开创在高校运作的新型智库的工作模式。就研究文本的写作来说,从学术型学者转型为智库型学者,首先是要反应快,其次就是要熟练掌握智库文章的写作风格,它与"八股式"学术论文有着很大的差异。我体会,学术研究的模式是"提出问题—给出假设—验证假设—给出结论",而智库的咨询研究报告,一般是四要素构成:问题的现状;问题的原因;问题的影响或后果以及如何解决这些问题(经常包含如何吸取别地、别国的好的经验和做法)。显然,分析问题的原因和后果,也经常需要用到学术理论和数学模型,但它却不是智库文字要表述的重点。

至于高校新型智库的工作模式,则要进行长期的创新和适应。我在好几次全国的智库会议上,都提出了中国高校智库发展需要注重的五个问题。第一,现代大学要充分发挥以学术咨询为导向的社会服务功能,这是大学在新时代的新使命。大学智库要学以为用,既要顶天,服务于政府的决策咨询;也要立地,服务于社会公众,引导社会舆论。第二,以学术研究见长的大学机构,转化为现代智库需要解决观念障碍、定位障碍、知识技能准备不足障碍以及考核体系障碍的问题。如观念上不能认为做理论是搞学问,做智库就不入流;考核评价体系上要建设适应智库工作特点的学术评价指标和职称要求等。第三,大学智库要有准确的定位,发挥自身优势,专注于形成自己特色的竞争领域和优势,要追求以研究为基础的咨询,不能追求短平快,不能主要进行以领导批示为主的研究;要做既可以解释理论机理,又可以影响政府决策的学问。第四,大学智库的独立性,不是要智库天马行空,更不是要追求领导人的认可,而是要追求对政府、对社会、对民众产生积极影响,在理性方面推动社会进步。第五,大学智库不宜走计划体制下的旧的研究机构的老路,应该采取核心加外围的模式,来建设自己的研究队伍,充分发挥现代网络的作用,吸引全球人才和智力为我所用。

2020年6月18日,在江苏省委宣传部和南京大学的全力支持下,长江产业经济研究院召开建设国家高端智库推进会。领导提出南大智库要对照国家高端智库建设标准的要求,凝聚合力全力推进,要得到更快更好的发展,为助力学校"双一流"建设发挥更大的推动作用。这也是我这辈子的学术工作在最后收尾阶段努力的方向和目标。我将为此竭尽全力,为后来者创造一个好的平台。

长江产业经济研究院这些年为南大经济学科做了一些显示性较强的学科建设工作,同样也得到了经济学科、管理学科教授们的有力支持和支撑。这次经济学院为每位教授出一本学术自传,让我有了向大家汇报我从事智库工作的体会的机会。在选择编入这本自选集的文章时,我做了一些考虑和选择:一是考虑到评上"江苏社科名家"之后,2016年省里为我在江苏人民出版社出了一本学术自传,因此那本书里已经收录的重要文章,本书就不宜再收录。二是这本书偏向于汇报智库研究成果,尽量不收录比较纯粹的学术论文,如在《中国社会科学》《管理世界》等学术刊物中发表的论文都没有收录。三是这段时期我写的文章较多,为了限制篇幅,就尽量平衡地选择我在各个研究方向上有代表性的文章。四是这些都是公开发表的文章,个是真正意义上的咨询研究报告,但它们确实是研究报告写作的问题来源和理论基础,有的甚至就是咨政报告直接转化或改写而来的。

我指导的学生仝文涛博士,在本书的选编工作中为我做了大量的细致烦琐的工作,对他的辛苦劳动,我由衷表示感谢。另外要表示感谢的就是我的一些文章的合作者凌永辉等。你们努力工作的态度和热情,永远激励着我。

刘志彪
2021年5月于南京大学北园丙丁楼

目 录

第一章　中国经济全球化问题研究

"一带一路"倡议下全球价值链重构与中国制造业振兴……………… 003
基于内需的全球化：中国应对外部环境变化的新选择 ……………… 013
中国经济：从客场到主场的全球化发展新格局 ………………………… 027
新冠肺炎疫情下经济全球化的新趋势与全球产业链集群重构………… 040
在全球价值链路径上建设制造强国……………………………………… 053

第二章　中国经济问题研究

建设统一市场是中国经济"开放的第二季"……………………………… 069
中国改革开放的核心逻辑、精神和取向
　　——为纪念改革开放40周年而作……………………………………… 081
重塑中国经济内外循环关系的新逻辑…………………………………… 092
需求侧改革：推进双循环发展格局的新使命…………………………… 105
理解高质量发展：基本特征、支撑要素与当前重点问题……………… 116

第三章　中国产业发展研究

产业链现代化的产业经济学分析…………………………………………… 131

实体经济与虚拟经济互动关系的再思考…………………………………… 146

对商业银行反垄断有利于金融更好地服务实体经济
　　——基于十九大报告关于"加快完善社会主义市场经济体制"的思考…… 161

现代服务业发展与供给侧结构改革………………………………………… 171

为什么我国发达地区的服务业比重反而较低?
　　——兼论我国现代服务业发展的新思路………………………………… 182

重化工业调整:保护和修复长江生态环境的治本之策…………………… 194

第四章　长三角一体化与区域协调发展研究

长三角区域高质量一体化发展的制度基石………………………………… 207

长三角区域市场一体化与治理机制创新…………………………………… 219

我国区域经济协调发展的基本路径与长效机制…………………………… 233

双循环新发展格局视角下推进区域协调发展
　　——论东北老工业基地振兴……………………………………………… 247

为高质量发展而竞争:地方政府竞争问题的新解析……………………… 260

第一章

中国经济全球化问题研究

"一带一路"倡议下全球价值链重构与中国制造业振兴

习近平总书记对"一带一路"倡议的深邃思考和务实推动,不仅体现了中国作为发展中大国的世界担当和情怀,也是中国面对"逆全球化"复杂局面,更新全球治理和发展机制、构建包容性全球价值链(简称 GVC)的最重要的决心和措施。这一倡议对于启动中国新一轮的经济全球化战略具有决定性的意义,也有助于中国在扩大内需、调整结构中,重振制造业的国际竞争优势。"一带一路"倡议下的国际产能合作,可以在加快供给侧结构性改革的背景下,推动形成中国制造发展的优良环境和氛围,从而抓住世界赋予中国的这一千载难逢的机会。

一、向东开放:嵌入 GVC 带来增长机遇和挑战

自 20 世纪 70 年代末以来,尤其是在 2001 年加入 WTO 后,中国对外开放的指向特征主要是向东开放发展的内外联动机制,主要表现为企业主动嵌入由西方跨国公司主导的 GVC,接受其发出的制造订单进行国际代工。我们把这种全球化发展现象称之为"嵌入 GVC 的出口导向发展模式"[①]。它有五个基本的内容:一是在收入较低、内需市场较小的初始条件下,直接把支撑国内增长和发展的拉动力转向依靠西方发达国家的市场上;二是利用中国具有比较优势的生产要素,尤其是相对廉价的劳动

---

① 刘志彪:《经济国际化的模式与中国企业国际化的战略选择》,《经济理论与经济管理》,2004 年第 8 期。

要素,结合所引进的西方技术,进行初级产品的生产加工活动①;三是通过营造优惠政策的"洼地"效应,形成局部优化的投资环境,建设各类经济开发区,广泛吸收外资,让外资企业从事加工贸易业务;四是在 GVC 的底部,从事加工、制造、生产、装配等相对较低的附加值业务②;五是在经济政策取向上,运用各种激励措施推进出口导向的外向型经济战略等。

制造业的全球化发展,使中国作为主要的生产国获取了巨大的红利。具体体现为:一是为中国企业发展提供了利基丰厚的市场,为大量的过剩劳动力提供了比较利益显著的就业岗位;二是促进了国内市场的出清,由此吸收了中国丰富的、具有强大竞争力的过剩产能;三是中国企业在国际代工中虽然处于 GVC 中的"被俘获"地位,但是逐步实现了产品升级、工艺(流程)升级,甚至一定的功能升级;四是通过参与国际竞争,中国本地企业不仅学到了技术,也学到了管理技能和各种知识。

嵌入 GVC 的出口导向发展模式,在 GVC 的底部进行国际代工,也给中国企业带来了一些挑战,主要是以下几个方面。

第一,容易出现较大规模的产能过剩问题。进入壁垒低、替代者众多、竞争异常激烈,是处于"微笑曲线"底部位置的市场结构的基本特征,由此决定了在世界经济景气时期蜂拥进入的劳动密集型产业,很容易在市场需求高峰退潮的时期形成过度竞争态势,加剧经济萧条。

第二,容易陷入比较优势陷阱,忽视产业更新和技术升级。国际代工生产具有技术难度小、回报率相对较高、市场风险相对较低的特征,这会诱使企业放弃创建具有自主知识产权的品牌活动,从而放缓甚至放弃产业升级的艰辛努力。现在随着国内外要素成本不断上升,中国企业过去低价竞争的优势正不断地消失,逐步让位于其他发展中国家。而且,企业生产率的提升速度也难以消化这种成本上升的压力,从而导致竞争力衰减。

---

① 黄永明,何伟,聂鸣:《全球价值链视角下中国纺织服装企业的升级路径选择》,《中国工业经济》,2006 年第 5 期。
② 文嫮,曾刚:《嵌入全球价值链的地方产业集群发展——地方建筑陶瓷产业集群研究》,《中国工业经济》,2004 年第 6 期。

第三,容易抑制自主创新的发展。在国际代工中,企业做的是发包方,即西方跨国公司早已研发、设计好的外包订单,不仅中国企业无缘于这种产品的设计、研发活动,而且所收取的"合理"的加工费以及所获得的"合理"的利润,会让中国企业产生"温水煮青蛙"的效应,逐步失去产业创新升级的欲望。另外,进入这种代工体系,也容易被跨国企业所"俘获",锁定在价值链的低端,为技术创新升级设置人为的障碍①。

第四,容易出现严重的收入分配失衡。一是处于GVC低端的中国企业,缺少与市场势力巨大的发包方进行讨价还价的必要资源,只能获取微薄的加工费;二是在资本密集产业中,如果所有者为外资,那么按照既定的分配规则,主要的利润将自动为发达国家占据;三是低端制造业的过度进入,会导致压价竞争,恶化劳动者的收入分配地位。

因此,中国过去攻城略地、无坚不摧的制造业附加值贸易活动,目前到了必须转换发展模式的关键阶段。

二、全球价值链重构与经济结构失衡的纠偏

调整、摒弃单一的出口导向的全球化战略,重构GVC,塑造中国基于内需的全球化战略,建立立足于国内经济与国际经济良性循环的视野和机制,既是均衡国内经济结构的要求,也是中国为世界经济结构失衡纠偏所做的重大努力。

2016年年底的中央经济工作会议指出,当前我国经济运行面临的突出矛盾和问题,虽然有周期性、总量性因素,但根源是"重大结构性失衡",导致经济循环不畅,必须从供给侧结构性改革上想办法,努力实现供求关系新的动态均衡。

这种结构性失衡问题,一方面表现为产能严重过剩,另一方面表现为高质量产出的有效供给不足。究其原因,是我国相当多的产能是在世界经济增长黄金期面

---

① 刘志彪:《中国贸易量增长与本土产业的升级——基于全球价值链的治理视角》,《学术月刊》,2007年第2期。

向外需以及国内高速增长阶段形成的,在那个时期大力实施了嵌入GVC的出口导向发展战略,面向中低端市场出口形成了巨大的产能。在应对2008年国际金融危机的冲击中,一些产能在一定的政策刺激下又有所扩大。现在全球经济陷入了低增长困境,国内的需求结构也发生了重大变化,如随着国内中等收入群体迅速扩大,中高端消费需求显著增加,早先的低端产能就变成了过剩产能。如果不能提供更高质量的产品和服务,这些中高端需求将基本转向国外市场。更深刻的是人口结构的变化,2012年以来,我国适龄劳动人口的减少使住房、小汽车、家用电器、食品、服务等消费需求也发生了重大的变化。因此如果供给端的结构改革跟不上,技术创新失去了国内市场的支持和推动,那么我国在目前的发展阶段上,就有可能陷入"中等收入陷阱"。

因此,纠偏"重大结构性失衡"的关键之一,是要从扬弃"基于嵌入GVC的出口导向发展战略"入手,塑造激励产业转型升级的环境和氛围。一方面,压缩低端产能,把调整出来的市场资源、信贷资源以及物质资源,通过市场机制源源不断地转移到战略性新兴产业和现代服务业;另一方面,则要通过技术创新和实施品牌战略,增加高质量有效供给,满足国内不断崛起的中产阶层的中高端需求,使中国制造从数量扩张全面转向质量提升。这是供给侧结构性改革的主要内容。

从中国为世界经济结构失衡纠偏的角度看,在当今经济全球化态势下,上述国内经济结构的纠偏和调整,还有助于中国与世界经济之间恢复动态均衡。过去以美国为代表的西方国家,在"中国生产—西方消费"的GVC分工秩序和结构中获得了大量主要来自中国供应链上的物美价廉的商品,同时作为高新技术生产国,其技术设备等则从中国市场的迅速成长中获得了巨大的支持和实际利益。不过这种分工秩序和结构,在长期中是动态非均衡的:随着中国逐步成长为体量居于全球前列的经济体,如果长期满足于为西方跨国企业国际代工,不面向不断成长的国内市场需求,不进行产业的功能升级,必然会使全球经济结构发生重大的失衡。

之所以说中国的这种全球化模式是不可持续的,是因为这一分工结构和秩序,除了会使中国无法解决严重的产能过剩等问题外,还会使发达国家内部出现一定程度的利益结构失衡。如中国廉价产品的长期大量输入,会使这些国家的同类产业,尤其是中低端产业逐步丧失竞争优势,出现大面积的产业转移或外移,出现所谓的"产业空心化"趋势①;也会使以传统农业和一般制造业为代表的"旧经济部门"的利益相关者受到损害,出现利润下滑、工厂倒闭、失业率增加和社会不稳定等现象,这就是当今"逆全球化"思潮出现的全球分工秩序和产业基础。

在2016年G20杭州峰会上,习近平总书记认为,经济全球化背景下各经济体"一荣俱荣、一损俱损",应该争取通过宏观经济政策协调,放大正面联动效应,防止和减少负面外溢效应。为此,他提出了以"命运共同体"理念重构全球治理的命题,以此引导经济全球化进程向着更加包容普惠的方向发展;要奉行互利共赢的开放战略,中国愿为国际社会提供更多公共产品。其中,"一带一路"的倡议,就是旨在同沿线各国分享中国发展机遇,实现共同繁荣。

可以肯定的是,未来经济全球化的进程不会改变,但是全球化的形式会发生根本性的改变。中国经济全球化的进程和趋势,目前至少已经出现了以下几个明显的变化:①出口商品为主,正在演变为投资与贸易一体化,即输出资本带动商品就地销售;②吸收外资为主,正在演变为吸收先进技术和高级人才为主;③利用别人的市场支撑自己的经济增长,正在演变为利用自己的市场进行全球化扩张;④以建设科技园区、制定优惠政策来吸收外商直接投资,正在演变为提供先进的制度平台和硬件载体来吸纳高级技术人才。可以断言,中国将会高举经济全球化的大旗,以"命运共同体"理念重构GVC,用自己对全球化的理解,形成自己独到的全球化战略体系,包括一套完整的战略理念、模式、体制和举措等。

中国新的全球化战略也正在崛起。新一轮科技和产业革命正孕育兴起,国际分工体系加速演变,GVC深度重塑,都给经济全球化赋予新的含义。未来随着全球贸易和世界经济的重振,一个更加开放、包容、协调的全球治理机制和规则体系将会建立。在G20安塔利亚峰会上,各成员国所倡导的建设包容的GVC,就是为了构建这种新型的GVC治理体系。对于有担当、负责任的中国政策决策机制来说,包容的

---

① 胡立君,薛福根,王宇:《后工业化阶段的产业空心化机理及治理——以日本和美国为例》,《中国工业经济》,2013年第8期。

GVC,就是要主动构建全球经济增长结构均衡的新机制,就是要构建基于内需的经济全球化的新战略。

三、沿"一带一路"倡议重塑全球价值链与振兴中国制造业

如果说过去基于出口导向嵌入GVC,是中国参与全球分工的第一轮经济全球化的话,那么重构基于内需的GVC,就是中国参与第二轮经济全球化战略的主要含义①。提出这个战略的主要目的,不是主张要回归封闭经济,不是说可以关起门来自力更生搞建设,或者搞什么进口替代,而是要用开放、包容、协调的理念,扬弃过去单一的出口导向型经济,利用自己内需规模名列世界前茅的优良基础条件,承担起自己作为发展中大国经济相应的责任,以"一带一路"倡议实施为契机和基点,构建以我为主的包容性GVC治理体系,以此促进全球经济的结构均衡,促进中国经济内生化发展,并通过创新驱动战略的实施和发展,加快我国制造业转型升级,培育我国参与新一轮全球竞争的新的动态竞争优势。

建设制造强国需要一个很好的经济全球化的环境。不仅要从贸易方面着力,更要从生产和贸易一体化的角度上考虑环境和机制的优化②。过去在GVC底部进行国际代工,使我们成为全球制造大国,现在要寻求建设制造强国的环境和机制,需要在全球制造业发展的治理上有所作为,需要建立以我为主的GVC。

"一带一路"倡议是建设高水平开放型经济新体系中的一种全新的空间开放观,它是一种开放格局,而不是一个地理规划。与这种开放观有机配合的,是要有意识地去构建牢固的GVC连接,使不同国家之间、城市与城市之间形成相应的贸易和投资活动,这是全面呼应"一带一路"倡议的微观经济基础。否则,国家之间不可能形成各

---

① 刘志彪:《基于内需的经济全球化:中国分享第二波全球化红利的战略选择》,《南京大学学报》(哲学·人文科学·社会科学版),2012年第2期;刘志彪:《战略理念与实现机制:中国的第二波经济全球化》,《学术月刊》,2013年第1期。

② 刘志彪,吴福象:《贸易一体化与生产非一体化——基于经济全球化两个重要假说的实证研究》,《中国社会科学》,2006年第2期。

种有机的经济技术联系，也没有足够的经济利益纽带来维系互联互通的产业基础和文化。

与过去全球化中向东开放的空间指向特征不同，在向西南开放的"一带一路"倡议下，构建以我为主的包容性的GVC，在发展上具有下列五个明显的特点。一是在"一带一路"倡议的实施中，我们要积极构建以我为主的GVC，加快向"微笑曲线"两端攀升和升级，鼓励中国企业努力从事技术研发、产品设计、市场营销、网络品牌、物流金融等非实体性高端服务业活动。二是在"一带一路"倡议的实施中，要通过对GVC"链主"地位的掌控，以及在价值链中的微观治理机制，来向世界输出我国丰富的、具有竞争力的产能。同时也要通过这个GVC大力引进世界的能源及资源。三是在"一带一路"倡议的实施中，我们可以背靠国内巨大的内需市场，利用我国经济规模不断扩张的优势，形成体制化地"虹吸"全球高级的、先进的生产要素的平台，为产业迈向中高端服务。即一方面可以走出去收购和兼并优质资源和技术，为国内市场竞争服务，另一方面可以通过建设世界级城市，形成要素的虹吸功能，向世界各国引进我们急需的知识资本、技术资本和人力资本。四是在"一带一路"倡议的实施中，我们可以用"逆向发包"原理和机制①，在相关发包业务中，把一些先进国家的知识、技术和人才有目的地为我所用，让这些先进的生产要素跨越地理障碍，优先进入中国经济的运行轨道，并为中国发展创新驱动型经济服务。五是在"一带一路"倡议的实施中，我们可以让中国企业在内需的引导下，通过比较优势的选择，逐步把"汗水经济"转化为"智慧经济"，形成新的全球产业分工或产品内分工格局，使中国从GVC低端的成员，成为全球创新链中的一个有机组成部分。

因此，一条崭新的以我为主的GVC，将成为中国高水平全方位开放的新空间、新纽带和新载体，是中国经济增长实现中高速、产业发展迈上中高端的基础。显然，沿"一带一路"倡议形成的基于内需的GVC，也会极大地影响中国制造业的振兴和发展进程，它将助推经济加速进入创新驱动发展新阶段，从而给中国制造安上"聪明的脑袋"和"起飞的翅膀"。

---

① 张月友，刘丹鹭：《逆向外包：中国经济全球化的一种新战略》，《中国工业经济》，2013年第5期。

在这种新型的全球化战略中,制造业发展的宏观经济环境、发展机制和基本路径,跟过去在 GVC 底部进行国际代工的方式有如下本质的不同。一是要在技术进步、提高生产率的基础上,大力改革现行的收入分配体制,扩大内需。短缺经济时代主要是提高生产能力;现在是过剩经济时代,提升居民收入水平、消费水平和福利水平,实现消费的基本现代化,是用内需支持现代经济增长的最坚实的基础和条件。二是要在不断壮大的、巨大的内需的基础上,大力推进资本市场中的兼并收购和资产重组活动,以此组建中国的巨型跨国企业,成为以我为主的 GVC 中的"链主"。对于一些具有国际市场知识以及资金优势的企业,可以鼓励它们到国际资本市场去并购外国企业,并把收购后的企业的人力和技术转为为国内市场开拓和竞争服务的资源。三是以"一带一路"战略为依托,在国内重要的全球性城市建立总部基地,占据 GVC 的"链主"地位。同时,要在沿线主要城市建设 GVC 的节点关系,以此转移中国具有竞争力的丰富产能,把一些发展中国家纳入我们主导的价值链体系。四是除了发展消费者驱动的 GVC 外,还要加入全球创新分工体系,即全球创新链,发展生产者驱动的 GVC[1]。其中有两个关键的问题:一是要实施最严厉的知识产权保护制度;二是要建立面向制造强国的职业教育体系。前者必然激励创新驱动,后者将重塑工匠精神,提供振兴制造业的高级技能人才。

四、振兴中国制造业的若干政策建议

推动产业迈向中高端水平,是党中央、国务院明确的未来经济社会发展的主要目标任务之一。当代中国,加快产业升级是避免陷入中等收入陷阱,并大踏步地赶上西方发达国家的根本法宝。因为,只有不断地依靠技术进步和各类创新,不断地提升产业的生产率,才能克服要素成本不断上升的趋势,才能降低产业产出的单位成本,才能使产业具有国际竞争力,才能奠定现代化的物质基础。我们应该趁着"一带一路"

---

[1] 刘志彪:《从全球价值链转向全球创新链:新常态下中国产业发展新动力》,《学术月刊》,2015年第2期。

倡议下 GVC 重构的趋势，通过加快国内供给侧结构性改革，尽快优化中国制造发展的环境和氛围，抓住世界赋予中国的这一千载难逢的机遇和机会。特提出以下具体的对策建议。

一是在实虚的关系上，要坚决抑制虚拟经济利润率长期过高的不良趋势，让实体经济企业能够获取社会平均利润率，让创新企业获取超额利润。这是实体经济企业生存和发展的前提，更是走向创新驱动、转型升级的宏观经济环境和基础条件。为此，一是要加快民营企业对银行业的进入速度，打破现有银行的融资渠道垄断；二是适当增加一、二线大中城市的土地供应，加大这些城市对现有土地的开发强度，缓解房地产价格上涨趋势；三是在资本市场上把不良企业的退出与新进入的首发企业挂钩，从而抑制资本市场泡沫。

二是在供求的关系上，应主要利用竞争政策、环保政策而非行政手段去调控过剩产能，通过资本市场鼓励产业内的优势企业收购兼并，增加制造业企业集中度，增加其调控市场价格的能力。中国过去是资本短缺、商品短缺的"双短缺"经济，现在是资本过剩、商品过剩的"双过剩"经济。前一环境下，产业升级要用产业政策，以推进产能迅速增长；后一环境下，促进产业升级要用竞争政策。如要多用补贴用户和消费者的政策，少用或不用补贴生产者的政策；要保护竞争，但不保护竞争者；要在去产能中救劳动者，但是不救"僵尸企业"等。

三是在内外的关系上，要构建有利于外资和民营企业投资发展的法治化市场营商环境，进行产业升级的长期预期管理。产业升级是长期的投资行为，需要稳定投资者的长期预期。为了增加外资、民资等实体经济企业的投资信心，必须坚决地履行过去给予的优惠政策的承诺，甄别纠正一批侵害民营企业产权的错案冤案，保护和支持民营企业家的创业创新精神。

四是在新旧的关系上，在加大对战略性新兴产业投资的同时，运用一切手段，鼓励传统产业中的企业在经济周期的底部阶段进行大规模的技术改造，如对购进国内外先进技术设备的企业，可以在一次性全额作为"进项"抵扣的基础上，按 1～2 倍的比例进一步给予优惠税收鼓励，以及实施技改全额贴息等。

五是在劳资的关系上，应该看到，技术工人是中国制造业的顶梁柱，是中国制造的未来,必须大幅度提高制造业中技术工人的待遇,实施首席技工制度,并鼓励他们持有企业的股份,跟企业共命运、同成长。要大张旗鼓地表彰中国制造业中为国争光的各类品牌企业、优秀企业家,对在国际竞争中胜出的企业设立"中国工匠"的表彰制度。要大幅度提高职业技术教育的社会地位和经济地位,把一些优秀的大学改造为职业技术大学,对它们实施类似"211"大学或者更加优惠的扶持政策,而不是让办学水平较低的"三本"院校转制为职业技术学院。

六是在费税的关系上,当前为企业大幅度减税的空间并不存在,能够减的主要是各种企业费用和制度性交易成本,如降低其融资成本、高额的社保负担、不必要的额外的各种收费支出负担,同时要坚决打破那些民营企业的进入壁垒。

七是在宽严的关系上,应该看到,严厉的知识产权保护是进入创新驱动发展的充分必要条件。我国应尽快实施严厉的知识产权法、专利保护法,坚决打击以各种名义侵犯知识产权的行为,激励制造企业加大自主知识产权的投资,尽快形成核心竞争力。

(原载于《中国工业经济》2017年第6期)

基于内需的全球化：中国应对外部环境变化的新选择

摘要：基于内需的经济全球化战略，是中国经济从被动适应全球化竞争到主动为全球经济创造发展机遇的重要转向。该战略是要在扩大内需条件下实施国内国际双循环的全球化战略，获取全球价值链中的"熊彼特租金"进而改善国内收入分配格局，通过产品多样化和质量升级来提升国内消费者福利，促进东中西部的区域协同发展。基于内需的经济全球化战略，在总体上可以分为"全球价值链—国内价值链—全球创新链"的三步走阶段。其中，国内价值链是关键的过渡阶段，应注意在中国企业既嵌入地方产业集群、产业集群又嵌入全球价值链的"双重嵌入"的现实背景下，合力推进价值链、产业链、创新链的"三链融合"。全球化人才、全球化企业、全球性产业、全球性城市以及全球性货币，是实现从国内价值链跃升到全球创新链的五个重要的支撑要素。

关键词：内需；经济全球化；全球价值链；国内价值链；全球创新链

自2008年国际金融危机以来，经济全球化陆续受挫，如英国脱欧、美国退出跨太平洋伙伴关系协定(TPP)、中美贸易战等。特别是2020年初以来，新冠肺炎疫情的冲击在一定程度上撕裂了全球供应链，加剧了全球经济的不确定性。当前我国正面对严峻复杂的国际疫情和世界经济形势，坚持底线思维，做好较长时间应对外部环境变化的思想准备和工作准备，一个重要的行动措施，就是要在制定"十四五"规划时，把全球化战略转型、利用超大规模市场优势、发展创新经济等问题联系起来系统考虑，力争尽早把中国经济全球化的战略从出口导向转向为基于内需的全球化战略,逐步形成以国内大循环为主体、国内国际双循环相互促进的新发展格局,培育新形势下我国参与国际合作和竞争新优势。中国大国经济的优势,为基于内需的经济全球化发展提供了必要的战略纵深。基于内需的经济全球化战略,也有利于化解新时代人民日益增长的美好生活需要和不平衡不充分的发展之间的社会主要矛盾。

一、基于内需的经济全球化战略提出的背景

20世纪中叶兴起的经济全球化,以2008年国际金融危机爆发为界,大致可划分两个阶段。在第一阶段中,贸易一体化和生产非一体化的共生发展获得了空前繁荣,[①]全球价值链呈现纵向垂直分离的产品内分工扩张态势;在第二阶段中,全球价值链的纵向分工链条收缩,转而呈现为横向分工下的区域化集聚趋势。为了应对这种发展阶段的变化,中国的经济全球化战略也应做出相应调整。因为中国以出口导向为特征的第一波经济全球化红利,随着一些内外部条件的重大改变而逐渐消失。从外部来看,由于国际金融危机使西方发达国家提供市场的能力日益衰退,现有的逆全球化趋势已经无法容忍中国这种超级产能的提供者,而且这些发达国家,特别是美国,对于经济服务化和金融化的一些基本立场也正在转变,希望通过制造业回归复兴、制造业出口倍增计划等"再工业化"手段,谋求全球价值链"高端回流"。从内部来看,作为中国过去主要的比较优势,劳动力及其他要素的偏低价格正在补涨,使一些标准化的、同质性较强的中间品很容易由成本更低的国外中间品供应商所替代,导致全球价值链"中低端分流"。在这种双重压力下,中国"基于本国低端生产要素充分利用别国市场"的经济全球化战略难以为继[②]。

[①] 参见 R. C. Feenstra, "Integration of Trade and Disintegration of Production in the Global Economy," *Journal of Economic Perspectives*, vol. 12, no. 4, 1998, pp. 31-50;刘志彪,吴福象:《贸易一体化与生产非一体化——基于经济全球化两个重要假说的实证研究》,《中国社会科学》,2006年第2期。

[②] 刘志彪:《基于内需的经济全球化:中国分享第二波全球化红利的战略选择》,《南京大学学报》(哲学·人文科学·社会科学版),2012年第2期。

虽然在全球化的第二阶段中，纵向分工链条趋于缩短而导致跨国技术溢出减缓、贸易一体化规模收缩，从而抑制中国经济的出口导向型增长，但横向分工的区域化集聚趋势，反映了原先分布在不同国家、不同企业的生产工序和环节，将回缩到一个具有一定规模的国家内或若干邻近国家组成的区域内，形成产业集群式发展，如美国、墨西哥、加拿大自由贸易区。为了尽可能地获取国际分工的利益，全球跨国公司可能会在全球供应链回缩中，在一个专业化的产业集群中容纳纵向非一体化分工，把生产的工序和环节交给不同的企业集中在特定空间进行，这样就能避免全球产业链内向化回归趋势可能损害经济效率的情况出现。中国经济是典型的发展中大国经济，过去以产业集群切入全球价值链的块状经济方式参与全球竞争，这一发展态势与跨国企业上述横向分工下的区域化集聚趋势是相契合的。这就意味着，中国经济拥有足够的空间纵深和需求规模来承载全球价值链的时空演变和重组格局。考虑到在全球新冠肺炎疫情的冲击下，全球价值链的上述演变和重组进一步加速，这就提醒我们进行经济全球化战略调整的时间窗口正在收窄。可见，中国在当前时期提出基于内需的经济全球化战略，不仅紧迫必要，而且切实可行。

二、基于内需的经济全球化战略的基本内涵和主张

基于内需的经济全球化战略，从概念上解释，就是要在扩大内需条件下实施国内国际双循环的全球化战略，即利用本国的超大规模市场用足全球各国的高级生产要素，尤其是利用其先进的创新要素加速发展本国的创新经济，其基本内涵包括以下几个重要特征。

（一）内需的界定及测度

"内需"至少可以从两个方面进行具体的解读，一方面是指"对国内商品和服务的需求"，它涉及的是国内产出品与国外产出品的竞争替代问题；另一个方面则是指"来

自国内的对商品和服务的需求",涉及的是有效需求来源于国内还是国外的问题①。在前一种解读下,"对国内商品和服务的需求"是从需求客体的角度来看的,即国内需求的商品和劳务,要么是由国内生产并供给,要么是由国外生产并供给。显然,它反映了国内产出品与国外产出品之间的竞争替代关系。从国家利益的角度看,这种理解具有一定的现实意义,但不是本文主要关心的问题。如果国内产出品的质量不如国外产出品的质量,那么随着扩内需政策的推进,对国外产出的需求会对内需产生竞争性替代,反而使国内产业面临衰退的风险。

在后一种解读下,"来自国内的对商品和服务的需求"是从需求主体的角度来看的,反映的是有效需求主体的国内外差异。在这种理解下,内需直接体现国内市场主体的国内消费、国内投资以及进口需求,外需则直接体现为出口。由于国家统计局的指标解释指出,最终消费支出指"常住单位从本国经济领土和国外购买的货物和服务的支出",因而支出法GDP中的消费需求实际上已包括进口需求。这样,内需就等于消费与投资之和,总需求就等于消费、投资和出口三项的总和,内需率就是内需与总需求之比。② 按此公式测度的中国内需率平均值,在1978—1991年约为91.40%,在1992—2000年约为84.20%,在2001—2008年约为76.70%,在2009—2018年约为81.60%(见图1)。中国内需率在2006年达到最低的72.50%,③特别是在加入WTO后至2008年国际金融危机爆发的这一段时期,中国内需率处在较长的历史低位阶段,而且也呈现出较大的波动幅度。这说明在出口导向战略下,快速增长的外需对内需形成了一定程度的挤占效应,这一时期的中国经济增长具有很明显的出口依赖特征。但是随着国际金融危机爆发,出口呈现长期的疲弱态势,中国经济增长寻求从出口导向转变到内需导向的重要性是不言而喻的。

---

① 凌永辉,刘志彪:《中国服务业发展的轨迹、逻辑与战略转变——改革开放40年来的经验分析》,《经济学家》,2018年第7期。

② 消费与投资项的数据可以从国家统计局国民经济核算的支出法GDP统计中直接获得,但出口项的数据只能用国家统计局对外经济贸易统计中的货物出口总额近似替代。

③ 如果扣除政府消费和存货变动,中国的内需率将更低。

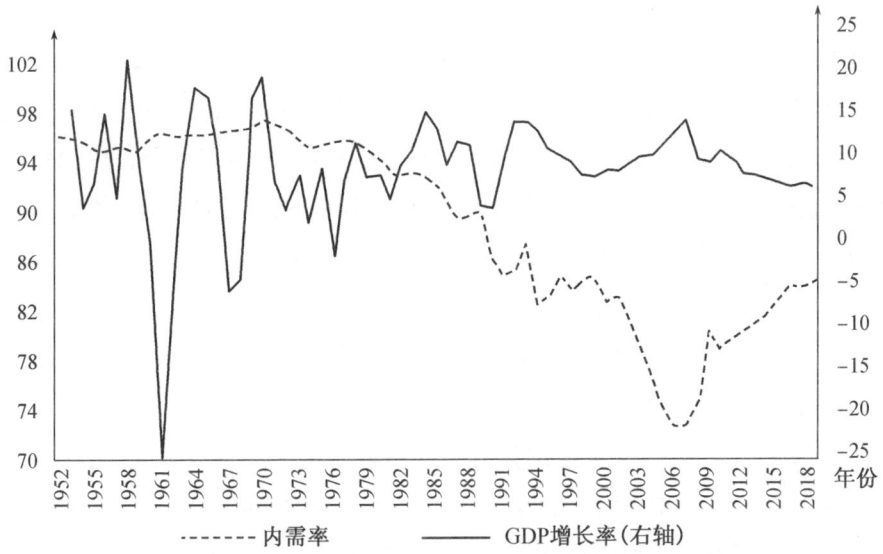

图 1　中国内需率与 GDP 增长率(单位:%)

注:内需率表示"来自国内的对商品和劳务的需求"视角下的内需率,GDP 增长率为以上年为基期按不变价计算的实际增长率。

资料来源:作者根据国家统计局相关数据测算并绘制。

(二)内需与经济全球化的关系

扩大内需战略并不是反对经济全球化,也不会与参与经济全球化的活动形成剧烈冲突。"扩大内需"是相对于出口导向或外需扩张而言的,是指尽可能地利用国内市场循环,跟有没有参与国际经济循环并无直接关联,也就是说,扩大内需既可以在开放的条件下进行,如虹吸国外要素促进国内生产并在国内外市场销售;也可以在封闭的条件下进行,即利用国内产业链完成从生产到销售的整个价值增值过程。"经济全球化"是与自力更生经济中要素的封闭市场流动相对立的,而与全球开放经济中的要素自由流动相一致。因此基于内需的经济全球化,在本质上强调利用自己的市场,强调利用本国市场的吸引力,来虹吸全球各国的高级要素以发展自身经济。在开放条件下,由于大国经济的内需潜力巨大,往往呈现"基于内需的全球经济"形态,但小国经济(如新加坡、韩国等)因国内市场容量限制,往往呈现"基于出口导向的全球经济"形态。

客观地说，对于中国这样的发展中的大国的经济而言，基于出口导向的经济全球化是不可持续的，世界上不可能有哪个国家可以长期容纳中国基于巨大产能的长期出口，也不会有任何一个国家愿意使自身长期处于中国廉价产品所带来的产业竞争中。但是，基于内需的经济全球化战略并不是要提倡闭关锁国，而是要在基于内需的前提下，进一步对外开放，在与外界的交流和碰撞中汲取更多的持续增长动能。正如Krugman提出的国内市场效应（Home Market Effect）原理所揭示的，在一个存在不完全竞争和规模报酬递增的世界中，内需规模较大的国家同时也将是净出口国。[①]因此，扩大内需与经济全球化具有功能上的互补关系，基于内需的经济全球化战略就是要把这种功能互补关系充分利用起来。

（三）基于内需的经济全球化战略的重要特征

与中国过去参与的以出口导向为特征的经济全球化战略不同，基于内需的经济全球化战略具有以下重要特征：第一，在战略前提上，主要依靠要素质量和生产率提升，而不仅是以低廉的要素价格优势参与经济全球化；第二，在战略目的上，既是为了利用超大规模市场优势吸引全球高级要素促进国内经济转型升级，也是为了在全球经济下行趋势下与世界经济进行再平衡；第三，在战略核心内容上，体现在扩大内需与产业升级相结合，基于内需实施深度全球化战略，尤其强调对全球范围内创新要素的虹吸效应，加速发展我国的创新驱动型经济；第四，在战略路径上，要求企业加入或形成国内价值链，[②]且在此基础上形成全球创新链，即国内巨型企业或本土跨国公司成为价值链高端的治理者，并根据市场需求（包括最终需求和中间需求）和自主研发设计向国内外企业进行发包，将产出向全球销售，培育和发展自主可控的全球供应链；第五，在战略实施方法上，一是"走出去"，即通过海外设厂或者海外并购等多种方式，以资本的控制力为突破口，有效提升对全球经济要素的整合和掌控能力，二是利

---

① P. Krugman, "Scale Economies, Product Differentiation, and the Pattern of Trade," *The American Economic Review*, vol. 70, no. 5, 1980, pp. 950-959.

② 刘志彪，张杰：《全球代工体系下发展中国家俘获型网络的形成、突破与对策——基于GVC与NVC的比较视角》，《中国工业经济》，2007年第5期。

用国内市场的巨大吸引力和规模效应的支持,发展逆向外包,①吸收外国高级要素为己所用,三是建设各种内需平台,如以事业平台吸引海外高科技人员来促进我国产业创新发展等;第六,在战略所依据的产业内容上,不仅要依靠科技创新、产业创新促使制造业崛起,发展为世界先进制造业大国,也要促使现代服务业崛起,尤其是以知识资本为特征的生产性服务业,形成先进制造业和现代服务业互动发展的有利格局。

综上,我们把基于内需的经济全球化战略的核心主张进行如下概括。第一,基于内需构建全球价值链,是巩固和优化中国的全球价值链分工地位的最优办法。中国经济是大国经济,具有规模性、内源性、多元性等特点,②因而有条件、也有能力利用广阔的国内市场获得专业化分工、规模经济以及范围经济等国家竞争优势,培育和发展出作为全球价值链"链主"企业的大型跨国公司。第二,利用动态比较优势获取全球价值链中的熊彼特租金,而不仅仅是李嘉图租金,从而改善中国在经济全球化中的收入分配格局。③ 动态比较优势强调对全球价值链中创新资源的动态竞争,而中国的超大规模市场优势为这种动态竞争提供了良好的基础条件,能够促进本土企业在全球价值链中获得熊彼特租金。由于这种租金具有一定的垄断性质,因而有利于增加全球化中的国内收入份额。第三,产品多样化和质量升级是基于内需的经济全球化战略的必然要求。因为伴随着全球价值链从生产者驱动转向购买者驱动,市场品牌竞争要远远优于单纯的价格竞争,其中的主要凭借就是产品多样化和质量升级,这大大有利于提高消费者福利。第四,基于内需的经济全球化战略有利于促进东中西部的区域空间协同。这主要通过国内价值链的三种效应体现出来:一是财富效应,即本土企业可以从国内价值链中获得更多的资本利得,为缩小地区差距提供了必要的

---

① 刘丹鹭,岳中刚:《逆向研发外包与中国企业成长——基于长江三角洲地区自主汽车品牌的案例研究》,《产业经济研究》,2011年第4期。

② 谭崇台:《应该重视大国经济发展理论的研究——欧阳峣等著〈大国经济发展理论〉评介》,《经济研究》,2014年第6期。

③ Teece等指出,若企业租金来源于独特的资源要素,那么该租金就称作李嘉图租金(Ricardian rents),若企业租金来源于企业策略等动态能力,则该租金可称作熊彼特租金(Schumpeterian rents)。参见 D. J. Teece, G. P. Pisano and A. Shuen, "Dynamic Capabilities and Strategic Management," *Strategic Management Journal*, vol. 18, no. 7, 1997, pp. 509 – 533.

物质基础和先决条件;二是产业转移效应,即国内不同区域间的要素禀赋可以在国内价值链中获得高效整合,促进产业由东向西的成功转移,甚至继续沿"一带一路"倡议利用别国的禀赋优势;三是产业关联效应,即以国内价值链带动上下游产业的发展,尽可能地加深生产的专业化分工和迂回程度,延伸产业链。显然,中国在当前阶段提出基于内需的经济全球化战略,对化解人民日益增长的美好生活需要和不平衡不充分的发展之间的社会主要矛盾具有重要意义。

三、基于内需的经济全球化战略的实现机制

中国经济过去所参与的第一波经济全球化,与基于内需的第二波经济全球化之间,并非是完全割裂开来的独立体,而是一个具有演化意义的连续体。也就是说,第一波经济全球化对第二波经济全球化仍然具有一定的积极意义。譬如,中国经济当前相对完备的制造产业体系,就是在第一波经济全球化中建立起来的,这为实施基于内需的第二波经济全球化战略提供了十分关键的产业基础。基于这种认知,基于内需的经济全球化战略在总体上需要分为"全球价值链—国内价值链—全球创新链"的三步走才能最终实现。

(一)"三步走"实现机制的基本内容

第一步是中国参与发达国家主导的全球价值链,接受国际大买家的外包订单,在全球价值链的低端环节不断学习和积累经验、资金、技术,并且依托若干条全球价值链强化学习曲线效应。譬如,企业既可能嵌入到欧洲跨国企业所主导的、较为松散的、具有明显市场交易型治理特征的全球价值链中,也可能融入到美国跨国公司所主导的、较为紧密的、具有俘获型治理特征的全球价值链中,由于每种价值链的治理方式存在较大差异,中国企业就有可能利用这种差异加速学习和创新。在这一过程中,虽然存在中国企业被锁定在全球价值链低端环节的风险,但在客观上,也的确促进中国整个制造业体系实现了一定的产品和工艺升级,这为第二步的国内价值链构建打下了坚实的产业基础。

第二步是基于内需构建国内价值链,这是"三步走"实现机制中重要的过渡阶段。

从概念来讲，国内价值链是基于国内市场的有效需求发育而成，由本土企业掌握价值链的核心环节，且在国内市场获得自主研发创新能力以及品牌和销售终端渠道的价值链高端竞争力，为进一步在区域或全球市场巩固和优化价值链分工体系奠定了基础。经过这一阶段的过渡，国内本土企业可以实现从供应商角色到发包商角色的转换，以及从全球价值链中的"被俘获者"到国内价值链的治理者和控制者的转型。可见，这一阶段不仅十分关键，而且也最为困难，涉及从总体理念认知到具体管理组织的路径选择和把握，下文将对此专门展开分析。

第三步是从国内价值链进一步跨越到全球创新链。这主要是指处于国内价值链上游的控制者利用超大规模国内市场优势虹吸国际上先进的高级生产要素，如利用国内创新创业的优质平台、建设世界级城市群等发展机遇吸引国外优秀人才到中国工作，或者鼓励本土企业直接到海外收购研发型企业，形成全球优质要素为己所用的良性格局。中国最终构建的全球创新链的基本特征，可以概括为"创新环节全球分工、创新资源全球配置、创新能力全球协调、创新核心自主可控"。[1] 当然，目前中国也有零星的少数企业（如华为公司）正在向这一阶段迈进，但在总体上离这一目标还有着比较大的差距。

（二）作为过渡阶段的国内价值链构建的关键路径

上述分析给出了作为过渡阶段的国内价值链在"三步走"实现机制中的重要地位。这也是在当前阶段实施基于内需的经济全球化战略需要大力推进的重点和难点，需要从总体理念认知层面和具体管理组织层面合力推进。

1. 总体理念认知层面：价值链、产业链、创新链"三链融合"

过去我们在分析全球价值链中的本土产业升级时，往往从一开始就假设了在市场势力极其不对称的封闭系统中研究价值分配和治理，那么我们就不可能从逻辑上跳出"被俘获"的悲惨命运。[2] 也就是说，如果仅仅考虑从研发、原材料供应、零配件生产、深度组装最终品到市场销售的序贯价值链分工，虽然使我们发现了基于静态比

---

[1] 刘志彪：《战略理念与实现机制：中国的第二波经济全球化》，《学术月刊》，2013年第1期。
[2] 刘志彪：《重构国家价值链：转变中国制造业发展方式的思考》，《世界经济与政治论坛》，2011年第4期。

较优势的碎片化生产组织规律,①但这种单一维度的考察却是远远不够的。我们认为,至少还可以从产业链维度和创新链维度加以拓展,以"三链融合"的视角来认识和指导国内价值链的构建以及国内价值链向全球创新链的跃升。

如图2所示,纵轴代表价值链,越远离坐标系原点,表示价值链上的附加值越高;横轴代表产业链,越远离坐标系原点,表示分工越从外围部件转移向核心部件;竖轴代表创新链,越远离坐标系原点,表示创新密集度越高。如果我们假定企业对某一维度的扩张选择所带来的竞争力是边际递减的,那么,由价值链、产业链和创新链"三链"融合所构成的曲面,就是企业所能达成的竞争力前沿。譬如,点A并未达到全球价值链的最高附加值环节,但要么通过在创新链上增加R&D投入等提高创新密集度,要么通过在产业链上寻求从外围部件进入到核心部件的方法,都可以将企业竞争力推向前沿(如图2中点B或点C)。显然,在"三链融合"的视角下,国内价值链构建的广度和深度都大大增加了,这也为国内价值链未来向全球创新链跃升提供了有利条件。

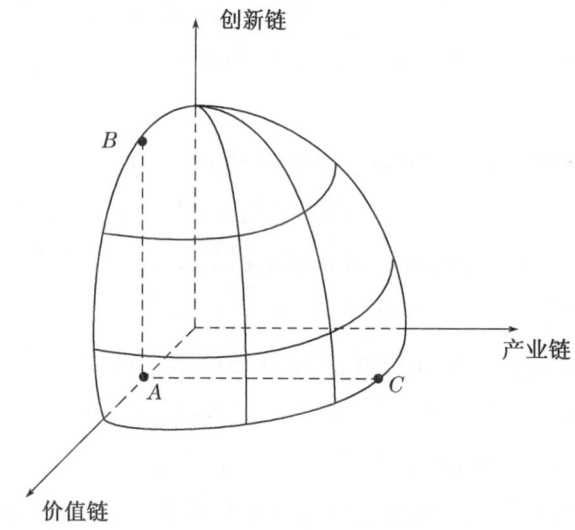

图2 "三链融合"视角下的企业竞争力前沿示意图
资料来源:作者绘制。

---

① P. Antràs and D. Chor, "Organizing the Global Value Chain," *Econometrica*, vol. 81, no. 6, 2013, pp. 2127 - 2204.

2. 具体管理组织层面：单体企业和产业集群的双重嵌入

中国本土企业在国内价值链中成为"链主"，存在两种可能的载体，不同的载体也导致了不同的价值链嵌入模式。一是产业链分工网络中位于"金字塔"顶端的领导型企业。在该网络中，一方面，领导型企业由于直接面对消费者，因而需要构建品牌、网络、营销体系和终端渠道等，既要对消费者需求偏好变化做出快速响应，也要向消费者进行产品特征信息的有效传递，这是领导型企业实现产品价值增值的关键；另一方面，领导型企业与合约供应商既存在合作预期利益，也存在动态竞争关系，因而基于契约合同的企业间协调机制对领导型企业来说也是极其重要的。因此，领导型企业由于具有较强的自身实力以及产业链控制能力，同时处于"竞合"规则等制度设计和维护的中心地位，显然能够利用这种市场优势地位来实现创新投入和沉没成本的充分补偿，因而这种类型的企业选择单体嵌入国内价值链是最有效的。

二是产业集群中的专业化市场。这种载体具有双边市场效应：一方面，在卖方市场上，生产供应商既可以选择国外采购商，也可以选择国内采购商，从而避免被国际大买家锁定在价值链低端环节；另一方面，在买方市场上，生产供应商尤其是较为高端的供应商，可以利用多样化且规模巨大的内需市场，进行一定程度的自主研发和品牌创造。而且，这种专业化市场也是政府与市场协同的重要平台机制，有利于解决过度竞争等市场失灵问题。从总体上看，这些专业化市场往往以劳动密集型产业为主，而且企业规模也大多为中小企业，其个体的单独议价能力是很弱的，因而企业可以首先加入地方制造业集群，然后这些制造业集群抱团整体嵌入国内价值链，这是一种"众人拾柴火焰高"的策略选择，有利于提升供应商的整体议价能力。

（三）全球创新链最终形成的支撑要素

尽管中国实施基于内需的经济全球化战略拥有得天独厚的前提条件，但无论是当前构建国内价值链，还是在此基础上进一步构建全球创新链，仍然需要一些重要的支撑因素，主要包括以下几个方面。

一是全球化人才。与依靠机器设备、技术和资本引入等为主要特征的第一波经济全球化不同,基于内需的经济全球化更加强调人才作为创新经济核心资源的重要性。因此,通过培养和引进具备全球化视野和自主创新能力、密切关注专业领域的前沿动态、熟悉国际规则、掌握跨文化多语言沟通技能以及健全心理素质的高层次人才,将是中国实施基于内需的经济全球化战略极有力的支撑要素。

二是全球化企业。既要服务内需市场、又要具备国际竞争力是基于内需的经济全球化对企业提出的基本要求,而其核心是具备全球化视野和现代企业治理能力。一方面,在国内商事制度改革不断推进的过程中,放开民营企业"进入"门槛的同时,更要加速行业内以大规模收购兼并为企业"退出"市场提供通道,以竞争提高市场运行效率与质量;另一方面,基于内需形成的民营跨国公司也是在国际市场参与竞争和兼并收购,成为全方面开拓和利用国际市场的主角。

三是全球性产业。当前重塑全球产业分工格局,要求强化国内的本土产业竞争优势。这主要体现在:一方面,加快在国内形成基于内需市场的自主产业链体系,另一方面,通过产业、产品分工的全球协调,形成具有动态比较优势的全球产业链体系。尤为重要的是,这些全球性产业要能够向产业链的核心部件靠拢,如大飞机产业链中的发动机部件。

四是全球性城市。作为经济全球化的重要空间载体,全球性城市是跨国公司开拓国际市场的节点,是全球创新人才和资源集聚的高地,是基于内需的经济全球化建设的重要内容。只有当城市具备完善的基础设施、健全的城市治理能力、优越的创新创业环境和适宜的人文生活环境,才能对全球创新要素向中国的流动、集聚和集中产生虹吸效应,并反过来进一步加速本地城市建设,释放出内需活力。

五是全球性货币。这要求中国经济要更进一步推进人民币国际化。西方发达国家之所以能够在过去长期主导经济全球化,其中一个很重要的因素就在于它们强势的货币。最典型的例子是美国,由于美元占据了主要的世界货币的强势地位,在市场汇率机制的作用下,既降低了进口成本,又提高了国内实际消费水平。在这方面,"一带一路"倡议为推进人民币国际化提供了重要的突破口。

总结和政策建议

中国经济在第一波经济全球化红利逐渐消失的背景下,必须在"十四五"规划期间做出基于内需的经济全球化战略调整,以适应当今逆全球化趋势的需要。2020年以来的全球新冠肺炎疫情的蔓延,使这种调整显得更为紧迫。而且,中国大国经济在未来的竞争优势,也应当与全球价值链的演变趋势相契合,这意味着中国过去以地方型产业集群抱团嵌入全球价值链的发展趋势将难以为继,这促使中国自身必须拥有足够的纵深空间和强大的需求规模来实施基于内需的经济全球化战略。本文探讨的主要结论如下。

首先,从基于内需的经济全球化战略的基本内涵来看,该战略就是要在扩大内需条件下实施深度全球化战略。其中,内需的概念是指从需求主体视角考察的国内有效需求,因而其测度也就是国内消费、国内投资以及进口需求之和,外需则直接体现为出口。① 扩大内需与经济全球化也并不矛盾,因而该战略实际上是要在扩大内需的基础上进一步对外开放,发挥国内和国外两个市场的功能互补作用。总的来看,基于内需的经济全球化战略,与过去以出口导向为特征的经济全球化相比,在战略前提、战略目的、战略核心内容、战略路径、战略实施方法以及战略所依据的产业内容等多个方面,都存在着显著不同。

其次,基于内需的经济全球化战略的核心主张包括四点:一是基于内需构建全球价值链,是巩固和优化中国的全球价值链分工地位的最优办法;二是利用动态比较优势获取全球价值链中的熊彼特租金,而不仅仅是李嘉图租金,从而有利于改善中国在经济全球化中的收入分配格局;三是产品多样化和质量升级是基于内需的经济全球化战略的必然要求,大大提升了国内消费者福利;四是基于内需的经济全球化战略有利于促进东中西部的区域空间协同。

---

① 必须提醒的是,由于国家统计局的支出法GDP核算中的消费需求已包括进口需求,因而在计算内需时就不能再加进口项,否则会造成重复计算问题。这一点在以往研究中易被忽视。

最后，从基于内需的经济全球化战略的实现机制来看，从"全球价值链—国内价值链—全球创新链"的三步走实现机制是比较妥当的考虑。在这三个阶段中，国内价值链是关键的过渡阶段，应注意从价值链、产业链、创新链"三链融合"视角的总体理念认知层面，以及基于单体企业与产业集群双重嵌入的具体管理组织层面合力加以推进。此外，从国内价值链最终跃升到全球创新链，也需要全球化人才、全球化企业、全球性产业、全球性城市以及全球性货币的重要支撑。

为此，我们提出如下建议。

在对内政策上，应优先加大国内统一市场建设的力度。这虽然涉及多个方面的内容，是深化体制机制改革的一揽子工程，但可以聚焦于扩大内需与结构性改革结合的抓手，加快建设国内统一市场。譬如，坚决破除要素流动壁垒，加快要素市场化改革，推进区域经济一体化；深化收入分配改革，努力培育中国的中等收入阶层，进而改善国内需求结构和扩大需求规模，为本土的世界品牌创造需求空间；优化国内市场的营商环境，包括社会信用体系、知识产权保护制度等，从而千方百计地降低本国企业构建国内价值链甚至全球创新链的制度成本；协调和平衡好产业政策与竞争政策的关系，努力消除市场分割、打破行政壁垒，这是释放国内市场活力的关键。

在对外政策上，应以更加开放和包容的姿态应对逆全球化挑战。面对全球价值链纵向分工收缩、横向分工区域化集聚的演变趋势，中国应争取尽早签署中日韩自由贸易协定，在构建国内价值链的基础上，将产业分工的空间范围延伸至东北亚区域，巩固和优化中国的全球化供应链地位；同时，也应沿着"一带一路"倡议创造新的投资机会、新的合作领域和新的商业模式，这在当前形势下，具体可以把抗击疫情与新基建相结合，在沿线国家的网络信息技术和医疗健康基础设施等方面提供帮助和加强合作，鼓励国内领先企业积极"走出去"。

（与凌永辉合作，原载于《中国社会科学内刊》）

中国经济:从客场到主场的全球化发展新格局

摘要:面对日益复杂的国际经济形势,中国亟须从过去那种瞄准国外市场进行出口导向的客场经济全球化,转向基于内需的主场经济全球化,即在扩大内需条件下更好地联通国内市场和国际市场,以国内市场的发展和壮大来促进和带动国内企业参与国内国际市场双循环。中国进行主场经济全球化的关键在于把内需作为战略基点,增加高级生产要素投入,把全球价值链转化为具有促进产业升级功能的全球创新链。这需要以动态比较优势理论为指导、以国内价值链为依托、以现代化产业集群为载体、以"互联网+"数字经济为契机、以"一带一路"建设为纽带等多方面协同推进。其中,最为重要的基础和前提是加快形成统一、开放、竞争、有序的国内统一大市场,其具体政策取向包括坚决激活和维护市场主体活力、搭建扩大内需的经济平台、更加重视和强调对内开放等。

关键词:内需;双循环;主场;客场;经济全球化;"双循环"新发展格局

构建以国内大循环为主体、国内国际双循环相互促进的新发展格局命题的提出[①],标志着中国经济全球化战略出现了重大转变:以前,在经济全球化深入发展的外部环境下,市场和资源"两头在外"对我国快速发展发挥了重要作用;当前,在保护主义上升、世界经济低迷、全球市场萎缩的外部环境下,我国必须充分发挥国内的超大规模市场优势,通过繁荣国内经济、畅通国内大循环为我国经济发展增添动力,带

---

① 参见《人民日报》2020 年 7 月 31 日第 01 版,http://paper.people.com.cn/rmrb/html/2020-07/31/nw.D110000renmrb_20200731_1-01.htm。

动世界经济复苏。

目前学界对"双循环新发展格局"的内涵提出了一些理解和看法,其中有些认识存在一定的甚至严重的偏差。一种较为典型的误解,是认为中国将要把在国际市场上消化不掉的过剩产能,被迫转移到国内销售,自此开始不依赖国外市场,实行闭关自守政策,重走自我循环的老路。习近平总书记为此多次强调,中国开放的大门不会关闭,只会越开越大。以国内大循环为主体,绝不是关起门来封闭运行,而是通过发挥内需潜力,使国内市场和国际市场更好联通,更好利用国际国内两个市场、两种资源,实现更加强劲、可持续的发展。习总书记上述的论述,从理论上清晰地阐述了以下问题:一是过去的经济全球化是"两头在外"利用西方国家的市场;二是在逆全球化浪潮和疫情冲击的背景下,中国要高举经济全球化大旗,就必须开发和利用我们的内需市场;三是以国内大循环为主体,是为了用内需来更好地联通国内市场和国际市场,更好地利用两个市场和两种资源,而绝不是为了关起门来封闭运行;四是中国发挥内需潜力不仅可以为我国经济发展增添动力,而且可以带动世界经济复苏。

综上,我们可以清晰地看到,在当前及未来较长一段时期内,中国经济将沿着从客场经济全球化到主场经济全球化的路径进行深度调整。为此,本文重点分析以下问题,即中国经济从客场到主场进行全球化战略调整的背景是什么?主场经济全球化的基本内容和实现机制是什么?中国尽快启动主场经济全球化有何政策取向?对这些问题的科学回答,有助于我们更好地认识和把握"双循环新发展格局"的形成路径,进而加快推动中国经济实现高质量的创新发展。

一、从客场到主场:中国全球化战略调整的背景

众所周知,中国过去以瞄准国外市场进行出口导向的经济全球化战略,在改革开放40多年中取得了巨大的成功。这一战略有一个非常重要的特点,就是它利用的是西方国家的市场、技术和设备,甚至原材料等也从国外取得,产成品再销售到国外市场。也可以简单地说,这一全球化战略的实施,是在客场进行的。这种客场经济全球化为什么能取得巨大的成功?内在的原因还是我国在生产要素方面存在着巨大的比

较优势,嵌入全球价值链后进行全球竞争,拥有其他国家难以比拟的巨大的竞争优势。特别是在发达国家跨国公司的主导下,生产环节按照比较优势理论进行全球布局,形成了从研发设计、原材料供应、零配件生产、深度组装最终产品到市场销售的纵向价值链分工。这种价值链分工模式为改革开放后的中国经济参与国际经济大循环提供了有利契机,并且将廉价劳动力禀赋等比较优势转化为出口竞争优势[1],最终在出口的拉动下实现了经济高速增长。

更深入地考察中国企业的全球价值链嵌入方式,可以发现,在改革开放初期,中国企业主要是通过争取跨国公司发包订单的方式直接嵌入全球价值链,而在中国加入WTO之后,中国企业往往先加入地方制造业集群,集群再抱团嵌入全球价值链[2]。在前一种方式下,国内企业主要集中在资源品初级加工和深加工行业、纺织和服装等劳动密集型行业等,重点依赖西方发达国家的市场实现一定的工艺升级和产品升级;在后一种方式下,集群内的企业容易形成较为发达的生产和技术网络,且依托公共机构提供的平台式服务和企业集体行动,能够在一定程度上提升本土企业在发达国家大买家面前的讨价还价能力。

从中可以清楚地看到,在出口导向的经济全球化战略下,中国经济主要是在生产组装等低附加值环节进行国际代工,而研发设计、品牌营销等高附加值环节被发达国家牢牢控制。这种在客场进行的经济全球化虽然毫无疑问地促进了中国本土企业的生产效率提升,但这些本土企业无论是沿着生产者驱动型全球价值链,还是沿着购买者驱动型全球价值链,都难以实现真正的转型升级。换句话说,中国企业被锁定在了全球价值链的中低端环节。特别是在2008年世界金融危机之后,越来越发现(从大国发展的角度看)客场经济全球化,是一种不可持续发展的战略。它的主要问题,一是过于依赖西方国家的市场,对自身发展资源利用不足,尤其是不能有效地用好自己逐步成长的市场容量这一重要的竞争优势;二是长期为别人进行国际代工,不仅难以在竞争中培育出自主品牌和技术并取得高附加值,而且容易在复杂多变的国际环境

---

[1] 刘志彪,张杰:《我国本土制造企业出口决定因素的实证分析》,《经济研究》,2009年第8期。
[2] 刘志彪,吴福象:《"一带一路"倡议下全球价值链的双重嵌入》,《中国社会科学》,2018年第8期。

中遭到某些国家的抵制，或被别人掌握主动权而丧失发展的自主性；三是中国自身的比较优势也在发生变化，随着发展水平的提升，廉价要素不再是国家竞争优势，逐步形成的超大规模的市场才是真正的优势；四是可以利用中国庞大的内需，作为拉动中国继续成长的内生动力机制，也可以为世界经济成长做出中国应有的贡献。

然而，过去的经济全球化为什么没有在自己的主场进行？这是因为国内市场发育不足或不良，既无法消化日益增长的供给能力，也无法引导或决定资源配置。由于人均收入低、消费能力差，如果企业仅仅瞄准国内市场，就没有办法实现销售以实现扩大再生产。我国居民收入水平在经济转轨中虽然有了迅猛的增长，然而由于国内市场分割或市场主体的信用不足，企业发现国内市场往往是看起来较大，而实际可利用的规模和效能并不大，即使能高成本地实现销售，也经常长期被拖欠甚至收不回货款，此时企业就更愿意选择出口销售。换言之，在国内需求和供给"双弱"的情形下，中国本土企业要参与国际生产和贸易，那么进行在客场的经济全球化就是必然选择①。

然而，近年来的国内国外经济环境发生了深刻变化，使得国内企业进行主场经济全球化既紧迫必要，也切实可行。一方面，从国外经济环境变化看，由于国际金融危机使西方发达国家提供市场的能力日益衰退，现有的逆全球化趋势已经无法容忍中国这种超级产能的提供者，而且这些发达国家，特别是美国对于经济服务化和金融化的一些基本立场也正在转变，希望通过制造业回归复兴、制造业出口倍增计划等"再工业化"手段，谋求全球价值链"高端回流"。另一方面，从国内经济环境变化看，作为中国过去主要的比较优势，劳动力及其他要素的偏低价格正在补涨，使一些标准化的、同质性较强的中间品很容易被成本更低的国外中间品供应商所替代，导致全球价值链"中低端分流"。在这种双重压力下，中国"基于本国低端生产要素充分利用别国市场"的经济全球化战略难以为继，必须转到"利用本国的市场用足国外的高级生产要素"的主场经济全球化战略。

---

① 凌永辉，刘志彪：《内需主导型全球价值链的概念、特征与政策启示》，《经济学家》，2020年第6期。

二、主场全球化：基本内容与实现机制

中国实施主场经济全球化战略的关键,在于利用内需更好地联通国内市场和国际市场,通过增加对产业部门高级生产要素的投入,增加知识资本、人力资本、技术资本密集的高级生产者服务的投入,把全球价值链转化为具有促进产业升级功能的全球创新链。简单来说,主场经济全球化就是要利用内需对全球开放中国市场,让中国市场成为全球开放市场,成为包含在全球市场内的一个有机组成部分。

实际上,世界市场或全球市场不是一个地理学概念,不是用区域来划分的,而是一个开放与否的概念：如果一个市场只对本国开放,就是国内市场,如果对全球各国开放,就是全球市场。这样,当中国市场也成为全球市场之后,一是内需就成为实现全球化战略转型的工具、资源和手段；二是中国新一轮的全球化将在自己国家的主场进行,内需市场开放是更大的对外开放；三是可以利用内需来促外需,即一方面用内需虹吸全球先进生产要素为我所用,发展创新经济和进行产业升级,另一方面依托于庞大的内需,实现规模经济和差异化的优势,鼓励中国企业走出去、走上去和走进去。由此可见,在主场经济全球化中,内需是最重要的战略基点,高级生产要素投入是不可或缺的必要条件,从全球价值链到全球创新链的转化是努力实现的战略目标。

首先,从内需来看,经济新常态以来出现了稳步增长,但内需不足的问题仍然困扰着中国经济的可持续发展。按照需求主体的视角,内需反映了国内市场主体的有效需求,即来自国内的对商品和服务的需求,直接体现为国内市场主体的国内消费、国内投资以及进口需求。在国家统计局的统计口径下,内需就等于消费项加上投资项,总需求等于消费项、投资项、出口项之和,因而内需率就是内需与总需求之比。按此公式计算,中国的内需率在 1978—1991 年间的均值约为 91.4%,在 1992—2000 年间的均值约为 84.2%,在 2001—2008 年间的均值约为 76.7%,在 2009—2018 年间的均值约为 81.6%。显然,在改革开放初期,中国的内需占比是比较高的,在加入 WTO 前后一段时期内则处在较低水平,2008 年国际金融危机后开始出现稳步回升,这反映了中国经济增长的主要驱动力由外转内的变化趋势。不过,进一步详细剖解

中国经济的内需结构，就可以看到内需仍然不足的结构性短板。这主要表现为，一是消费需求远小于投资需求，二者之比常年维持在4∶6左右，而根据发达国家和中等收入国家的发展经验，消费率一般维持在80%左右，投资率则在15%至20%之间①；二是消费需求结构内部的不平衡，包括居民消费水平显著偏低、居民消费中的城乡差异较大、居民消费需求的层次不高等方面。因此，无论从短期还是从中长期来看，扩大内需是中国实施主场经济全球化战略的基本立足点。

其次，从高级生产要素投入来看，主场经济全球化就是要发挥巨大内需的虹吸效应，吸引国内外的创新要素在国内市场形成集聚，发展创新驱动型经济。众所周知，在过去的客场经济全球化格局中，中国经济是以低端要素加入全球价值链，接收处于价值链高端的发达国家跨国公司的发包，在全球价值链底部利润最薄弱的环节进行国际代工。这充分显示了中国过去对低端生产要素拥有的比较优势。然而，随着土地供给日趋紧张、资源环境约束持续加大、企业生产要素成本不断上涨，这种低端产业的比较优势正在逐步丧失。因此，实施主场经济全球化战略其实是为了适应这种前提条件的根本性变化而必须作出的重大调整，从利用低端要素比较优势转向利用大规模的国内市场竞争优势。在这一过程中，需要更多地基于内需来争取国内外高级的创新要素，提高对创新要素的全球配置能力。譬如，利用内需市场的规模效应，培育中国的巨型跨国公司，促使其发展为全球价值链的"链主"，形成以出口产品差异化和低成本竞争优势为特征的全球性垄断竞争格局。实际上，就主场经济全球化所依据的产业内容而言，中国不仅要依靠创新要素促使制造业崛起，要成为世界先进的制造大国，也要使现代生产性服务业崛起尤其是知识、技术和人力资本密集的高级生产性服务业的崛起，促进先进制造业与生产性服务业形成产业互动②，加快建设以先进制造业和服务业为主导的现代产业体系。

再次，从全球价值链到全球创新链的转化来看，主场经济全球化是要在更高水平的对外开放中加速实现中国本土产业的转型升级。全球创新链是指企业在全球范围

---

① 丁学东：《关于扩大内需的几点思考》，《管理世界》，2009年第12期。
② 凌永辉，张月友，沈凯玲：《中国的产业互动发展被低估了吗？》，《数量经济技术经济研究》，2018年第1期。

内搜索可利用的知识资源,关注资源使用权并且具备高度开放的价值网络创新模式。这种创新模式具有典型的市场需求导向,强调价值创造和价值增值;同时,它也拥有多个创新主体,强调对各种各样创新资源的高效整合①。更为重要的是,全球创新链体现了"创新环节全球分工、创新资源全球配置、创新能力全球协调、创新核心自主可控"等特征,因而国内企业积极主动地参与全球创新链,就意味着中国本土产业从全球价值链底部向处于两个高端的经济活动进行攀升,即向研发、设计和网络、营销、品牌、市场等"非实体性活动"等转型升级。不过,需要指出的是,在从全球价值链转向全球创新链过程中,构建本土企业主导的国内价值链显得尤为关键。从概念来讲,国内价值链是基于国内市场的有效需求发育而成,由本土企业掌握价值链的核心环节,且在国内市场获得自主研发创新能力以及品牌和销售终端渠道的价值链高端竞争力,为进一步在区域或全球市场巩固和优化价值链分工体系奠定了基础。随着国内价值链的发展和成熟,国内本土企业可以实现从供应商角色到发包商角色的转换,以及从价值链中的"被俘获者"到价值链的治理者和控制者的转型,并最终实现从全球价值链到全球创新链的转化。毫无疑问,全球价值链是全球创新链的基础和起点,而后者是前者的战略目标,因而从全球价值链转向全球创新链,也是"中国制造"向"中国创造"的转变。

最后,必须进一步强调指出,基于内需市场进行主场的经济全球化,并不是要鼓吹"闭关锁国",而是要建立"以国内大循环为主体、国内国际双循环相互促进的新发展格局"。这种双循环的新发展格局,显然不是不要国外市场,更不是要封闭起来搞自我经济循环,而是要让国内市场在资源配置和经济成长中起决定性作用,改变中国参与国际产业竞争的形式、方式和途径,不仅要以国内大市场体系循环代替"两头在外、大进大出"的单循环格局,而且要让国内市场与国际市场链接起来,以国内市场发展和壮大促进和带动国内企业参与国际市场循环。为此,本文将主场经济全球化的实现机制概括为以下几个方面。

---

① 杨忠,李嘉,巫强:《创新链研究:内涵、效应及方向》,《南京大学学报》(哲学·人文·科学·社会科学),2019年第5期。

第一，以动态比较优势理论为指导，推进本土企业实现市场和技术的双重追赶。中国经济过去以廉价的生产要素参与全球产业分工，是与静态比较优势理论相一致的。然而，静态比较优势无法解释为什么一个国家或地区在某些特定产品上拥有技术优势，因而不适用于指导中国在赶超战略下实现市场和技术的双重追赶目标。相反，动态比较优势理论强调大国经济国内市场对内生创新的引致作用，而大国经济具有规模性、内源性、多元性等特征，这意味着本土企业可以更容易地利用国内市场获得专业化分工、规模经济以及范围经济等创新前提，如果某种特定产品的创新一旦成功，就能在全球产品市场形成竞争优势，从而实现市场和技术的双重追赶。尤其是对于一些作为产业基础的关键部门（如半导体的加工设备、电子产业的高档芯片等），是我国产业链体系中明显的短板，同时也是静态比较优势理论下缺乏竞争力的部门，但这些部门的重要性却是不言而喻的，因而必须以动态比较优势理论为指导进行"扬长补短"。

第二，以国内价值链为依托，培育本土的"链主"企业和"隐形冠军"企业。国内价值链不仅是从全球价值链向全球创新链升级过程中的重要过渡阶段，而且在国内价值链中的地理临近效应（既包括地理空间邻近，也包括文化习俗邻近）也使得本土企业与消费者需求的联系更为紧密，进而更容易获取领先用户、细分市场等需求信息。这样一来，一部分企业就可以通过掌握领先用户获得先行者优势，且最有可能成为该行业规则的制定者，有利于实现从供应商角色到发包商角色的转换，以及从全球价值链中的"被俘获者"到国内价值链的治理者和控制者的转型，同时也有一部分企业可以通过抓住细分市场的商业机会迅速填补市场缝隙，并在这些细分市场上精益求精，最终成为行业中的"隐形冠军"企业。显然，这些"链主"企业和"隐性冠军"企业是实现全球创新链重要的微观主体。

第三，以现代化产业集群为载体，实现产业链与创新链的融合发展。在近期的新冠疫情冲击下，全球产业链的纵向分工或将趋于缩短，进而导致跨国技术溢出减缓、贸易一体化规模收缩，但在横向分工上或将趋于区域化集聚，这反映了原先分布在不同国家、不同企业的生产工序和环节，将回缩到具有一定规模的国家内或若干邻近国家组成的区域内，形成产业集群式发展。这为我国推动在主场进行经济全球化提供了重要机遇，因为在这种内向化的演变趋势下，产业集群与国内市场需求的产业联系大大得到改善。实际上,产业集群是市场经济在一定时空范围内自然演化的结果,但政府可以在产业集群初步成型之后有意加以培育,尤其是发挥我国的新型举国体制优势,围绕重点产业链布局若干产业集群与国家创新体系形成对接,使之成为实现产业链与创新链融合发展的最重要的空间载体。

第四,以"互联网+"数字经济为契机,促进存量优化和增量创新相结合的产业结构调整。"互联网+"数字经济的本质在于互联网与国民经济中各产业部门的嵌套、融合,重塑整个产业链上下游生态。一方面,用数字经济改造传统产业,延长产业生命周期,优化经济存量;另一方面,基于数字经济发展物联网、云计算、大数据、人工智能等新兴产业,创新经济增量,从而促进产业结构调整和升级。譬如,自2015年以来,我国先后共有近100个城市设立了跨境电子商务综合试验区,试验区利用"互联网+"搭建了线上"单一窗口"和线下"综合园区"平台,不仅使政府部门间可以实现信息互换、监管互认、执法互助,而且也有利于汇聚物流、金融等配套设施和服务,进而为跨境电子商务打造完整产业链和生态圈。跨境电子商务为推动经济一体化和全球化提供了技术基础,极大地拓宽了本土企业进入国际市场的途径。

第五,以"一带一路"建设为纽带,塑造以中国制造、中国创造为关键技术谱系的国际生产体系。在全球产业链出现一定程度松动的情况下,"一带一路"建设将面临新的任务和重要合作机遇,不仅要继续深化国际产能合作,而且更要在此基础上将其与国内价值链相互衔接,在沿线国家积极引入国内价值链上本土龙头企业的品牌和标准,塑造以中国制造、中国创造为主的国际生产体系。在经济全球化横向分工的区域化集聚趋势中,中国应以更加开放的理念和态度,基于"一带一路"建设加快布局这种"以我为主"的区域产业链体系,这是推动主场经济全球化的一种有效路径选择。譬如,在当前疫情仍然严峻的形势下,可以把抗击疫情与新基建相结合,为沿线国家提供抗疫经验、必要的医疗服务和物资,在网络信息技术和医疗健康等基础设施领域提供援助和加强合作,这是应对中国主导的全球产业链松动的具体办法之一。

三、中国启动主场全球化的政策取向

实施在国内主场展开的经济全球化战略,其基本前提是假设国内形成了强大的内需或超级市场规模优势,且这个市场可以给全球的资源和要素提供更多的发展机会。我国新的战略资源观,也要由过去的要素性价比高的比较优势,转向现在的国内强大的市场优势。未来国内强大市场甚至可能是我国的绝对优势,是国家产业安全的保障和竞争力的来源。从党的十八大、十八届三中全会到十九大报告,都提出要建设统一开放、竞争有序的市场体系,让内需规模名列世界前茅的要求。但一个不能否认的事实是,我国还没有真正建成国内统一大市场,行政区经济、市场信用度不足、行政垄断以及对内开放不足等,是目前中国市场发育中迫切需要解决的重要问题,它们会给双循环的企业造成很高的交易成本,阻碍通过内需支撑形成全球产业链集群。这需要进一步坚持市场取向改革,尤其是要大力推进要素市场化改革。近期,《中共中央国务院关于构建更加完善的要素市场化配置体制机制的意见》提出要重点突破要素市场的改革难题。这就意味着要素市场改革是中国统一市场形成的难题,也是突破口和关键环节,从而成为实现中国经济全球化发展战略重大调整的基础。如果无法实现这种由客场市场利用向主场市场利用的转型,那么我国就仍然要把经济转型升级和进一步发展的希望寄托在西方国家及其市场上,这是根本无法完成的任务。因此,建成统一、开放、竞争、有序的市场体系,就成为形成以国内市场为主体、双循环新发展格局的前提和基础。

基于上述分析,我们提出中国启动主场经济全球化的政策取向,主要包括以下几个方面。

一是从供给视角看,要坚决刺激和维护市场主体活力,创造主场经济全球化的内生动力。市场主体是市场经济体制的微观基础,具有决策独立性、地位平等性、目标趋利性、行为灵活性等最重要的特征。这些特征决定了市场经济配置资源的效率,是推动在主场进行经济全球化的基本保障。截至 2019 年,我国的市场主体数量达 1.23 亿户,其中企业 3 858 万户,个体工商户 8 261 万户,它们毫无疑问是国家经济活动的主要参与者、就业机会的主要提供者、技术进步的主要推动者。在当前严峻的国际形势和新冠疫情的冲击下,市场主体的信心和活力尤其需要得到维护和激发,否则,不仅主场经济全球化缺乏动力,而且也会对国内的经济和社会稳定造成不利影响。当然,强调市场主体并不是不要政府,而是要求政府更好地发挥作用:一方面,政府对市场的干预要与其职能和能力相配合,使这种干预调整到最适当的限度;另一方面,适当的政府干预,也必须在法治国家的框架下进行,目的是为市场主体的发展创造有利的外部环境。显然,这是在新时代背景下的新型的政府和市场关系。近年来,浙江、湖南、江西、广西、辽宁等地正在积极探索的链长制,就在一定程度上体现了新型的政府和市场关系。简单来说,所谓链长制,其实就是由政府牵头负责、以市场机制为基础的产业链管理制度。在实施链长制的条件下,处于高层次的链长可以设法搭建交流平台,如创设产业教授、论坛等制度;要求政府投入的大学、研究机构的实验室,要制度化地对产业界开放;以及可以让产业界收购兼并应用型研究所,等等。

二是从需求视角看,要搭建扩大内需的经济平台,以此虹吸全球创新资源。这些平台主要有以下五种。(1)制造业平台。强大的制造业是现代科技的受体和载体,中国在相当长的时期中将需要进一步发挥现代制造业的增长功能。譬如,在专业化分工作用下,现代制造业部门的生产更加迂回化,进而通过产业关联产生规模更大、范围更广的中间需求。中国构建现代制造业平台将毫无疑问地成为扩大内需的先锋和主体力量。(2)城镇化平台。根据国际经验,城镇化的前期主要是投资驱动。一旦完成了基础设施的基本投资,城镇化扩大内需的功能将转化为消费拉动。根据国家统计局数据,2019年全国年末城镇人口比重仅为60.60%,而户籍人口城镇化率更是只有44.40%。这意味着中国目前至少存在2亿多人没有实现进城落户,再加上大量的农业转移人口需要解决进城落户问题,因而中国仍然有近一半的人口需要城镇化。因此,城镇化进程的加快,特别是新型城镇化的推进,将有利于扩大以消费需求为主导的内需市场。(3)生产性服务平台。生产性服务业作为把高级技术、人力资本和智力资本引进商品生产过程的"飞轮",普遍具有资金、技术要素密集型特征,是决定现代产业国际竞争力的主要投入因素。中国建设金融、商务、物流、设计、技术服务等各类生产性服务业,将直接吸收国内外高级要素。(4)居民消费平台。这是基于最终需求推进主场经济全球化的最重要的平台。通过进一步深化收入分配制度改革来扩大中等收入者比重，将国内需求潜力直接和间接地转化为国内需求优势。因为中等收入者群体是扩大国内有效需求、形成需求与供给相契合的重要力量，而高收入阶层更多地消费奢侈品，低收入阶层以基本需求为主，后两者对扩内需的作用很有限。(5) 国内价值链平台。国内价值链本身就是基于国内市场需求发育而成，它是由本国企业掌握产品价值链的核心环节，在本国市场获得品牌和销售终端渠道以及自主研发创新能力的产品链高端竞争力，然后进入区域或全球市场的价值链分工生产体系。这种分工体系重新整合了本土企业赖以生存和发展的产业链关联和循环系统，使国内市场形成较大规模的现代产业集聚，从而虹吸国内外的创新资源。

　　三是从开放视角看，要更加重视和强调对内开放，加快发展国内统一大市场。诚然，对外开放仍然是我国必须坚持的一项基本国策，2020年的《政府工作报告》也明确指出，"要坚定不移扩大对外开放，稳定产业链供应链，以开放促改革促发展"，但与对外开放相比，当前对内开放更加凸显出紧迫性和重要性，而且进一步对内开放也是对外开放的前提和基础。一方面，就国民属性来讲，对内开放就是对本国国民开放，强调对本国国民放松、解除管制，将经济选择权公平地赋予居民和企业自身，以激发它们的生产性努力，进而达到提升生产效率和改善收入分配的目标，否则，无论是市场组织、个人还是社会机构都会缺少成长的空间，市场机制将很难在资源配置上逐步替代计划和行政机制，最终也就无法形成现实的、可利用的超大规模市场。另一方面，就空间属性而言，对内开放就是推进区域经济一体化发展，并在此基础上相互开放。我国过去对内开放不足的一个典型表现就是地区间行政壁垒严重，各地区呈现出严重的市场非一体化格局，或称为"碎片化经济"，这不仅妨碍了资源配置效率的提升，而且影响了地区间按现代产业链的要求进行分工协作的可能性。譬如，东部沿海的长三角地区，虽然是全国最发达的经济区域之一，但地区间的非一体化导致产业部门难以在市场竞争基础上形成科学合理的协同布局，盲目重复建设情况十分严重。当前大力推进长三角区域一体化高质量发展，其深层次的目的就在于促进地区间市场的相互融合，为全国统一市场的最终形成奠定坚实基础。

四、结论与展望

本文的主要研究结论是：第一，中国从过去的客场经济全球化转向主场经济全球化，即基于内需实施深度全球化战略，这是在面对国外逆全球化潮流和国内比较优势动态变化下的主动调整；第二，内需是主场经济全球化最重要的战略基点，高级生产要素投入是不可或缺的必要条件，从全球价值链到全球创新链的转化是主场经济全球化的战略目标；第三，主场经济全球化的最终实现，需要尽快形成以动态比较优势理论为指导、以国内价值链为依托、以现代化产业集群为载体、以"互联网＋"数字经济为契机、以"一带一路"建设为纽带的协同推进机制；第四，中国启动主场经济全球化也需要国家政策保障，包括在供给层面坚决保护市场主体活力，创造主场经济全球化的内生动力；在需求层面搭建扩大内需的经济平台，以此虹吸全球创新资源；在开放层面更加重视和强调对内开放，加快发展国内统一大市场。

推进在主场进行的经济全球化，具有十分重要的战略意义：其一，它有助于促成将我国处于分割状态的"行政区经济"聚合为开放型区域经济，把区域分散狭窄的市场聚变为国内统一强大规模市场；其二，从利用别人市场转变为利用自己市场，从根本上转变了我国经济全球化的发展模式和机制，在发挥比较优势的同时实现产业发展的自主可控要求；其三，国内强大市场的形成，有利于我国虹吸全球先进创新要素。如果我国可以据此塑造一些吸收全球先进生产要素的平台，如全球性宜居城市来广泛吸收先进的高技术人才，那将极大地推动创新经济格局形成，从而有利于实现产业链向中高端攀升和经济高质量发展。因此，主场经济全球化的战略构想理应成为我国"十四五"规划制定中的重要参考依据，必须给予高度的重视和认真的研究。

（与凌永辉合作，原载于《重庆大学学报（社会科学版）》2020年第6期）

新冠肺炎疫情下经济全球化的
新趋势与全球产业链集群重构

摘要: 新冠肺炎疫情将会动摇过去几十年中建立起来的产品内分工体系的基础。未来各国可能不再继续沿用降低交易成本这样一个纯经济概念来支持疫情后的产品内分工,社会成本可能成为产业配置的最终决定标准。过去由西方发达国家跨国企业主导的全球价值链(GVC),将会在未来发生猛烈的规模缩减、范围缩小、地理变更和形式变化,但世界上没有一个国家可以将中国产业链完全撇开或替代。疫情后中国还要坚决维护嵌入 GVC 形式的经济全球化,但是原来的嵌入战略需要调整。中国参与新一轮经济全球化的方式,可能要由过去的出口导向的全球化战略转向利用内需的经济全球化战略。基于中国企业对 GVC 与地方性产业集群双重嵌入的现实,未来中国政府应该主动推进全球产业链集群的建设步伐,以应对未来全球化方向演变的趋势。

关键词: 新冠肺炎疫情;经济全球化;产品内分工;全球产业链集群

新冠肺炎疫情与经济全球化的关系,是评估本次疫情蔓延后果中最重要的现实问题。从世卫组织宣布将新冠肺炎疫情列为国际公共卫生紧急事件(PHEIC)以来,中国国内企业全面停工停产,很多人认为这次疫情是全球供应链"去中国化"的压力测试。2020 年 1 月 30 日,美国商务部部长罗斯在接受福克斯电视台专访时声称,中国的新冠疫情"有助于制造业回流美国"。由于中国疫情阻击战取得了重要的阶段性胜利,中国企业全面复工复产,但同时由于疫情向全球蔓延,美欧日韩一些全球化运作的大企业停摆,不仅使来自这些国家的订单需求减少,而且使中国企业为复工复产所需要的进口原材料、中间品等也遇到了空前的困难。如何协调合作以维护全球供应链的稳定问题是当务之急。

下一步需要密切关注的是疫情后经济全球化的趋势和走向。目前人们担心的是疫情后 GVC 是不是会发生大面积的、普遍的脱钩与断裂问题[①]。各国精英普遍认同的看法偏向悲观,认为疫情后各国出于供应链的稳定性、安全性和自主性,会采取措施鼓励企业内向化发展、限制本国企业的跨国投资和布局。如果各国真的都这样做,那么起始于 20 世纪下半叶、在 21 世纪初得到迅猛发展的经济全球化进程将受到沉重打击,过去几十年中以跨国公司为主导建立起来的全球产品内分工体系将面临崩溃和倒塌,全球经济也将发生严重的倒退和萧条。

中国经济繁荣与上一次经济全球化的国际产业分工和资源配置有直接的关系,是这种经济全球化的重要参与者、建设者与受益者。如果问题真如全球化悲观论者所预言的那样,疫情将首当其冲地严重影响中国在 GVC 上的地位,并与西方国家跨国企业之间出现断链或切割,重新回到封闭的循环走自力更生的路子。这是我们不愿意看到的最坏的后果之一。为此我国必须未雨绸缪,尽早进行科学预判,全力做好各种应对方案,并采取有力措施。

一、疫情会毁坏全球价值链分工体系的基础

2020 年 3 月 13 日,特朗普宣布美国国家进入紧急状态,以应对新冠肺炎疫情。进入国家紧急状态相应的措施包括 136 条,其中一个很重要的条款是所有美国需要的产品都可以在美国国内生产,不用再考虑成本高低的问题,政府会给出合适的补贴方案。这意味着美国政府将采取不依赖其他国家来进行生产的原则,在产业上不依

---

① 如果不做专门说明,本文中所使用的概念如 GVC、全球供应链、全球产业链、产品内分工等,都是指同一个意思,是同一种意思的概念在不同语境和场合下的灵活使用。从产业的技术经济联系看,全球企业间的联系就是全球产业链;从全球价值分配和控制的角度看,全球产业链就是 GVC;从产业链中的上下游企业关系看,全球产业链就是全球供应链;从分工体系和资源配置看,GVC 也是产品内分工的一种形式。

靠任何外国,自己着手建立一个独立的美国,如能源和制造业必须自给自足,美国需要的全部商品,尤其是药物、医护用品、医疗设备等将全面在美国生产,这对长期依靠廉价优势对美国进行出口导向发展的国家影响巨大。

毕竟,这些都是紧急状态时迫不得已采取的非常规措施。人们更为担心的是在疫情解除后,西方国家会不会从产业安全可控的角度出发,把国家紧急状态下所采取的措施常态化,这种选择将直接毁坏现有 GVC 分工体系的基础,使 GVC 出现普遍脱钩与断裂,所以必须给予重点考察。从现有 GVC 形成和发展的基础来看,疫情主要可能会从以下几个方面动摇全球制造业的基本原则,从而在一定程度上动摇跨国企业主导的产品内分工的基础。

产品内分工(Intra-product specialization)是经济全球化的表现,也是结果。它是指产品在生产过程中所包含的不同工序环节,按比较优势和规模经济的原则被拆散分布到不同国家进行,形成以工序、环节为对象的分工体系[①]。发达国家跨国公司之所以要发起并不断推动这样一种比产业间分工和产业内分工更为细致的国际分工形态,是由节省生产成本和进行全球产业布局这两个内在动机决定的,而交通运输技术的发展、各国税率的降低以及本世纪初以来网络信息技术的迅猛发展,为这种内在的必要性创造了外在的可能性,因此交易成本的大幅度下降成为推动经济全球化的巨大力量。改革开放以来,尤其是 2001 年加入 WTO 以来,中国贸易量的爆炸式增长,就与中国企业嵌入这种产品内分工体系有着直接的因果关系[②]。根据"世界综合贸易解决方案"(WITS)数据库计算,中国 2017 年 GVC 的参与度高达 60% 以上,全球近 200 个经济体从中国进口商品,其中中间品在全部进口中的占比平均达到 21.70%(中位数),也就是说,中国已经成为全球供应链网络的中心,中间品进出口占到相当高的比重[③]。

[①] 参见卢锋:《产品内分工》,《经济学(季刊)》,2004 年第 4 期。
[②] 参见吴福象,刘志彪:《中国贸易量增长之谜的微观经济分析:1978—2007》,《中国社会科学》,2009 年第 1 期。
[③] 徐奇渊:《疫情对全球供应链的冲击有多大?》,https://www.pishu.cn/zjsd/546060.shtml,2020-02-25。

产品内分工虽然建立在不同生产环节在空间上的可分离性、可运输的基础上,处于价值链龙头上的跨国企业过去可以通过把具有不同规模经济的工序分布到不同区位的生产单位来实现成本节省和利益创造,但是这次疫情的冲击使人们看到产品内分工体系的脆弱性,支持这个体系不断推进的纯经济学思考并不牢靠。

首先,虽然产品内分工可以通过考虑不同生产工序要素投入比例差异度、不同生产区段有效规模差异度,来实现在全球范围内优化产品的生产配置,但是一旦出现像新冠肺炎这种大面积的疫情冲击,要 GVC 的总龙头担负起协调不同生产工序和生产区段的任务,其协调机制可能就会崩溃,协调成本可能要趋向于无穷大,甚至根本不可能完成。另外,即使不考虑处于 GVC 上的各国不同政治体制和国情的影响,因疫情蔓延的阶段、程度和应对的方法不同,疫情期和疫情后各产业链复工复产复销的节奏也非常难以协调,这给产品内分工体系的正常运转带来极大的困难。

其次,产品内分工的一个经济学好处是它可以使企业能够在全球范围内组织生产,利用靠近市场的便利及时地将产品投入市场,从而降低了仓储成本。在这种理论指导下,过去工商界一直把多余的库存和延迟的周转时间作为市场失灵的典型表现。为此,在网络信息技术的支持下,这个分工体系在全球范围内精心设计和安排了采购与运输物流体系。但是在这次疫情中,全球各地因"封城、封航、封国"而导致物流的严重堵塞,一些国家和地区呈现出关键医用物资、粮食等供给短缺,引发了社会恐慌和动荡,破坏了整个及时交货系统(just-in-time system)的存在基础。疫情后,跨国企业的战略态度可能会对这种全球分散生产和配置的模式持保守意见,为了避免未来再次遭遇措手不及的窘境和大规模损失,企业建设的供应链系统会要求更加体现自主性和可控性。这样,全球供应链与分销网络的脆弱性以及保证产业链安全性的需要,会使企业始终保持一定的生产剩余和更加靠近国内的生产力配置,更多选择以短期利润损失换取整个系统韧性的可信行为。

最后,疫情在一定程度上进一步动摇了一些国家的政府支持经济全球化开放的政策基础和政治基础。20 世纪中后期建立起来的 GVC 治理结构,之所以可以得到各主要国家政府的大力支持,主要是因为大家都认识到可以在产品内分工中寻求到全球化的共同利益。疫情在一定程度上加剧了各国对经济全球化的怀疑态度和倾向,封闭取向、种族歧视、民粹主义和民族主义兴起,加上这些年贸易摩擦和冲突不断,逆全球化浪潮倾向民族孤立而非全球团结,动摇了经济全球化的政治基础。如疫情中兴起的种族歧视和民族主义的倾向,可以利用底层民众在全球化中的失落感和被剥夺感,趁机转移国内矛盾,共同寻找外部敌人,以掩盖政府应对疫情的不力和不足,这将摧毁经济全球化的互信基础。再如,不断高涨的反气候变暖运动,也要求各国减少碳排放,由此对产品内分工所产生的长距离运输的抵制,要求运输成本中包含碳排放成本。

作为例子,我们来看日本政府为因应新冠肺炎疫情而制定的紧急经济对策。据媒体报道,2020年3月5日,日本首相安倍晋三在所主持的与成长战略相关的未来投资会议上指出,"在中国向日本出口的产品供给出现减少,整个产业链遭受影响的担忧中,我国必须考虑让那些对一个国家依存度较高的产品、附加价值高的产品、生产基地回归日本国内。如果做不到这一点的产品,尽量不要依存于一个国家,向东南亚各国转移,实现生产据点的多元化"①。由此日本总结经验教训,决心对中间零部件产品基地以及社会生活必备品的生产基地进行大规模调整。如打算将那些大量从中国进口电子零部件、电脑零部件、汽车零部件等附加值较高的中间产品,迁回或部分迁回本土生产,政府为此准备援助的金额可达到1 000亿日元;日本推出的补助金制度,催促企业去寻找第三国萤石原料,准备替代半导体生产中大部分以中国为基地、使用中国的萤石原料进行的氟化氢生产;日本政府要求企业研发稀土的替代材料,以减少电动汽车生产中依赖中国提供的稀土原材料。此外,依靠美国的航空业零部件,日本也准备自行生产,所需要的大型冲压机,也给予补贴。

以上理论分析与实际情况都说明,疫情后产品内分工程度即经济全球化水平的倒退,是由很多综合因素决定的必然趋势。未来各国可能不会再继续沿用降低交易成本这样一个纯经济概念来支持疫情后的产品内分工,社会成本可能会成为产业配置的最终决定标准。这意味着发达国家可能会动用巨大的政府补贴支持制造业回归

---

① 《日本政府出资支持日本企业撤离中国》2020年4月16日,https://baijiahao.baidu.com/s?id=166392542184374 7729&wfr=spider&for=pc。

本国,意味着疫情后由西方发达国家跨国企业主导的经济全球化模式将加速走向萎缩或蜕化。

二、疫情后中国重塑全球价值链分工体系的方向

西方发达国家对待经济全球化的态度和重组的要求已经很明显,至少跨国企业全球化战线的战略收缩、政府维护全球化的政策资源减少、国内民众内向化的倾向等,都意味着过去由西方发达国家跨国企业主导的 GVC 将会在未来若干年中发生猛烈的规模缩减、范围缩小、地理变更和形式变化。虽然这种战略重组的具体情况现在还无法清晰地描述,即使借助于国际投入产出表进行预测,也只能根据很多事前武断的假设进行推断,但是并不排斥可以对其基本的演化方向进行预测。如疫情后关于重要原材料、零配件、中间投入品尤其是医疗医药等产业的 GVC,跨国公司可能会就此搬迁回本国,以形成政府和社会所要求的自主可控的国内价值链(NVC);再如一些供应链容易受突发事件影响的 GVC 布局,可能再也不会像过去那样集中于某国的某一区域,而极有可能是分散布局在全球各个主要国家的多个地区,以规避供应链集中化所可能产生的断供风险。还有,美国、日本等国家将会抛弃主流经济学长期把增长与创新分割开来的传统,吸取数次世界金融危机起源于虚拟经济过度发展的经验教训,更加强调实体经济尤其是制造业创新在现代经济增长中的地位和作用,更加强调生产制造过程以及将其与创新结合起来的重要性,纠偏过去"去工业化"的错误的经济政策,从而加速制造业回流本国的进程。

在上述约束条件下,疫情后的中国面对全球价值链分工体系重塑的重大挑战,如何紧紧把握这种重组的方向,趋利避害地抓住重组可能带来的机会?其实这个问题包括以下三方面:一是疫情后的中国是不是还要坚决维护和全力推进嵌入 GVC 形式的经济全球化?二是如果原来的嵌入战略需要调整,那么中国重塑 GVC 分工体系的基本方向是什么?三是中国如何顺应 GVC 变动和重组的趋势,按照正确的判断采取有效措施、制定有效政策,鼓励地方政府和企业共同重塑在 GVC 分工体系中的地位。

关于第一个问题,回答应该是直接明了的:中国如果就此顺应逆经济全球化趋势回归内向型经济循环,仅仅依靠国内市场联系进行发展,那就不仅刚好帮助某些西方政客完成了他们想达到而不能亲自实施的目标,而且就在历史的关键时刻选择了一条不利于国家整体长远发展的道路。历史和现实以及国际经验都证明,中国整体上走内向化发展的道路肯定是没有出路的,只会使发展进程受阻和发展水平倒退。但是这并不意味着中国原先参与经济全球化的形式、方式、模式和机制不要改变,实际上,继续实施原先的全球化战略也是行不通的。

关于第二个问题,即从出口导向的 GVC 战略转向基于内需构建的 GVC 战略,中国重塑全球价值链分工体系的必要性、可行性及基本方向是什么?关于必要性与可行性方面的论证,详见我最近几年关于开放经济转型升级的研究,在此不再重复。关于基本方向问题的回答,则必须考虑全球化的趋势和走向,也必须结合中国发展的现有水平和嵌入全球化的基本事实。

基本方向一:在新的形势下实施新一轮"走出去"战略,更加紧密地嵌入西方国家跨国公司主导的 GVC。这可以密切追踪跨国公司主导的 GVC 的重组趋势和战略走向,采取跟随战略主动强化与其配套和外包关系。如 2019 年 12 月 10 日签署的《美墨加贸易协定》的最新修订版,在有关汽车的条款方面规定,每辆汽车 75% 以上的零部件必须来自北美原产地,且汽车制造商 70% 以上的钢铁和铝原料都必须来自美国、墨西哥和加拿大,这就把日本、中国和欧盟等国家和地区很大一部分汽车制造商排除在外。同时,该条款规定了生产汽车零部件的工人的时薪不能低于 16 美元。这时,中国汽车零部件生产企业和一些原材料生产企业,可以考虑对这个贸易协定区进行直接投资,把一部分产能转移过去。有时,甚至可以追随其投资布局主动为其配套。在某种意义上说,疫情创造了这种机遇。现在部分国外企业面临着与 2008 年金融危机之后相似的困境,这为中国资本走出去,对陷入困境的产业链关键性企业,特别是产业链中上游原材料、关键零部件企业进行追加投资制造了机会。这样,就可以以资本为纽带,强化和巩固全球产业链的上下游关系。

基本方向二:把抗击疫情与新基建相结合,沿"一带一路"构建以我国为主的 GVC。随着疫情向全球蔓延,中国应该以人类命运共同体的理念联合各国共同抗击疫情，彰显负责任的大国担当，打好与全球供应链上合作伙伴的"疫情关爱"牌，为其他国家提供抗疫经验、必要的医疗服务和物资援助，为他国防疫做出别人不可替代的贡献，从而赢得世界的认同与尊重。这时"一带一路"建设将面临新的任务和重要的合作机遇，这是一个对冲逆全球化趋势的可行选择。从中长期看，中国在疫情防控中展现的负责任态度、取得的防控经验，以及现今在5G和医疗健康基础设施建设等方面的新的技术与应用，将使"一带一路"建设形成新的投资机会、新的合作领域和新的商业模式。可以将在国内提出的"新基建"战略，扩展到"一带一路"国家及全球各国的疫后重建。这种新作为将巩固和优化我国主导的全球化供应链地位，更深入地推进经济全球化的发展。

基本方向三：争取中日韩自由贸易协定的尽早签署。这既是一个有效的抗击逆全球化趋势的措施，也是构建东北亚GVC、巩固中国在全球产业链地位的有效办法。在中日韩产业链分工中，目前主要是垂直分工，即知识技术密集的中间投入品主要在日本、韩国生产，中国则处于加工制造的环节。如日韩虽然要从中国进口一些电子零部件、电脑零部件、汽车零部件、氟化氢、稀土等中间产品，但是总体上中国处于附加值较低的生产加工制造装配环节。如果中日韩自由贸易区落地，这个区域将形成非常有投资吸引力的新的世界经济增长极。加快推进中日韩自由贸易区建设，主要内容是要在自贸区中先行推动对日韩的自由港区建设，建设中日韩产业链的合作标杆。鉴于当前的世界政治经济格局，首先在国家层面完成这些目标和任务有一定的困难，但是并不排除可以鼓励省级层面率先行动，建议成立专门部门负责协调中日韩三国企业在航运、商品通关、人员跨境往来等方面遇到的各种困难，打通特殊时期贸易流通的梗阻。同时创新中日韩三国之间的贸易往来渠道，在商务沟通、物流、通关、国际结算以及售后等方面，更多利用互联网线上平台进行非接触式交易，最大限度降低疫情对中日韩之间跨国供应链的影响。

基本方向四：以国内超大规模市场为依托，进一步加强我国沿海地区与东北经济圈、中西部地区的经济联系和经济循环，在此基础上构建以东部沿海地区，尤其是长三角地区为龙头的国内价值链。过去，在出口导向战略下，中国嵌入全球供应链实施的是"大进大出、两头在外"的外向型经济战略，由此抛开和忽略了沿海与内地、与东北经济之间原来存在的紧密的经济联系,在发展进程上更没能实现共振和联动,这当然也是西部大开发战略和振兴东北战略没有达到预期目标的重要原因之一。这种忽略国内经济联系而专注全球产业链联系的战略取向,在实现沿海地区率先发展方面是一种成功的探索,但是不利于国内区域间的均衡发展、公平发展。遇到逆全球化浪潮,这种战略也很容易伤害到自己。其实,中国经济的韧性和存在巨大回旋余地的重要表现是,在逆全球化趋势下,以超大规模市场中的国内经济循环和联系可以适度替代GVC的作用,以沿海发展带动东北振兴和西部大开发。按这种思路构建国内价值链,也是防止全球经济风险传递并影响我国经济发展的重大战略决策。

关于上文第三个问题的回答,即中国如何顺应GVC变动和重组的趋势,制定有效措施以推进地方政府和企业共同重塑在GVC分工体系中的地位,将在下文详细论述。

三、疫情后中国迫切需要对全球产业链集群重构

根据全球供应链在疫情后可能的内向化发展态势,从全球产业链演变的特性可以推演它有两个方向:一是在纵向分工上趋于缩短;二是在横向分工上趋于区域化集聚。

在纵向分工上趋于缩短,是指原先在产品生产过程中分散在不同企业中,以工序、环节为对象的纵向分工体系,缩回到单个跨国企业内部进行,一个企业内部可能包含了不同的工序和环节。可以把这种倾向所导致的结果称之为"纵向一体化",是一种逆产品内分工的行为。它可能不符合比较优势和规模经济的原则,但是却符合缩短供应链的自主可控的要求。在横向分工上趋于区域化集聚,是指原先被拆散分布到不同国家不同企业生产的工序和环节,回缩到一个国家或若干邻近的国家(如美加墨自贸区)进行集中生产,从而在一个区域形成产业空间集聚化的趋势。因此,如果把全球供应链分工纵向缩短、横向集聚的趋势集合考察,可以很明显地得出,为了在产业链内向化演变中获得分工的利益,纵向分工也可以在一个专业化的产业集群中,采取纵向非一体化的形式,把生产的工序和环节交给不同的企业集中在特定空间

进行,这样就能避免全球供应链在回缩中可能损害经济效率的情况的出现。

如果上述趋势成立,那么这一产业链演化倾向与自20世纪末、21世纪初,尤其是加入WTO之后的中国嵌入GVC的模式就出现了高度的相似性。在实践中我们观察到,中国嵌入GVC的方式是一种"双重嵌入"模式,即企业加入产业集群、产业集群又抱团嵌入GVC的全球化模式[①]。具体来看,在现实中中国企业嵌入GVC的模式主要有两种:其一是在跨国公司主导的国际生产体系中进行,即通过争取跨国公司大买家发包订单的方式直接嵌入GVC;其二是企业首先加入地方制造业集群,然后这些制造业集群抱团整体嵌入GVC。在改革开放的早期阶段,中国企业嵌入GVC的形式大多属于第一种,即以单体形式独立嵌入外资主导的GVC。第二种嵌入形式的大规模流行,一般认为是在2001年中国加入WTO之后[②]。

产业集群中成员企业抱团嵌入GVC,与单体企业孤立嵌入GVC相比具有很多竞争优势。一是集群内可以有大量中小企业参与,这有助于形成发达的生产和技术网络,形成分工精细的供应链体系和生产性服务系统[③]。二是集群中成员企业抱团嵌入GVC,有根植性的地方创新系统和地方生产系统提供保障。地方创新系统借助产学研网络,通过知识溢出、学科交叉、产业融合等途径提高创新效率,营造创新环境。地方生产系统借助产供销网络,通过地方化经济和城市化经济等外部效应,降低生产成本,优化营商环境。三是集群中成员企业通过抱团式嵌入GVC,依托公共机构提供的各种生产性服务和集体行动,能够深化单体企业的产品升级和工艺升级,克服单体企业功能升级面临的种种困难。四是与早期中国企业参与跨国公司主导的被俘获型的GVC相比,产业集群抱团嵌入GVC一方面能继续为跨国企业代工,有助

[①] 目前GVC理论的分析框架,主要在产品内分工结构中研究发达国家企业(发包者或"链主")与欠发达国家企业(供应商或接包者)的关系。早期的研究大多关注的是单体企业独立嵌入GVC,而对现实中企业加入产业集群、产业集群又抱团嵌入GVC的现象研究关注不够。这些研究也难以真正揭示改革开放以来中国企业嵌入GVC的特征性事实、原因和效应。

[②] 参见刘志彪,吴福象:《一带一路倡议下全球价值链的双重嵌入》,《中国社会科学》,2018年第8期。

[③] Deborah K. Elms and Patrick Low(Edited),"Global value chains in a changing world," *World Trade Organization*, 2013, pp. 171–183.

于深化GVC的国际合作;另一方面通过将总部放在国内、工厂集中地放在当地工业园区的方式,能够对抗各种不确定性风险,还可以主动融入发达国家主导的全球创新网络,实现GVC、NVC和全球创新链等之间的战略互动。

这就是说,欧美日跨国企业对全球供应链的重组趋势,总体上与中国地方化的产业集群发展态势高度一致。这意味着未来全球产业的竞争态势,将会从过去跨国公司总部面对无数分散供应商(工厂)的格局,转化为集群对集群的竞争,这将使全球产业竞争对最终市场的争夺更加激烈,竞争的程度和水平空前提高。为此,中国企业和政府必须做好充分的准备。

基于中国企业对GVC双重嵌入的现实,未来中国政府应该主动地推进这种既加入GVC又嵌入产业集群的全球产业链集群的建设步伐。最近,黄奇帆在一些演讲活动中提出来要加快建设产业链集群的思想,即中国要抓住欧美部分产业停摆、经济衰退的机会,加快"引资补链",在粤港澳大湾区、京津冀、长三角、成渝双城经济圈等地区重点打造一批空间上高度集聚、上下游紧密协同、供应链集约高效、规模达几千亿甚至上万亿的战略新兴产业链集群①。这个思路在全球供应链松动以及回撤的趋势下,确实是有利于实现加快先进制造业世界级集群建设步伐,提升其国际竞争力的目标。建议疫情后国家的政策取向应该朝着下列方向用力。

第一,优化专业服务环境,依靠产业链招商等手段实现"引资紧链"。过去中国地方政府在实践中发明的"产业链招商"等灵活办法,为外资提供上下游配套的"溢出"效应环境,这为地方制造业产业集群融入经济全球化起到了非常好的作用。外资进入产业链集群,加强了它与中国经济的内在联系,是这次中国全球产业链能够具备一定抗击疫情风浪能力的重要特征,也是未来中国已经形成或即将形成的产业链集群成为吸引全球高端制造产业链落户中国的基础。虽然现在出现逆全球化趋势,全球产业链有松动倾向,但是中国要以更加开放的理念和态度,塑造更加优良的营商环境,拥抱更多的外资进入中国,进入产业链集群。如果说过去放管服改

---

① 参见黄奇帆:《新冠疫情蔓延下全球产业链重构的三点思考》,2020年3月29日,https://3g.163.com/3g/article_cambrian/F9IOL8R405349AL5.html?isFromOtherWeb=true。

革是为了降低包括外资在内的企业的营商成本的话,那么未来我国则必须为外资和民营企业提供更加强大的专业化服务,以增强产业竞争力,降低企业交易成本,优化营商环境。因为,产业的转型升级和高技术产业发展,不仅需要政府的放管服改革和职能转变,更需要能够为其提供知识技能密集的专业化服务环境,如很多战略性新兴产业需要提供大学人才培育、IDC 服务、云计算、人工智能、物联网等条件。

第二,强化专利战略,依靠密集的研发投入等手段实现"技术补链"战略。现阶段中国绝大多数嵌入 GVC 的产业集群,都是处于生产制造的低附加值环节,靠拼价格参与全球产业竞争,而高端的技术密集环节大多分布在发达国家。无论从降低对外依赖、提升集群供给能力、形成完整的集群产业链的角度,还是从提高附加值、迈向 GVC 中高端的角度,这些全球产业链集群都应该加强对产业链核心环节的研发突破。我国的供应链地位能否被取代,最终还是取决于我国的产业配套体系是否完善,供应效率是否领先,产品质量是否可靠。在此意义上,强化我国供应链地位的最关键因素在于提升我国企业的技术水平和生产率,把关键环节掌握在自己手里,实现自主可控的产业发展格局。在具体操作上,建议由各产业集群中的政府机构牵头,一方面按照扬长补短的思路,在产业链集群中寻找本集群关键技术和环节的缺失和瓶颈,另一方面利用国家建立的全球专利库数据,查询该类技术的研发和掌控人的信息,做到有的放矢地招商引技,或制定有针对性的研发投入策略。

第三,改进收入分配,依托国内经济大循环来实现"市场强链"战略。中国过去的经济全球化是出口导向型的,利用的是西方提供的市场。当今逆全球化趋势的国际环境使中国再继续维持这一战略变得越来越困难。同时,随着国内收入水平的提高和超大规模市场的逐步形成,中国参与经济全球化的模式可能需要转向利用内需市场来逐步替代出口导向,即未来中国经济高水平开放的形式,可能是基于内需的经济全球化模式。具体思路是要把现有的 GVC 与 NVC 衔接起来,通过加强沿海地区、内地和东北地区的经济互动与循环,沿长江经济带开发与"一带一路"倡议的联系和互动,使国内经济循环成为促进全球产业链集群成长的强大因素。衔接 GVC 与 NVC 联系的主要措施是:一是利用内需吸引力虹吸全球先进生产要素,以为我国发展创新经济服务；二是实施更加开放的创新战略，而不是闭关锁国，不仅要利用全球化城市平台吸引更多的科技和知识，而且要争取把中国的创新产出成果与世界分享；三是要从根本上改进国内的收入分配结构，均等劳动者的各项权利，解决全体国民消费的后顾之忧，使人口规模决定的潜在市场优势充分发挥出来。

第四，鼓励并购重组，基于集体行动等手段来实现"组织固链"战略。我国很多的全球产业链集群在组织特征上，往往呈现出分散化、无关联趋势，集群中的企业虽然较多，但是大中小企业之间的联系不够紧密。形成这种状况的原因，主要在于这些产业集群往往不是自然生长演化出来的，而是政府使用优惠政策招商引资打造出来的，企业经常是邻近空间集聚，而不是按照产业链的上下游关系来耦合和聚合，这使中国全球产业链集群在参与全球竞争时，因缺少实力和组织而缺少协同，往往压价竞争和过度竞争。实施"组织固链"战略的主要办法，就是要以集团行动的方式获取正外部性，按照集群对集群的竞争思路，一是从纵向企业之间的固有技术经济联系看，要对集群内处于同一条产业链的企业进行大规模资产重组或业务整合，用产权联系形成紧密的纵向一体化大型企业；或者用外包合约方式，形成业务上具有紧密联系但产权上具有纵向非一体化的特征的企业群体。二是从横向企业产出品具有差异性和相似性的角度看，可以多途径、多渠道、多办法引进不同类型所有制，不同规模、不同地区和不同国家的企业来集群集聚，以便相互竞争和相互学习，提升集群的发展水平。三是可以按照集群企业加入GVC的类型，全面引进世界主要国家的"大买家"或"链主"与集群内企业链接，使"链主"之间产生一定的选择和竞争供应商效应。一般来说，由文化差异和习惯不同，美日欧三类跨国企业大买家对于GVC治理的模式和风格有着较大的差别，利用这些差异把它与集群内企业很好地衔接，会形成良好的垄断竞争效应。

（原载于《江苏社会科学》2020年第4期）

在全球价值链路径上建设制造强国

摘要：在新一轮经济全球化浪潮中，建设制造强国要在高水平的开放经济体系下进行。高质量地建设现代化经济体系，要求我们在开放条件下进一步深入思考制造业转型升级的战略、主攻方向和根本路径。我们提出在GVC上建设制造强国的政策主张：一是中国企业完全可以依托庞大的内需，建设需求或技术驱动的GVC，把全球供应商纳入自己主导的分工网络中；二是现阶段应该扬弃静态比较优势理论，以动态竞争优势理论为指导，加强对GVC上游的某些高知识技术密集环节的追赶，实施扬长补短策略，拓宽瓶颈部门；三是为了挣脱在GVC上"被俘获"的命运，必须鼓励企业坚持不懈地进行功能升级，重点发展制造型服务业；四是制造强国需要有良好的竞争政策为基础，营造公平竞争市场环境，要区分GVC上两类不同的供应商，主要运用竞争政策坚决去掉过剩严重的周期性产业的产能；五是把价值链攀升与培育世界级先进制造业集群这两大任务结合起来，实施战略互动。

关键词：全球价值链；制造强国；开放型经济；技术创新；现代化经济体系

在新一轮经济全球化浪潮中，建设制造强国当然要在高水平的开放经济体系下进行。过去中国的制造业就是在嵌入全球价值链形态的产品内分工体系下，利用低成本优势进行国际代工，使制造业的规模、体量得到了迅速增加。未来中国将起重要作用的新一轮经济全球化，必然带来全球先进的、高级的生产要素的转移和移动，从而会有效提升中国技术创新的能力，驱动中国创新经济发展，提升中国制造的品质和水平。

过去的经济全球化,同时也出现了中国制造企业被 GVC 的"链主"俘获和锁定在低知识、低技能环节,只能获取低附加值的现象,甚至某些领域出现了比较严重的依赖经济迹象。高质量地建设现代化经济体系,要求我们在开放条件下进一步深入思考制造业转型升级的战略、主攻方向和根本路径。从中国制造业深度嵌入 GVC 分工这一事实出发,我们提出在 GVC 上建设制造强国的政策主张。

一、在 GVC 上培育具有"链主"地位的跨国公司

在 GVC 的治理结构中,具有主导性地位的"链主"是跨国公司。它们要么背靠巨大的国内市场需求,形成市场驱动型 GVC,利用品牌、设计、市场、营销、网络等优势,向全球供应商发出巨额的采购订单;要么依靠国家整体科技创新能力、工业化水平和综合国力,形成生产者驱动的 GVC,制定和监督规则、标准的实施,并最终获取价值创造的绝大部分收益。

显然,在 GVC 上建设制造强国,首先要依据产业性质,构建或培育具有这种治理地位的跨国公司。如在资本技术密集型的生物医药、集成电路等产业,就适合于培育生产者驱动的 GVC"链主"[①]。如果未来我国没有这一大批驰骋全球市场的有竞争优势的跨国公司,尤其是以产业和技术资本为基础的"链主",何来中国制造在全球的领先地位?党的十八大报告和十九大报告都指出了要"培育具有全球竞争力的世界一流企业"。这其实就是提出了在 GVC 上培育"链主"的战略要求。

根据 2017 年《财富》世界 500 强排行榜,进入世界 500 强的中国银行有 10 家。中国银行、中国农业银行、中国工商银行、中国建设银行居于全球上榜银行前四名。2016 年中国 10 家上榜银行利润达到 1 738 亿美元,占全部 109 家上榜企业利润总额的 55%。进入世界 500 强排行榜的美国银行共有 8 家,这 8 家银行的利润为 1 025

---

① 苏明,刘志彪:《全球价值链视野下的中国产业发展——刘志彪教授访谈》,《南京社会科学》,2014 年第 8 期。

亿美元,占全部132家上榜企业总利润的16%。① 可见中国的商业银行利用自己的垄断地位获取高额利润,实际上挤压了实体经济的利润,从而影响了实体经济企业的赢利能力,进而影响了中国实体经济企业的可持续发展。

在大力振兴实体经济、持续扩大内需与调整结构相结合的政策导向下,中国市场不但给全球企业和人才提供巨大的发展机遇,中国企业也完全可以依托庞大的内需,建设市场驱动型GVC,把全球供应商纳入自己主导的分工网络。基于此,主要对策建议为以下三点。

第一,在消费终端推进以电子信息网络支持的零售企业的大型化,通过资产的兼并重组构建若干拥有一定市场势力、又相互竞争的大型商业巨头,这种商业巨头可以与制造业巨头之间产生市场势力的对冲效应。

第二,要改革收入分配制度,以收入增长和公平分配支持内需规模的不断扩大和结构优化。当前制约内需扩大的主要因素是收入分配差距的加大。富人缺乏消费的动力,而边际消费倾向较高的低收入群体又无力消费。这与中国收入分配的基尼系数过大有着直接关系。

第三,鼓励中国制造企业沿着"制造—零售"产业链进行前向的纵向一体化投资活动,或者鼓励制造企业收购兼并国外的品牌、网络、广告、营销系统。这些活动将产生价值链上的"链主"效应。

更重要的是,我们可以依据中国的内需去虹吸全球高级人才、技术和资本,开发具有自主知识产权和品牌的研发项目,发展创新经济,建设生产者驱动的GVC。由于这类价值链的动力根源是产业资本,其核心能力主要体现在研发、生产能力上,所以像高通、ARM等公司可以通过授权或者掌握芯片的核心技术,站在产业链的最高端成为"链主"。因此制造强国应该强在对核心技术的掌握上,通过拥有核心技术占据GVC上"链主"的治理地位②。主要的对策性建议如下。

一是把扩大内需、新一轮全球化、建设创新驱动国家等战略结合起来,共同服务

---

① 据 https://baike.sogou.com/v166353302.htm?fromTitle 资料计算。
② 洪银兴:《参与全球经济治理:攀升全球价值链中高端》,《南京大学学报》(哲学·人文科学·社会科学),2017年第4期。

于建设制造强国的目标。扩大内需不是为了自力更生,更不是闭关锁国,而是为了更深层次的开放,为了给全球先进技术和人才提供市场机遇。在以扩大内需为基点的新一轮开放战略下,通过开放的包容性生态社会环境的建设,千方百计地推进全球优秀人才向中国流动,这是利用大国经济优势推进制造强国的首要政策目标。

二是鼓励中国企业从加入全球生产分工转向加入全球创新网络,在全球创新分工中占据一席地位。嵌入生产分工虽然与嵌入创新分工有联系,前者往往是后者的必经阶段,但是后者的等级要大大高于前者。向这个地位升级的企业必须专注于知识的投入,必须对创新系统有边际贡献。嵌入全球创新网络,首先要讲规则,尊重和严厉保护知识产权。其次要充分发挥企业与大学、科研院所的互动作用。在全球创新网络中,大学是这种创新分工体系中的核心要素。如硅谷周边区域,就拥有斯坦福大学、加州大学伯克利分校、加州大学圣克鲁兹分校等近20所名牌大学。波士顿区域内则分布着哈佛大学、麻省理工学院等世界一流大学,它们所提供的大量高素质人才,以及高水平的科技成果,是创新生态系统形成和发展的关键因素。

值得强调的是,在培育"链主"的战略实施过程中,我们始终可以把"引进来"和"走出去"结合起来,通过新的投资、逆向外包、收购兼并等市场手段,广泛吸纳全球知识、技术和人才为我所用,同时为世界其他国家的发展提供新的机会。

二、向上延伸产业链:培育 GVC 上的"隐形冠军"

在中美经贸摩擦中,美方欲对中国高科技企业痛下狠手,其实打乱的是 GVC 的分工循环体系。事实说明,在 GVC 上建设制造强国,必须高度警惕那些拥有核心技术、关键部件和特殊材料的中间投入品供应商,在关键时刻对我国产业安全所发出的可置信威胁。具有这类性质和能力的供应商,一般我们也把它们称为"隐形冠军",指在某个细分市场处于绝对世界领先地位但却鲜为人知的企业。这些"隐形冠军"不直接与终端消费者发生联系,却因掌握行业的关键知识和技能,享有其他企业无法替代的优势地位,因而往往是具体产业命运的真正控制者①。

中国企业过去处在 GVC 上的加工装配等生产环节,是高技术产业的低端环节。目前全世界处于这个价值链上游的"隐形冠军"有 3 000 多家,其中德国数量最多,拥有 1 300 多家,而中国虽然是世界制造大国、全球第二大经济体,很多产业规模也处于世界前茅,但这些产业往往大而不强,高度缺乏像中国台湾地区的"台积电"那样的行业"隐形冠军",②其核心技术、关键部件和材料大都垄断在境外的"隐形冠军"企业手中。大到精密机床、半导体加工设备、飞机发动机,小到圆珠笔的球珠、高铁的螺丝钉、电子产业的芯片、微电子链接用的导电金球等,都是我们在产业链上的软肋和痛点。中国的主导性、战略性新兴产业不可能都通过依赖投资或收购兼并下游的加工厂和零售店获得发展,而是需要培育更多的"隐形冠军",才能突破发展的瓶颈迈向 GVC 的中高端。"隐形冠军"决定着中国迈向制造强国的关键点。

根据战略性和紧迫性,未来某些战略性新兴产业发展必须依靠国家的力量逐步向上延伸产业链,专注于链上的技术知识密集环节,把技术一层一层地往上做,做大做强后往上提升,掌握链上某一不易被取代的重要价值环节。这些产业不一定非要做成"链主",也不太可能都是"链主"。总之,要争取把这些产业的核心技术、关键部件和特殊材料的发展主动权牢牢地掌握在自己的手中,否则我国的制造强国战略就是建立在沙滩上。正如习近平总书记最近多次强调的,核心技术是国之重器,是我们最大的命门,核心技术受制于人是我们最大的隐患,"就好比在别人的墙基上砌房子,再大再漂亮也可能经不起风雨,甚至会不堪一击"。

向上延伸产业链,培育 GVC 上的"隐形冠军",说明我们过去认可的某些经济理论已经过时,尤其是不能根据静态比较优势理论实施所谓的扬长避短策略,放弃对 GVC 上游的某些高知识技术密集环节的追赶,而应该以动态竞争优势理论为指导,实施扬长补短策略,全力拓宽瓶颈部门③。过去在静态比较优势理论指导下,我们长

---

① 许惠龙,康荣平:《隐形冠军:全球最优秀的公司》,《管理世界》,2003 年第 7 期。
② 台积电目前的市值大概 2 000 亿美金,而美国的高通和博通也只有 1 000 亿美金市值的级别。可见专业代工的隐形冠军规模不一定小,其市场地位不一定低。
③ 干春晖,余典范:《中国构建动态比较优势的战略研究》,《学术月刊》,2013 年第 4 期。

期定位于 GVC 上的低成本环节,专业化生产劳动密集型产品。其实这种定位,一方面随着我国发展水平的提升和要素成本的提高,我们将会不断地遇到其他要素更为低廉的后发国家的竞争,从而容易陷入产能过剩和过度竞争的境地;另一方面不具备讨价还价的能力,容易被具有非对称权力的"链主"长期锁定在产业链的低端,导致贫困化增长;三是容易在不安全和不稳定的 GVC 中,成为被上游企业讹诈的对象,从而影响国家产业安全。根据动态竞争优势理论,对战略性瓶颈部门的拓宽,可以从幼稚产业开始。根据后起的德国、日本和韩国的经验,可以对幼稚产业设置阶段性的成长保护期,以隔开外来竞争。在保护期内,除了可以补贴消费者、使用者,鼓励国内消费者优先购买外,还可以鼓励产业内的优势企业进行资产兼并,实现迅速做大。

向上延伸产业链,培育 GVC 上的"隐形冠军",对于我国塑造现代化强国具有十分重要的战略意义。制造业是现代化强国的基础。如果说,小国经济可以通过嵌入全球经济实现专业化分工和合作,从而建立起依赖外部关系的开放型经济体系的话,那么对于中国这样一个大国经济来说,必须清醒地认识到,主要依赖于不断增长的、规模巨大的内需优势,去建设独立自主的、开放的工业经济体系,是我国发展战略目标的最重要选择。小国经济因国内需求规模的限制,不可能、也没有必要建设很多门类齐全、具有规模经济特性要求的现代工业,必须放弃许多产业领域,同时也需要较大规模地利用外部市场,否则就很难生存。像中国这样的大国经济,我国产业发展所需要的核心的、关键的技术和知识,是市场换不来的,也是金钱买不到的,必须独立自主研发,否则就不可能形成基础厚实的制造业和强大的军事工业。国家的长治久安要求中国人的饭碗必须端在中国人的手中,中国重要的、关键的产业技术,必须掌握在中国人手中。

当然,考虑到国际分工,即使是最强大的国家,既没有可能,也没必要在诸如芯片、精密仪器、飞机发动机、传感器等所有领域和环节都取得绝对优势和控制地位,中国目前欠缺的技术,也不可能都由国家出面来不惜代价地组织追赶。因此,要从两方面着力:一是实施扬长补短策略,最迫切的是集中力量补最短边的那些板,由此边际收益更高;二是充分发挥民间、市场和中小企业的主体作用。

三、摆脱"被俘获"命运，坚持功能升级，重点发展制造型服务业

做 GVC 上的制造强国，久久见功的是日积月累的产业升级。但是考虑到我国企业嵌入的 GVC，在治理结构的性质上属于被俘获型，因此产业升级过程具有特殊性。这是我国在建设制造强国中必须面对的最大约束条件之一。

被俘获型的 GVC，指的是价值链上的交易者之间，虽然不存在纵向一体化的所有权关系，但是它却可以通过价值链中的治理机制，使广大的供应商被具有"链主"地位的跨国公司所控制。这种交易网络和治理方式，相对于能力分享型的 GVC，或基于市场公平交易的 GVC 来说，由于参与方之间高度缺乏平等对话的市场势力和技术的基础，因此在价值分配上，也不利于发展中国家。

但是嵌入被俘获型的 GVC，对发展中国来说也有受益的一方面。研究发现，中国代工企业嵌入"被俘获"的 GVC 后，在得到来自大买家巨额订单的同时，也会得到其具体的人员培训、技术服务和市场训练等。中国代工企业在价值链的低端经过快速的学习，其工艺升级和产品升级的周期不断缩短。大买家之所以愿意帮助代工企业进行产品和工业升级，主要原因是这种性质的升级，有利于品牌产品在最终市场上的销售，其利益与代工企业是一致的。目前这些中国代工企业早已走过进口零部件的装配生产的阶段，处于大规模的整机生产能力提升、甚至达到可以反向出口发达国家的阶段。下一步的产业升级，就是要瞄准功能升级的目标，逐步形成自己的研发设计能力乃至拥有自己的核心技术和自主品牌。

另一方面，目前中国大部分代工企业的能力仍然局限于生产功能的投资与建设，以大规模、低成本、低价格取胜。代工企业的功能升级即向"微笑曲线"的两端升级过程，受到了资源能力的限制，以及价值链中买方市场势力的阻挠。这些掌控 GVC 两端的品牌、营销、研发、设计等生产型服务技能和知识的"链主"，因为担心来自中国企业的竞争和可能的替代，往往会用一切手段压制中国企业的功能升级。采取的围追堵截手段很多，比如威胁取消订单、打价格战、以知识产权名义进行起诉等。

未来根据专业化分工原则，大部分企业做精致的、专业的代工厂家，把代工业务

做大做强,也是不错的选择。但是鼓励一部分优秀的中国代工企业逐步实施功能升级,也是产业政策的必然趋势。只有在某些战略性产业方面建立起了自己的品牌和自主技术,才能实现制造强国的目标①。因此鼓励企业立足于中国制造业的已有基础,加大知识技能投入,逐步发展"制造型服务业",是当前条件下激励企业摆脱"被俘获"命运的最重要的有效措施。

中国企业在现阶段大规模转向服务业既不现实也不可行,毕竟全面走向以金融科技为主的服务业,至少在相当长的时期内不符合中国建设制造强国的国情。比较合理的路径是首先发展制造型服务业②。在大数据、互联网、云计算、人工智能技术突飞猛进的当下,制造服务业就是要将信息网络化作为提供服务的平台和工具,把服务向产业链的前端和后端延伸,扩大服务范围、拓展服务群体,能快速获得客户的反馈,优化服务内容和持续改进服务质量。其中,工业互联网平台建设是制造业服务化的大方向。

中国企业从纯粹的生产型制造逐步向服务型制造发展,是加快制造业自主创新和结构调整的重要内容。中国实施这一具体的战略调整具有非常好的条件和基础。一方面,我国庞大的制造业规模和体量,将会对智能化发展产生巨大的市场需求,是支持智能化按市场规律正常快速发展的现实基础;另一方面,用智能化改造中国制造业,必将大大提高制造业企业的技术素质和产品质量,这也为制造强国奠定了坚实的技术基础。

四、以竞争政策重整价值链上公平竞争环境

在 GVC 上建设制造强国的问题上,还有一个调整和优化产业组织方面的问题,它是制造强国的市场结构基础。在这方面,要研究的问题很多,如大中小企业之间怎么协调配合?不同规模、不同所有制企业之间如何公平竞争?如何破除政府的行政

---

① 罗斌,黄昭昭:《全球价值链下的中国产业功能升级研究》,《经济社会体制比较》,2010 年第 6 期。

② 齐二石,石学刚,李晓梅:《现代制造服务业研究综述》,《工业工程》,2010 年第 5 期。

垄断,以及反对具有市场势力的企业行使垄断力量等。

习近平主席在博鳌亚洲论坛2018年年会开幕式上,向世界庄严宣告中国扩大开放将采取四个重大举措。这表面上似乎是对某些逆全球化趋势的回应,其实是要在高速度发展转向高质量发展的过程中,把过去那种由产业政策导向的非均衡发展阶段,逐步转向以竞争政策为基础的高水平开放阶段。

第一,大幅度放宽市场准入管制,增加经济的竞争性,为民众提供更多的高质量的商品和服务,为消费者增加更多的选择性。在生产能力短缺时代,国家对市场准入进行严厉的限制,目的是对幼稚产业进行保护。随着国内经济力量的崛起,现在很多产业已经开始成熟,没有继续增加保护的必要性和合理性。长此以往,反而会进一步增加消费者的消费成本,降低产品质量和减少多样性选择,增加生产者的垄断利润。这是典型的社会福利损失。改革开放的四十年来,我国绝大部分制造业已对外开放,目前保留限制的主要是汽车、船舶、飞机等少数行业。这些行业现在大多已经具备开放的基础,下一步大幅度放松市场准入限制的举措,就是要尽快放宽对这些行业的外资股比限制,特别是对汽车行业的外资限制。另一个重要的有标志意义的举措,就是在高端服务业的金融、旅游、建筑设计、医疗、电信、互联网等领域(目前特别是对金融业)加快开放的步伐。这方面比较好的开放方案,就是建议这些产业在对外开放之前,首先对民营企业开放,加大对内开放有利于提高这些产业的竞争力,以防止对外开放的急促性使这些产业丧失竞争力。

第二,由政府制定优惠政策吸引投资,转向为企业投资创造更有吸引力的环境。过去中国政府吸引外来投资,主要依靠制定优惠政策创造"洼地"效应。"洼地"形成之后,确实具有吸引资源流动的强大的"虹吸效应",但是它只能在某个局部的空间上发挥作用,除了具有影响力有限的天生缺陷外,主要问题是容易导致空间上的地域歧视,人为拉大区域间发展条件的差距,同时造成包括人力资源在内的所有资源的人为的、过度的流动。进入新时代,实现发展权的公平和减少优惠政策过多过滥的格局,需要更多地依靠改善投资环境,也就是要加强同全球经贸规则的对接,增强政府运作的透明度,强化对民营企业和外资的产权保护,鼓励竞争、反对垄断,为企业创造更有吸引力的投资环境。

第三，由模仿创新发展，逐步转向以知识产权保护为重点的自主创新发展。早期以出口导向为特征的经济全球化，中国沿海发达地区走的都是"技术模仿创新"的道路，避开了国内因研发和技能差距所导致的技术陷阱，从而凭借其要素成本优势实现迅速成长。当前实施创新驱动国家战略，要求我们执行最严厉的产权保护制度。这是竞争政策的最重要内容之一，也是提高中国产业竞争力最大的激励因素。据日本经济学家的观察和研究，在 20 世纪 70 年代以后的日美贸易争霸战中，美国也是利用知识产权和专利保护制度禁止日本企业进行模仿和反求美国的技术。但是结果出乎意料，它倒逼了企业开始重视知识产权和专利保护，日本企业从此开始艰苦的自主创新，也推动日本经济全面进入了自主创新轨道。

第四，主动利用内需来扩大进口，吸收全球最先进的生产要素为我所用。过去的出口导向利用的是别国的市场，而不是我们自己的市场。2008 年之后，国际金融危机显示了这种性质的"全球化红利"已经基本结束，中国需要与世界进行再平衡。其实就是要在扩大内需的条件下，主动地启动"基于内需的全球化经济"战略。基于内需的经济全球化，就是要在加入全球分工体系的基础上，强调利用全球的优质要素发展自己。中国尽早启动这一战略，也是为了满足人民日益增长的美好生活需要。以不断增大的内需来扩大进口，也能起到促进我国经常项目收支平衡的主要作用。这一新型的全球化战略，期望能够用中国的内需吸收外部世界的先进生产要素，因此也希望发达国家对中国放松正常的高技术产品贸易的人为设限，放宽对华高技术产品出口的管制。

在以竞争政策重整价值链上的竞争环境中，还有一个亟须解决的重要问题，就是如何以竞争政策重整价值链上的中低端供应商。目前我国有众多的处于价值链中低端的国际代工企业，主要是两类：一类是资源能源开采加工方面的，如煤炭、建材、铝业、电力、钢铁等，这些产业产出均质性强、投资规模大，受供求和价格影响大，具有周期性；另一类是那些进入门槛低，全球涌入的企业过多，市场低价竞争激烈，因而产能容易过剩的劳动密集型产业，如鞋帽服装、玩具、消费类电子、家具等。

为了防止这两类产业残酷的价格竞争不断地驱使行业走向衰退，需要坚决地贯彻执行中央去产能方针政策进行产能调整。但是调整过程的手段和工具的选择应该有不同的把握。对于上述第二类产业，市场机制是最佳的手段，但是也需要政府在税收信贷政策、劳动力转移和培训、资产调整等方面给予配合。而比较难以操作的是上述第一类产业，主要是这些产业进入后比较难以退出。原因是市场需求循环变动，产业未来前景不容易看透；同时资本规模大、转换成本高、沉没成本大。更重要的是，这些产业往往也同时云集着大量的低技能型劳动者，他们退出产业寻找新工作的机会少、可能性低。对这些产业的调整，最佳手段是政府在做好劳动者社会保障和失业再培训再就业的前提下，通过提高环保、能耗、质量、标准、安全等各种准入门槛来完成淘汰目标。要尽量不利用行政的强制手段和计划指令，防止"一刀切"损害产业中真正有效率的民营企业。加强规则、完善法治，减少行政指令，实现良性产能治理。

五、战略互动：价值链攀升与培育世界级先进制造业集群的结合

在 GVC 上建设制造强国，也需要落实在具体的空间结构上，产业升级需要重整制造业的经济地理条件。这主要包括制造业发展的时间空间条件压缩、投资密度的增加、市场分割程度降低等三个方面。

大力发展高水平的制造业产业集群，是实现上述三个要求的关键措施。制造业集群所依赖的运输条件等基础设施建设，以及集群内部有技术经济关联的企业之间较短的物理距离，都是压缩时间空间的具体形式，也是集群存在的基本理由；产业集群的投资密度，要大大高于原子式竞争时分散布局的企业投资密度，也是产业集群取得规模经济和范围经济的基本来源；产业集群打破了行政区域的界限，按照经济功能布局，群内企业的相互学习和由此引出的知识溢出，是减少市场分割、增加经济一体化发展的内在力量。因此，优化产业的空间配置，大力发展制造业产业集群，是建设制造强国的重要途径。

党的十九大报告指出，促进我国产业迈向 GVC 中高端，培育若干世界级先进制造业集群。这其实就是已经考虑了要结合产业升级与集群升级实施互动战略。从学理上看，一方面，可以通过促进集群升级，有力地支撑产业攀升 GVC。产业集群的最

重要特点之一,就是大量的相关产业的企业集中在特定的地域范围内。这些企业因处于同一产业,所以相互之间既有激烈的市场竞争,又会有多种形式的合作,如信息共享、股权合作、联合开发新产品、开拓新市场、建立新的供应链等。这种合作机制的根本特征是互动互助和集体行动。通过集体行动的方式,中小企业获得知识和技能的溢出,如在培训、金融、技术开发、产品设计、市场营销、出口、分配等方面,可以弥补市场缺陷,克服其内部规模经济的劣势,既可与外部强大的竞争对手相抗衡,又能对冲掉一些大买家压制下游供应商进行产业升级的市场势力。

另一方面,在 GVC 上的产业升级,尤其是选择不同形式和性质的 GVC 的行动,将促进产业集群向世界级水平的跃迁。首先,在 GVC 上的升级,尤其是实现功能升级,意味着集群在向知识技术密集方向和环节延伸,这种延伸通过群内的竞争和学习效应,技术和知识将不断地溢出,最终推动整个集群的产出水平与世界标杆的缩小。其次,一个产业集群中的企业,所嵌入的 GVC 性质往往不同,①由此决定在不同性质的 GVC 中,产业升级的具体路径和方式有很大的差异,培育世界级先进制造业集群的政策取向也不同。例如,嵌入能力分享型的 GVC 网络或公平市场交易型的 GVC,与加入被俘获型的 GVC 相比,后者需要政府为产业集群提供更多的外部资源和外部性,也需要集群中的领头企业发起更多的集体行动,如合作建设品牌、合作研发等,才可能突破封锁艰难地推动集群升级。最后,企业可以在不同的"链主"所控制的 GVC 中学习,并把所掌握的知识和技能,用于带动集群整体升级的活动。在实践中,一个产业集群中的企业,往往加入欧美日等不同国家跨国公司主导的 GVC。这些不同的"链主"因文化、管理等差异,对所嵌入的企业升级的态度和政策也有所不同。如长三角地区有很多企业,它们既嵌入美国大买家主导的以"被俘获"为特征的 GVC,也加入欧洲大买家主导的松散型的 GVC,有的还同时自主地对南美洲和非洲出口独立品牌,它们在国内市场也有大量并不依赖中介代理的直接的销售业务。这样,在不同类型和性质的 GVC 中,集群中的企业可以发挥"杠杆能力"(leveraging

---

① 有的企业技术或市场能力较强,加入的可能是能力分享型的 GVC 网络;有的企业可能就是跨国企业通过 FDI 形成的子公司,属于纵向一体化型的 GVC;有的企业完全通过市场合约与大买家进行公平交易,属于市场交易型 GVC;在实践中,更多的中国企业加入的是被俘获型的 GVC。

competences），即把在某条 GVC 中学到的东西，运用到另外一条 GVC 的某种升级活动中，从而实现低成本的产业升级。

加入 WTO 以来，我国企业嵌入 GVC 的方式发生了许多新的变化。突出的表现就是，伴随着各个地方所规划的高新区和产业园的日渐成熟，企业首先在园区内扎堆，形成各具特色的地方性产业集群，这些产业集群又以集合形式抱团嵌入 GVC。与早期单个企业嵌入 GVC 的形态相对应，竞争形态也由公司总部与制造业工厂之间单一的链式竞争，逐渐演变为集群内部企业与企业之间的竞争、集群与集群平台之间的竞争、集群与非集群之间的混合竞争，以及本国集群与国外集群之间的全球竞争。产业集群之间竞争的结果，使得价值链获取业务的空间越来越大，内容越来越复杂，竞争程度越来越激烈和充分，竞争效率越来越高。中国商品过去在全球竞争中攻城略地、所向披靡，形成所谓"中国价格"的旋风，与这种产业集群的竞争形态和方式有着直接的、密切的关系。我国未来的产业政策，应该鼓励和支持这些产业集群成为 GVC 的"链主"。这个集群内部就是一段世界的产业链，要让这一段产业链成为全球该产业的核心，不仅在要素技术的创新能力上要过硬，更要在系统技术方面有足够的能力。在这里，系统技术是指在这一段产业链中，各个企业如何协调互相促进的技术，当然它包括集群内部的组织能力与战略协调能力，它们是产业链攀升和培育若干世界级先进制造业集群的基本条件和现实基础。

六、结语

本文描述了在新一轮高水平的开放型经济体系的建设中，建设制造强国的战略方向、基本路径和基本政策。在 GVC 上建设制造强国而不是闭关锁国，是本文研究的基本出发点。本文分析得到的基本结论如下。(1) 中国企业完全可以依托庞大的内需，建设需求或技术驱动的 GVC，把全球供应商纳入自己主导的分工网络中。(2) 现阶段应该扬弃静态比较优势理论，以动态竞争优势理论为指导，加强对 GVC 上游的某些高知识技术密集环节的追赶，实施扬长补短策略，拓宽瓶颈部门。(3) 为了挣脱在 GVC 上"被俘获"的命运，必须鼓励企业坚持不懈地进行功能升级，重点发展制造型服务业。(4) 制造强国需要以良好的竞争政策为基础,以公平市场为竞争条件。要区分 GVC 上两类不同的供应商,主要运用竞争政策坚决去掉过剩严重的周期性产业的产能。(5) 把价值链攀升与培育世界级先进制造业集群这两大任务结合起来,实施战略互动。

关于鼓励中国企业在 GVC 上提升制造能力的途径和渠道,除了可以继续承接国际代工订单,向掌握核心技术的上游公司学习之外,我们还可以实施如下战略。(1) 积极鼓励企业并购处于 GVC 上游的产业技术类公司。(2) 与 GVC 上游的核心企业合作。例如,华为要向芯片制造这种高技术产业进军,可考虑请 IBM 等公司进行前端设计,同时让台积电代工。(3) 采取逆向发包策略,通过 OFDI 的形式利用外国当地的科技研发资源。如华为目前已经在十多个发达国家建立了相关实验室。(4) 在国内大力建设产学研合作体系。比如在武汉、西安、南京等科教资源丰富的城市,华为、中兴等实力雄厚的企业,都可以采取国家、地方和企业共同合作投资的方式,建设面向战略性新兴产业的研发部门。(5) 培育人才与挖人才相结合,既要投入巨资助培养国内研发人员,也要大量录用跨国企业在华的研发人员,等等。

(原载于《学习与探索》2018 年第 11 期)

第二章

中国经济问题研究

建设统一市场是中国经济"开放的第二季"

摘要：十八届三中全会进一步明确，建设统一开放、竞争有序的市场体系，是使市场在资源配置中起决定性作用的基础。建立和完善统一市场具有大规模对内开放和进一步对外开放的双重含义。在对内开放方面，建立统一市场的重点是废除第一轮改革中形成的无所不在的"双轨制"，给予各经济主体平等的发展条件和基础，充分释放发展的动力和活力。为此要推进经济从"发展竞争"逐步转向"平等竞争"，确立竞争政策替代产业政策并在市场经济中占据优先地位，这是中国经济进行更深层次的内部改革的重要体现。在对外开放方面，则要扭转单一的出口导向格局，以国内统一市场的建设来壮大内需规模，以此虹吸全球先进的创新要素，建设创新型国家。未来中国发展要更加倚重于国内市场，从利用和打开别人的市场，转向更多地利用和放开自己的市场。以统一市场建设来促进内需扩大和经济全球化，是中国开放型经济体系的重新设计，是开放型经济的转型升级版。

关键词：统一市场；对内开放；对外开放；平等竞争；转型升级版；中国开放型经济体系；新发展观

党的十八大报告指出，经济体制改革的核心问题是处理好政府与市场的关系，必须更加尊重市场规律，更好地发挥政府的作用。建设统一开放、竞争有序的市场体系，是使市场在资源配置中起决定性作用的基础。为此需要着力清除市场壁垒，建立公平开放透明的市场规则，提高资源配置效率和公平性。这样就把建立和完善统一市场这个在改革开放初期就提出来的话题，在全面深化改革、推进经济转型升级的背景下，赋予了深刻的实践背景和政策含义，对于中国进一步获取改革红利和全球化红利具有举足轻重的影响。

可以这样说,建立和完善统一市场具有大规模对内开放和进一步对外开放的双重含义。未来中国的开放,不仅是对外开放,更重要的是对内开放。一方面,中国过去改革的成功在于开放,包括对内开放和对外开放,而目前发展和改革的困局也在于开放不足,尤其是对内开放不足,各种需要改革的地方其实就是对内开放不足的领域。如金融体制、财政分税、户籍制度、土地制度、国有企业、医疗养老制度等,过去的改革基于"发展竞争"的要求,对其进行渐进式改革的"双轨制"设计,现在都演变为矛盾问题突出的既得利益领域。就此意义上来说,统一市场的建立和完善,将要基于现代市场经济的"平等竞争"要求,重点对"双轨制"进行一元化取向的改革,给各经济主体平等的发展条件和基础,充分释放发展的动力和活力。另一方面,中国过去以出口导向为特征的对外开放模式,在取得巨大收益的同时,也因为全球化条件的变化和游戏规则的改变,需要通过改革推动统一市场的建设和完善,实现以扩大内需为基础、内需与外需相互促进、协调发展的新格局。

本文将对这两个问题进行重点分析,以厘清统一市场建设与对内开放和对外开放之间的关系,为转型升级版的中国经济改革提供理论依据。

一、建设和完善统一市场:转型升级的新发展观

众所周知,从 20 世纪 80 年代中期开始,大规模的放权让利和市场取向改革使掌握了经济决策权力的地方政府开始追求自身的市场利益。习惯于命令经济以及害怕竞争的本能,驱使地方政府首先运用行政手段对不成熟的商品流通市场进行封锁,对外部流进来的商品人为设卡设限,或是明文规定,或是由工商、税务乃至动用公安、民兵等对竞争性商品的流通进行"查处",以保护本地相对低效率的生产商;同时运用行政力量限制本地稀缺的商品和某些要素流向异地,以维护本地居民消费和财政利益[1]。这种画地为牢的市场割裂和市场封锁,直接导致了原本因收入水平低而决定

---

[1] 陈甬军:《论中国地区市场封锁问题》,《经济学家》,1992 年第 4 期。

的狭小市场容量更加狭小、原本并不完善的市场运行效率更加低下等严重问题。改革开放三十多年来,随着市场竞争制度的逐步建立,中国各地区竞争意识越来越强,经济体系也越来越开放,那些荒唐的市场割裂和市场封锁问题早已成为过去的"故事"。

但是为什么现在还要谈这个问题,并且十八届三中全会还把建设和完善统一市场问题提到了全面深化改革开放的重要地位？这是基于以下四点原因。

第一,在全面深化改革开放和转型升级的新阶段,中国建设和完善统一市场问题有了新的更深层次的发展含义。现在的市场深度发展至少涉及三方面问题。一是在正确处理政府与市场关系的前提下,必须重点解决阻碍统一市场建立的行政区经济的改革问题,以便创造新一轮的改革红利,如中央产业政策的中性化问题、中央与地方关系以及地方政府职能改革等问题。二是必须解决市场主体的深层次发展问题,如国有企业的改革、地方政府公司化倾向的逐步改革等。三是必须解决要素市场的统一和开放问题,而不仅仅是商品市场的统一问题,如重点解决资本流动、人员流动、基础设施、信息等领域的市场割裂问题。由此可知,现在讲统一市场,是指要从商品市场的开放转向更加深层次的要素市场开放,包括信息、技术、人力、资本等市场的开放。尤其是中国(上海)自由贸易试验区的建立,从制造业开放重点转向了以现代金融业为主的服务业开放,从以货物贸易为主的国际准则的开放转向了探索要素市场开放、政府边界厘清和行政管制放开,从而体现了一种更高层次的开放格局。

第二,中国过去的改革开放思路和方法是实行渐进式的"双轨制"改革,又称为"老的老办法、新的新办法"改革,或"增量改革"。这种最初发端于商品市场、为解决计划与市场矛盾的改革方案,因为不会触动既有利益者,改革的阻力较小,因而被大幅度地运用于其他方面甚至社会领域之中,如养老体系的改革。它试图通过旧的东西不断消失、新的东西不断进入,而使新体制逐渐占据主导地位。这种改革方式是中国经济体制渐进性转轨最重要的特征,也是稳定经济社会运行的主要手段。这一改革设计使中国发展在取得世界经济奇迹的同时,也日益显示出某些严重的副作用,如大量存在的社会成员之间、行业之间、不同所有制之间、地区之间的收入水平和资源利用机会的不平等、寻租腐败以及日趋严重的社会不满情绪等①。更为严重的是,留在旧体制"轨道"上的利益主体,不仅逐渐成为改革的阻碍者,而且还成为新制度的腐蚀因素,其势力有时还会不断壮大。因此,未来中国市场化取向改革的一个非常重要的任务,就是要消除经济社会生活中的"双轨制"歧视痕迹,通过统一的市场让各类企业平等地获取和使用生产要素,让各类市场主体平等地参与市场竞争,公平地分享社会经济发展成果。

第三,现在中国的要素市场虽然在发挥重要的资源配置调节作用,但是市场也存在着巨大的分割效应。一是生产要素流动的社会分割,如城乡之间因身份、户籍的不同,导致了相互之间在生活方式、收入和消费水平、社会公共福利等方面存在巨大的差异,这些差异的存在又极大地强化了要素流动的障碍。二是生产要素流动的区域分割,行政区经济格局阻碍着生产要素在区域之间的自由流动,以及网络分工体系的重组和集聚,如在资本流动方面,一个企业去异地收购兼并其他企业,往往受制于本地政府的保护,企业所有权的流转在现实中并不流畅,再如基础设施领域也存在严重的跨地区互不配套和互不衔接、信息跨地域流通不畅通等问题。三是生产要素流动的制度分割,文化、习惯、地方法规、政策和条例等制度因素,是影响中国生产要素按区域、社会、产业等指向进行市场流动的最重要内在因素,是造成市场分割的主要原因。因此,建立和完善统一的市场其实就是政府、市场体系、微观主体三者关系的调整,是如何进一步坚持市场取向改革的问题。

第四,现在讲统一市场,不是把全国变成一个市场,而是要求各地区市场主体的竞相开放,包含各地市场主体的对内开放和对外开放。各地区市场主体都清除了造成市场壁垒的社会、区域和制度因素,都相互对别人开放了,统一市场的基础和前提自然就形成了。从范围上来看,中国各地区都竞相对内对外开放,如华东地区内的市场主体都相互全面开放、不设置壁垒,那就形成了华东统一市场;如果整个中国各地区间都相互开放,就形成了中国统一市场;如果中国对全世界开放,中国的市场就是

---

① 林毅夫:《现在已经到了把双轨制一律都消除掉的时候》,http:// theory.people.com.cn/BIG5/n/2013/0916/c40531-22934299.html。

全球性市场或世界市场。因此,市场的对内开放其实是深度对外开放的基础,统一市场的建设可视为中国经济改革、开放和发展的"第二季"。

有鉴于此,建设和完善统一市场已经提到树立转型升级的新发展观的高度,它既是从命令经济转向社会主义市场经济的重要内容和直接体现,也是经济发展方式从粗放型向集约型转变的基础和保障,更是经济结构战略性调整的直接推动力。

二、建设和完善统一市场:中国经济更高层次的对外开放

在过去三十多年的经济奇迹中,中国发展的一个重要的特征是较多地依托和利用了世界其他国家,尤其是发达国家的市场,而较少地利用自己的市场。表现为"为出口而进口"的加工贸易活动倾向十分显著。1978—1989年,中国的外贸依存度从9.80%上升到24.80%;1990—1999年,外贸依存度从29.60%缓慢上升到33.30%;2000—2008年,外贸依存度飙升迅速,至金融危机前一年的2007年,外贸依存度已经高达66.20%。过去的发展战略重视对海外市场的大幅度利用,主要基于以下事实。(1)过去中国居民收入水平较低,国内购买力规模较小,不足以支持经济起飞。(2)国内市场存在严重的地区分割,市场制度扭曲、发育不良,表面看起来中国潜在的市场规模非常大,但由于现实中市场并没有完全开放,存在分割,现实的市场规模、市场需求并不是很大,即企业面对的现实市场并不等于加总后的市场规模。(3)过去三十多年中,尤其是2001年加入WTO之后,中国所加入的全球分工形式并不是产业间分工甚至不是产业内分工,而是产品内分工,即就某个具体的产品在生产环节、阶段、工序、零部件所进行的世界分工。发达国家的跨国企业通过对产品全球价值链高端的治理和控制,把中国纳入了复杂的出口导向体系中的低端。早年,很多跨国企业计划到中国投资时都会计算:中国十几亿人口,一年中只要每个人用我们企业一件产品,算下来市场规模就巨大无比。这种由兴奋感驱动的直接投资只是看到了投资的潜在市场,而没有看到中国实际的市场分割状态。由于各省市之间存在着严重的行政壁垒,加之各地购买力不同,导致中国真正的现实市场并没有计算的那么

大,而且到现在为止市场还没有完全统一。① 那些早期进入中国的跨国公司,在拓展中国市场的计划和努力落空的同时,发现中国其实具有丰富而优质的要素禀赋,尤其是具有大量的受过良好教育、素质整体较高的人力资源,中国是一个非常适合作为出口加工制造的平台和生产基地,这也奠定了中国后来成为世界制造车间的基础。

2008年世界金融危机后,世界经济的再平衡客观上要求中国扩大内需。中国发展要更加倚重于国内市场,实现持续的增长要求中国从利用国际市场转向更多地利用国内市场。这不是发展战略回归"内向型经济",也不是转向"自给自足、自力更生"的国民经济体系,而是扩大内需条件下的新的经济全球化形式,是新一轮高层次开放型经济体系的重新设计,是中国开放型经济的升级版。由此也凸显出建立和完善统一市场对中国进一步开放和全球化的重要功能。

第一,从利用和打开国际市场转向更多地利用和放开国内市场。中国目前经济总规模已跃居世界第二位,随着中国居民收入水平、消费水平、社会保障水平的提升,以及市场开放程度的进一步扩大,其内需规模将逐年上升,国内市场必然或已经转化为全球商家必争的重要市场。为此,中国需要把发展战略的重心转向利用和开拓自己的市场,以自己的内需拓展自身的增长潜力,而不是继续依赖那些处于调整底部的其他国家的市场。在这种条件下,如果国内市场仍然是分割的而不是统一的,那么无论是市场规模还是开放水平,都无法支持实现基本现代化要求的新一轮的经济增长目标。因此,在扩大内需条件下形成开放型经济的转型升级版,应该从这个高度上去理解统一市场的概念和意义。这也是统一市场的建立和完善是实现中国"开放经济第二季"的根本原因。

第二,从单一的出口导向型增长转向出口与进口协调型增长。考虑到"内需"是来自一个国家内部的市场主体对国内外商品和劳务的有支付能力的需求,因此,通过统一市场的建立来扩大内需,将自然产生对进口产品的需求。但是需要注意的是,基于统一市场的内需与有竞争力的商品出口之间并不存在什么矛盾和冲突,恰恰相反,

---

① 中国现实市场分割是出口导向的原因之一,这方面研究可见张杰,张培丽,黄泰岩:《市场分割推动了中国企业出口吗?》,《经济研究》,2010年第8期。

它将有力地促进新型出口方式的建立。如新经济地理学理论就认为,极大的国内市场需求将会使一国成为该种产品的净出口国①。这种效应也称之为"母市场效应"(Home Market Effects),指在规模报酬递增和垄断竞争的情况下,加上贸易成本,需求大国将成为差异化产品的净出口国。这意味着极大的国内需求将对出口起到积极的促进作用。

第三,从低级要素的利用转向对高级要素的吸取。过去,中国经济全球化过程中得到充分开发和使用的是与世界工厂需求相适应的一般的、低端的生产要素。这是国际市场对中国比较优势的自动甄别和选择,是全球价值链中处于主导地位的"链主"的市场化选择。简单的"国际代工"产生不了对高级创新要素的内在需求,依托外需也只能发展代工经济,而发展不出自主品牌和自主技术。与这种依托低成本要素参与全球低端分工所获得的全球化红利不同,新一轮经济全球化要提升中国在全球产品内分工的地位、向价值链上游和高端攀升,要求中国依托庞大的内需市场吸收全球先进的、高级生产要素,尤其是技术和人才要素,以此推动中国经济从学习模仿全面走向创新驱动的发展轨道,获取新一轮经济全球化的红利。显然,如果我们的市场不是统一的而是分割的,那凭什么可以形成强大的"虹吸"国内外先进生产要素的能力呢?凭什么可以在封闭经济体系中建设创新驱动型国家?

第四,从被动适应全球化竞争转向主动创造全球化的战略机遇。中国参与的第一轮经济全球化,是发达国家的跨国公司主动发动的,它们为利用中国的加工制造平台,采取国际外包形式把中国纳入全球产品内分工体系,中国企业在这条由跨国企业控制的全球价值链中处于"被俘获"的地位。在新一轮的经济全球化中,中国要利用自己潜在和现实的市场规模,促进全球要素的重新集聚和重新配置。因此,它是中国为适应全球经济形势和竞争格局的变化所做出的主动战略调整,也是中国给自己、给

---

① Krugman. "Increasing returns and economic geography", *The Journal of Political Economy*, 1991(99): 483-499. Helpman E. Krugman. *Market Structure and Foreign Trade*. Cambridge (Mass): MIT Press,1985.

世界主动创造的一种战略机遇。对我们来说,它是一种更高水平的、主动的开放型经济①。

综上所述,如果中国的内需有足够的规模和持续的增长能力,加上中国的市场是高度开放的统一市场,那么中国就能够利用自己的市场规模的强大吸引能力,趁着西方长期处于经济衰退底部的千载难逢的机遇,大量虹吸全球的高级生产要素为我所用,加速中国的产业升级和发展创新型经济。相反,如果中国的市场仍然是处于行政分割状态,市场规模依然狭小,则不可能对国外的先进生产要素产生预期的"虹吸效应"。

发挥大国经济的优势,就是要利用好国内市场规模这一最重要的发展资源。在做好依托和利用国内市场吸收全球先进生产要素这个方面需要学习美国。众所周知,美国内需在全球最大,其"虹吸效应"也特别明显,全世界先进的、高级的生产要素都向美国聚集,尤其是各类高级人才都往美国聚集。由此决定了美国是当今世界上吸引外资最多的发达国家,也是吸收各类高级技术人才最多的国家②。如何通过开放,把国内统一市场做大做强,然后对优质生产要素形成"虹吸效应",用外国的先进技术和先进人才建设中国经济,是我们实现基本现代化需要研究的重大课题。

三、建设和完善统一市场:中国经济更深层次的内部改革

建立统一市场就是正确处理政府与市场关系的具体行动和主要措施,因而它体现的是中国经济更深层次的内部改革。其中的道理很简单:市场取向改革的目标,是要建立市场起决定性作用的资源配置机制。如果政府不放权、不减权、不限权、不分权,尤其是不减少权力和限制权力,那么市场机制必然被权力替代、分割和扭曲,这样的残缺市场怎么发挥它在资源配置中的决定性作用?

从阻碍统一市场建立的因素来看,最重要的说到底还是政府行政权力对市场活

---

① 刘志彪:《基于内需的经济全球化:中国分享第二波全球化红利的战略选择》,《南京大学学报》(哲学·人文科学·社会科学),2012年第2期。

② 同上。

动的不当介入,即对市场的"越位、缺位和错位",不该管的也去管,该管的不去管,已管的不会管。在转轨经济中,在所有可能影响市场运行格局和效率的因素中(包括竞争与垄断、政府管制、文化习俗等),只有政府的行政权力才有可能长期地、有力地、大幅度地扭曲、撕裂、分割和限制市场。因此,就形成统一市场、清除市场壁垒、公平竞争环境、提高资源配置效率的目标来说,首先需要政府自身的改革,尤其是要协调和平衡好产业政策与竞争政策间的关系[1]。

这是因为从理论上看,产业政策是政府为了扶持或限制某些特定产业而制定的财税、信贷、外汇乃至土地、人才等一系列政策,因而产业政策是发展取向的;竞争政策则是现代市场经济中的根本大法,是有关市场竞争与垄断关系的基本规则,因此竞争政策是平等化取向的。越是强势的政府和职能过宽的政府,其产业政策的清单就越长,清单也越详细,虽然充分发挥了政府的发展功能,加速推进了政府意欲的产业发展步伐,但是天然存在着容易造成不公平竞争、割裂统一市场的基础等缺陷。与此不同的是,越是利益中性取向的政府,越倾向于运用竞争政策管理市场运行过程,因为竞争政策可以限制政府的发展功能,尤其是限制行政垄断和国有企业的市场势力。竞争政策优先需要有效地抑制政府"有形的手"对市场的不适当的、过度的干预,因而可能会延长发展中国家的发展时间。从实践上看,在中国目前的经济发展阶段上,与成熟的西方经济不同的是,发展取向的产业政策占据了政策的主导地位,而对统一市场的形成和运行具有举足轻重作用的竞争政策则退居其次。在这种条件下,如何确立竞争政策的优先地位,如何以竞争政策来主导统一市场的建设?这是一个艰难抉择。

协调和平衡产业政策与竞争政策之间的关系,是一个值得研究的大题目。我们仅仅指出,转型升级作为下一个阶段中国推进改革发展的首要任务,不仅仅是指要实现经济结构的战略性调整和发展方式的转变,更重要的是要有体制机制的转型。后者是前者的基础和保障,作为市场化改革的一个最重要的具体任务,就是要推进经济

---

[1] 刘志彪:《追赶战略下中国工业化的资本来源:影响与改革取向》,《学习与探索》,2013年第1期。

从"发展竞争"逐步转向"自由竞争"和"平等竞争",由此确立竞争政策在整个政策体系中的优先地位。这是中国经济进行更深层次内部改革的重要体现。

中国经济当今面临的发展问题已经不是没有市场竞争,也不是没有市场自由,更不是没有发展竞争,而是缺少"平等竞争",缺乏自由竞争中的公平环境和条件,具体表现为行政垄断、行政干预、各种利益联盟和国有企业借助于产业政策等手段,严重扭曲市场的资源配置功能,降低了市场运行的效率,导致了严重的寻租和不公正,以及市场取向的改革严重走样。基于建设统一市场、扫除平等竞争障碍的要求,更深层次的内部改革必须调整产业政策的行使方式,逐步确立以竞争政策为主导的政策态势。具体来说包括以下三点。

第一,产业政策逐步中性化。在转轨经济背景下,中国各地政府在产业结构调整中都习惯或者迷信产业规划与产业政策,往往用指向性很强,或偏好性过强、很具体的产业规划指导企业对产业的投资行动。它的特点是按所有制性质、规模大小和地区等非市场化原则对企业进行管理。这种产业政策不经过市场竞争考验就人为地挑选出"赢家和输家",往往造成同一市场中存在着许多享受不同政策的企业,如国企、民企和外企三者之间,在诸多重要的政策中都享受着不同的待遇。这是中国企业间竞争不平等的根源。其实这种有偏向的产业政策的有效性的前提是政府拥有充分的知识和信息,政府作为"企业家"决策并承担决策后果,否则政府竭力鼓励某些产业发展的行为就可能变成危险的搏傻游戏。

例如,在现行体制下,众多的地方政府就某一热点产业集中实施所谓的"加速推进规划和支持政策",其最大的后果是出现大幅度的产能过剩。实践证明,政府设置的审批清单越长,审批环节越多越难,行政壁垒就越高,同时意味着突破该壁垒的利润也越高,地方政府和企业就越会想办法去说服政府,想方设法突破审批清单和审批环节,结果是产能过剩反而更加严重。从此意义看,中国严重的产能过剩其实与缺乏统一市场、存在较高的行政壁垒有直接的关系。而且,一旦发生严重的产能过剩,在行政权力阻碍下,很难进行有效的资产重组。

根据国际经验,建立统一市场、完善竞争环境应该实施一种偏向于中性的产业政策,或"不做什么""禁止做什么,其他都允许做"的管理方式。在这里,中性的产业政策是指除了法律和政策直接禁止的产业外,政策并不事先挑选输家和赢家,而是让市场竞争去决定优胜劣汰。毫无疑问,这种趋向于中性的产业政策,前提是需要我们根据党的十八大精神,改革政府对市场的管理方式,逐步实施"负面清单"管理方式,大幅度地削减政府的管理机构,大幅度地减少政府权力。政府的减权、限权将释放民间和市场的创新活力。正因为深层次的改革是自上而下的改革,所以这种改革可能存在着一定的不确定性。

第二,产业政策逐步"去地方政府化"。产业政策的"去地方政府化",是指产业政策不能由行政权力和经济运行高度叠加的地方政府去主导,而应该主要由中央政府来综合行使,以保持产业政策对市场调节的统一性和协调性。在中国转轨经济体制中,非中性化的产业政策加上其内含的地方利益,即产业政策的地方化倾向,是扭曲、撕裂、分割和限制中国统一市场建立和完善的主要力量。

众所周知,中国的命令经济体制在放权让利的市场取向改革中,出于种种复杂的原因,形成了行政权力和市场运行高度结合的地方政府主导的格局。中央政府设计了让地方就经济业绩进行分散化竞争的制度框架,以 GDP、财政收入等考核指标作为官员晋升或是否留任的基本依据,把这些指标的完成与当地官员的收入、福利、消费紧密联系起来。在这样的"刺激—反应"机制下,地方政府便具有了类似于企业的行为动机和功能,而官员便具有了作为"企业家"的决策权力和增长动机。这一制度设计既是中国经济增长动力强大的根本原因,也导致了地方政府具有强烈的、偏向性的产业政策功能。

地方政府所掌控的非中性化产业政策,之所以成为扭曲、撕裂、分割和限制中国统一市场的主要力量,是因为地方政府出于考虑局部利益的逻辑,会运用行政权力鼓励那些对当地市场利益有利的企业行为,限制那些对当地市场利益不利的行为。用公司化的方式经营土地和城市,是这些年产业政策地方化的最典型现象之一。由此带来的主要后果是地方政府公共权力的错配和政府角色的错位。

第三,竞争政策逐步主导化。就是竞争政策要逐步替代产业政策成为统一市场的奠基石,成为规范市场公平竞争关系的主导规则。从历史上看,那些发展追赶型的国家、干预市场传统深厚的国家,往往更热衷于运用和依赖产业政策。通过政府的力量利用产业政策扭曲市场价格信号,把资源集中投入自己意欲的"重要"产业中去,从而实现快速的追赶,对于强势政府的国家具有天然诱惑力。这时的产业政策,往往具有某些高尚的借口,如扶植幼稚产业,培育民族工业,保护国家安全,调整产业结构等。我们虽然不能说,产业政策在所有国家都一无是处、毫无绩效,但是却可以毫不犹豫地说,长期实施产业政策为主,不及时转换竞争政策为主导的国家,其结果往往是:政府干预经济的势力不断扩张,市场功能高度残破,产业竞争力薄弱,资源浪费严重。

与此相反的是,当今发达资本主义国家更热衷于以反垄断来促进竞争,间接推动产业发展,对预先挑选某些特定的优势产业加以重点扶持的产业政策的做法,往往持不屑一顾的消极态度。市场经济发达的国家这样做其实有很多客观性的优势,值得我们认真学习。一是不以经济增长为目标,而主要以市场秩序为目标,应该是行使公共利益的政府的主要职能,中国"五位一体"的发展目标也要求政府不能仅仅简单地以经济增长为目标;二是政府以创造和管理市场的公平竞争为己任,而不是以挑选那些特定的优势产业加以重点扶持为工作任务,使自己摆脱了"公司化倾向",摆脱了代替企业家决策、又负不了企业家责任的角色,而且具有专司其职的比较优势;三是分离了市场调控主体与市场参与者的角色,可以有效地防止寻租和大面积腐败,维护政府清明、政治清正、官员清廉;四是可以有效地按照市场需求方向调整产业结构、转变发展方式。过去,具有迷惑性的产业政策是我国经济粗放发展方式的重要成因之一,也是造成政府与市场边界模糊的重要因素。要转变发展方式,就要清晰界定政府与市场的边界,对那些泛滥成灾的产业政策,即便不能立马全部撤销,至少也要大手笔地删繁就简[①]。

(原载于《学习与探讨》2013 年第 12 期)

---

① 黄小鹏:《产业政策泛滥成灾何时休》,《经济研究信息》,2013 年第 9 期。

中国改革开放的核心逻辑、精神和取向

——为纪念改革开放 40 周年而作

摘要：中国改革开放的核心逻辑，是正确地处理政府和市场的关系。市场取向改革不足抑制全社会活力和生产率，市场取向改革过度则会造成经济社会运行秩序混乱。迄今为止，全世界还没有出现过十几亿人口的大国大规模地从贫困走向现代化国家的先例，因而中国市场取向改革的经验具有推动世界发展的巨大价值。过去，我们一直侧重于治理体系和治理能力现代化中的纵向治理体系改革，现在需要高度重视其中的横向治理体系改革。让市场造市场从而形成强市场，让政府在社会发展和民生发展方面形成强政府，这种双强格局应该成为中国未来经济体制进一步改革的基本方向。

关键词：政府与市场；市场取向改革；改革开放精神；强市场与强政府

在过去的 40 年中，中国经济发展取得了世界瞩目的成就。由此产生了"中国经济增长之谜"，它是一个亟待破解的有着重要经济学意义和现实政策价值的问题。中国经济增长所取得的世界奇迹，是坚持市场取向改革的胜利。改革中遇到的一系列问题和困难，是市场取向改革推进不足或市场取向改革推进过度的综合产物。新时代推进改革开放的新思路、新局面和新思考，仍然要在市场取向改革的大背景下进一步解放思想，塑造政府和市场在各自领域中"双强"的经济体制。

一、中国改革开放以来的发展历程、主要阶段和特点

我们大体上可以从三个视角对中国改革的阶段和特点进行梳理、归纳和整理。

（一）改革阶段划分视角之一，就是十八届三中全会报告讲的，中国经济改革的核心逻辑是正确地处理政府和市场的关系[①]

第一个阶段是在20世纪70年代末至80年代末。我国经济体制改革在这个阶段的提法是计划经济为主、市场调节为辅。这当中一个最重要的特点是计划经济体制占主导地位，在计划经济体制里引入市场调节。很显然，体制中的主体仍然是计划，辅助的东西才是市场。比如工业企业产出的主要部分交给国家安排，按照计划定价进行调拨；超过计划安排的部分允许放到市场上进行销售。这就出现了价格的"双轨制"，一个是计划内的价格非常低，经常发生短缺；另一个是市场上的价格非常高。由此出现的一个现象是，大家都有积极性做市场，而对完成计划任务得过且过。于是就产生了另外一个现象，即一些有权的人会想办法把计划内的实物、指标拿到市场上倒卖，以获取高额的差价和利润，这也就是所谓的"倒爷"。计划与市场的摩擦在这种经济体制中是必然的，1988年后，摩擦达到顶峰，引起了整个国家广泛的通货膨胀[②]。

第二个阶段是从1992年开始，一直延续到中国加入WTO之前。在这个时期，我国对经济体制进行了市场取向的大幅度改革。早在1987年10月，党的十三大报告就正式提出，社会主义有计划的商品经济体制，应该是计划与市场内在统一的体制，就是说主体已经是商品经济了，但这个商品经济是有计划的。这种有计划，并不意味着它是计划经济，因而这种提法发生了根本性的变革。应该说，改革从此进入了计划与市场的有机结合——计划调节市场、市场引导企业——这样一种新型的经济模式。实际上，这种经济体制其实就是政府放开大部分计划控制的部分，但是在关键重要的领域当中，中央计划还占据主导性的位置。不过，从总体上看，绝大部分的生

---

① 白永秀，王颂吉：《我国经济体制改革核心重构：政府与市场关系》，《改革》，2013年第7期。
② 刘志彪：《我国市场取向改革的进程、特点及难点分析》，《财贸研究》，1992年第2期。

产销售活动已经全部放开了,其本体已经是市场经济了。在这一阶段中所发生的重大的变革,最主要的是国有企业改革,同时随着外资的大量进入和竞争,大量的地方国有企业、集体经济被改制为民营企业。因为市场经济作为本体,商品经济代替了计划经济,国有企业、集体经济要适应市场经济的变化,所以这一时期最大的变化是微观基础的变革。

第三个阶段,就是在中国加入WTO后到现在这段时间,我国对经济体制改革有了新的提法,即改革的目标是建立社会主义市场经济体制。根据邓小平的理论,计划经济不是社会主义的特征,市场经济也不是资本主义特有的东西。我国的经济体制改革在这一段时期中有了大踏步的前进。在十八届三中全会以前,社会主义市场经济强调坚持市场要在资源配置中起基础性作用,其实就是坚持市场取向的改革,这是当时经济体制改革的核心。十八届三中全会以来到十九大,我国经济体制改革在这个表述上又做了两次微调。一次微调就是把市场在资源配置中起基础性作用,改成了市场要在资源配置中起决定性作用和更好地发挥政府的作用。另一次微调,就是改为使市场在资源配置中起决定性作用,政府发挥更好的作用。现在把这个市场和政府用逗号分开,意味着市场做市场该做的,政府做政府该做的。十九大之后,中国经济体制改革的方向仍然是市场取向,而且是非常彻底的,既要纠正市场取向改革过度的地方,又要推进市场取向改革不足的地方,重点是通过要素市场化改革纠正资源配置的扭曲,提高全要素生产率[①]。过去两年,中共中央下发了过两个文件,分别是《关于完善产权保护制度依法保护产权的意见》和《中共中央国务院关于营造企业家健康成长环境弘扬优秀企业家精神更好发挥企业家作用的意见》。这两个文件是社会主义市场经济运行的核心和灵魂。同时,在2018年的宪法修正案中提出了给地方政府赋予一定的立法权。显然,这些都是中国经济规范竞争的坚实的微观基础。首先,没有企业家,市场怎么能够运行呢?没有企业家,这个国家的财富怎么被大量地创造呢?其次,对于财产权的保护,如甄别和纠正一些冤假错案,是中央近期正在做的一些事情,它给予人以发展的信念和信心,这是市场经济不能动摇的基础。最后,

---

① 杨伟民:《学习践行习近平新时代中国特色社会主义经济思想》,《学习时报》,2018年3月5日。

中国经济的发展长期以来都是靠地方政府竞争。过去，地方政府的权力边界在法律上并没有非常明确的界定，因此宪法修正案对于地方政府给予了一定的立法权，这是一个强化竞争取向的重要信号。所以十九大之后，我国市场改革取向的方向仍然是坚定不移的，而且比过去更加强调竞争对资源配置的效率，这就是高质量竞争。

（二）改革阶段划分的视角之二，就是从政府和市场的改革方法来考虑中国改革的阶段

在这种视角的考虑下，第一个阶段就是政府造市场，或者说叫政府放开市场。因为以前是没有市场的，是政府放开控制后才逐步形成了市场。这是1978年之后逐步放开到八十年代末的情况。因为这个阶段市场的主体、机制、门类、功能都不具备，所以放开之后出现混乱就是必然的，比如1988年、1992年出现的严重的通货膨胀以及市场秩序的混乱现象。第二个阶段，就是市场冲击政府。在这个阶段中，一个值得注意的问题是混乱过程中形成的各种腐败现象。过去政府官员的权力没有变现市场，在现在不规范的混乱市场可以浑水摸鱼，批批条子、弄一些计划指标，就可以把权力货币化，这就是腐败。第三个阶段，政府矫正市场。也就是政府制定规则，规定什么该做、什么不该做，市场取向改革过度的地方，把它收回来；市场取向改革不足的地方，就进一步推进改革。这个过程也是治理整顿的阶段。第四阶段，政府调节市场。此时市场已经基本形成了，其功能也开始代替行政计划。但是市场是不完善的，市场会失灵，也存在很多的缺陷，需要政府适时去发挥调节功能，如在公共基础设施的建设领域等。最后一个阶段，其实我们还没有彻底完成，但是现在正在不断地往前推进，这就是通过市场来造市场，市场活动的日益泛化，内生地起到了深化市场的作用。

（三）改革阶段划分的视角之三，可以按照经济学套利理论来划分

第一个阶段是城乡套利阶段。表现为农村的劳动力和生产要素往城市流动。尤其是乡镇工业的不断发展，农村社队企业变成乡镇企业，乡镇企业变成中小企业，不断进军原来被城市计划经济控制的领域，从而打开了市场经济的大门，冲破了计划经济的禁锢。江苏、广东、浙江大量的乡镇企业进入到城市，从事工业活动，是农村的要素往城市大规模地流动的基本标志，也是中国改革开放中最伟大的、最激奋人心的重大事件。

第二个阶段,就是国内外市场套利阶段。表现为1988年中国提出加入国际经济大循环、1992年邓小平南方谈话后的浦东开发开放,以及2001年中国加入WTO三个时期。这个过程当中,中国经济利用国内外两种生产要素,两种资源,发展出口导向的经济,贸易的爆炸性增长赋予了中国经济增长巨大的动能。进出口贸易对于中国经济增长的贡献,最高曾经达到三分之二。我们现在仍然在进行的这个模式,已经遇到逆全球化趋势的巨大挑战,经济增长可能需要逐步更新为基于内需的新的经济全球化模式。这些外向型经济模式的基本特征是国内外市场套利。

第三个阶段,实际上已经跨越到要素套利的特征。就是要从过去利用低价格的生产要素来获取世界竞争力的发展格局,转向利用高级生产要素进行创新驱动的发展格局。这种要素套利才刚刚开始,还远没有完成。如果这个套利过程没法完成,那么中国就会陷入中等收入陷阱。因为这个阶段随着发展水平的提高,各种要素的价格都在上升,这就很容易导致单位产品生产成本的上升。如果这种生产成本的上升,不能被随之而来的生产率上升、技术进步所消化掉,就会导致产业的国际竞争力下降。过去为什么中国的产品可以在世界上所向披靡,攻城略地,取得巨大的成就,就是因为有所谓的"中国价格",极大地降低了国外生产商的采购成本。为什么会有这种中国价格,其实就是中国的要素竞争力强。中国的生产要素成本现在正在逐渐上升,我们的竞争力也在削弱,而竞争对手的竞争力,如中南美国家、印度、越南、马来西亚等,都正在往前赶。所以,如果要素价格在上涨过程中,无法通过技术进步来抵消的话,那么意味着产业国际竞争将逐步变得毫无竞争力可言。最终的结果只有一个,那就是经济增速下降,生产力下降,整个国家的经济陷入中等收入陷阱。所以这当中的一个核心问题,在国际上可以用一个指标来进行对比,即一个国家从低收入到中等收入再到中高等收入的过程中,如果没有伴随研发投入、人均专利拥有量的迅速提高,一般来说,这个国家就会进入中等收入陷阱。我们国家现在正在面对着这样一个套利阶段的转换,这是跨入到现代化国家前必须给予高度重视的一个门槛。

二、对 40 年来中国改革开放精神内涵的提炼

提炼中国改革开放精神的内涵,有助于我们精简地知晓中国过去所取得的世界经济奇迹的有效经验,并在新时代继续保持和发扬这些精神,为早日实现基本现代化注入不可战胜的精神力量。另外,这些精神也是全世界人类发展史上的宝贵的知识性财富。毕竟,全球迄今为止还没有出现过十几亿人口的大国大规模地从贫困走向现代化国家的先例。在此意义上,我们可以毫不犹疑地说,中国市场取向改革的经验具有推动世界发展的巨大价值。

提炼、归纳中国改革开放精神内涵的方向和途径很多,不同途径和方向的归纳,都会有不同的特点和观察。如我们可以从中国优秀传统文化发扬光大的角度,把 40 年来的发展概括为中国人民在中国共产党领导下的觉醒与奋斗、学习与创新、勤劳与勤奋等,也可以根据经济学原理,把这种精神概括为从利用比较优势,到创造动态竞争优势的学习能力。这里,我觉得比较有意思的,还是要结合我国的具体国情,联系作为执政党的中国共产党的三大工作作风,来切合实际地进行大众容易认可的概括。

(一) 走群众路线,充分发挥民间、市场、企业和个人的积极性和主动性,调动全体中国人民投身发展的积极性和创新创业的热情

计划经济和行政命令体制的实质,是不信任人民群众的力量,靠的是少数人的智慧,发挥的是少数人的积极性。坚定市场取向的改革,实际上就是把计划经济条件下的集中决策变为分散决策,纵向命令协调变为横向市场协调,行政动力变为利益动力,由少数人推动的发展努力和积极性,变成全部社会成员的自觉的整体行动,变成全社会的自发的积极性。这就是在发展问题上走群众路线。市场取向的改革把发展进程建立在民众个人努力的基础上,鼓励大家都来投身发展,这就使全社会的生产力不断增加,使得中国人民的财富不断增加,使经济运行的效率不断上升。在过去计划经济的大锅饭制度下,个体无经济选择权,群体中成员个人无法获取与已投入努力有关的成果,这势必助长群体成员的分配性努力,降低生产性努力。如此的制度安排,社会生产力怎么能迸发出来,怎么不长期表现为短缺经济和供不应求呢?因此,当市

场取向的改革纠偏了这种制度安排,就不难想象中国社会开始出现了活力的涌动,开始出现全民追求发展和财富增长的巨大浪潮。

(二)实事求是,一切从实际出发去解决发展当中遇到的困难和问题

改革显然是艰难的、有波折的,但是在改革过程中遇到了困难,不是退却,不是恢复旧体制旧做法,而是勇于面对矛盾和问题,在中国共产党的领导下,始终以实事求是、一切从实际出发的精神和态度去解决问题。正是因为有了这样一种精神和态度,才有了前面所讲的市场经济体制改革的不断前进。例如,过去中国改革中遇到的最大问题,就是如何对待和处理既有利益者。西方人推荐的激进的"休克疗法"的改革,本质上是急速地、彻底地否定旧体制下形成的既有利益格局。实践证明,这种所谓的大刀阔斧地推进一揽子改革的办法,非但得不到广大社会成员的大力支持,反而会把许多本来赞成改革的人推到改革的对立面去,徒增改革的反对力量和社会成本。与"休克疗法"不同,中国共产党以实事求是、从实际出发的精神,智慧地、聪明地采取了"增量改革"或"边际改革",也称为"新人新办法、老人老办法"的改革,从而通过以时间换空间,有效地稳住了部分重要的社会成员,顺利地推进了新旧体制的交替和转换。

(三)勇于批评和自我批评,勇于否定自己,纠正改革开放中的偏差,不断给自己加压

这实际上就是在不断地否定自己的过程中进步,在给自己不断加压的过程中前进。在广东、江苏、浙江这些中国经济改革开放的前沿阵地,都有这样一种不断给自己加压然后奋勇前进的精神。在20世纪90年代初之前,"农转工"是这些地区发展的初始阶段,浙江发展的是私营经济,广东发展的是"三来一补"的外资经济,而江苏走的则是集体经济为主的乡镇企业道路。九十年代初中期以后,一直到加入WTO之后,"两头在外"的外向型经济发展,是它们选择的主要发展道路。为适应这样的发展模式,江苏在九十年代后期曾经对集体经济体制做过重大的修正,学习浙江和广东的经验,大力推进民营化取向的微观基础改革。广东和浙江在本世纪初,则对其产业结构进行了痛苦的、大规模的调整,由此奠定了如今这两个省份经济的强大竞争力。党的十八大之后,这些地区都在反思自己过去的发展理念和发展模式,自加压力,纷纷

提出投资驱动转向建设创新型省份的目标,争取早日率先基本实现现代化的战略目标。

三、新时代推进改革开放的新思路、新局面、新思考

未来的改革,坚持的仍然应该是市场取向的改革。其中最根本、最核心的问题在于,过去我们一直侧重于治理体系和治理能力现代化中的纵向治理体系改革,现在需要高度重视和转向其中的横向治理体系改革。

以放权让利为标志,纵向治理体系的改革是我国全部改革的起点。作为国家治理体系和治理能力现代化的基础,财税改革是纵向治理中首选的改革突破口。我国过去的改革,往往局限于政府垂直封闭系统中的内部权力配置调整,或者局限于横向政府职能部门的分工或撤并,一个是条条放权,一个是块块放权。条条放权表现在中央各个部门向所属的底下部门放权,一直放权到基层部门;块块放权是中央给地方放权,一直延伸到基层政权。这些改革都是必须的,但是这些改革的缺陷是并不真正涉及政府与社会、民间、市场、企业、家庭、个人等层面的改革。这是中国社会、市场、民间和个人缺乏活力和创新力量的主要原因,也导致了民间、市场、社会组织形式趋于消失,功能不断弱化,无法承担起资源配置和各种社会经济治理的功能。

下一步进行的全面深化改革,仍然要坚持过去的一些正确的做法,这就是要在坚持纵向改革的同时,为了推进改革开放新局面的形成,需要重点转向横向治理的改革。横向治理体系改革是全面深化改革的重点和难点,主要应在推进市场取向改革的前提下,努力发育社会组织、民间机构、市场机制和企业家群体,把大量的集中在政府的权力分散到市场、企业、企业家、家庭、个人这些主体上去。比如说企业行业协会功能要增加,企业家功能要增加,个人决策功能要增加,从而给企业真正的放权,增加个人的权责利对等性。因此未来改革的方向其实就是要坚持以横向放权为主的市场改革方向。与此同时,政府应该从过去的营利性部门中逐步退出,专职于推动社会发展和民生发展,尤其是民生发展。这是治理体系和治理能力现代化的最重要的内容之一。

一般来说，纵向治理改革尤其是作为突破口的财税关系改革，相对比较容易取得突破性的成就。因为这类改革是在政府部门内部进行的，改革表现为财权、事权和调控权在不同层级政府之间的重新配置和调整，所涉利益并没有发生任何的外溢，而且在统一政体下，官员工作岗位频繁变动，其特定位置与个人利益的关系之间并不存在那种固定的、长期的紧密联系。同时，考虑到政府内部具有令行禁止的科层特征，因此自上而下的改革可以用行政命令的方式顺利推动，抵制和摩擦成本都比较小[1]。这已被过去的改革实践所证明。

回顾分析中国历史上几次重要的改革的经验教训，可以发现，政府之间财权事权的重新配置和调整、集权抑或分权问题，一直是过去的改革首先要解决的问题。过去很多人对政府纵向权力配置的动态变迁特征，有过精彩的概括，即"合久必分，分久必合"。如果回顾中国当代历次改革，则可以发现没有一次真正走出"一统就死、一放就乱、一乱就收、一收又死"的恶性循环的陷阱和巢穴。其中的原因值得深思。

走不出集权与分权问题的恶性循环的陷阱和巢穴，不在于强调中央权力大一些还是地方权力大一些的替代选择，而在于改革的主要措施和方针，局限于重建中央与地方的关系，即所谓"放权让利"。这种分权化改革的主要形式，一是中央向地方主动放权，另一是地方向中央主动要权。在纵向改革取得突破性成就之后，都没有及时由纵向改革路径转向横向改革路径，没有使改革的主要措施转向政府与社会、政府与市场、政府与企业、政府与公民个人的关系的调整，没有把发展权力柔性地下放给社会、民间、市场、企业和个人，因而受到严重行政压制的主体不可能有充分的活力和创造力，既缺少来自社会、民间、市场、企业的发展动力支持，也使政府规模在若干次非实质性改革中越做越大。这是过去纵向改革中集权与分权问题无解的本质原因，也为我们破解这个难题提供了正确的方向和实质性措施。

为什么我们难以顺利地进入横向分权改革？应该说，这种道理我们不是不知道，而是在实际的运行中，可能由于政府力量长期过于强大，使民间、市场、社会组织形式趋于弱势，功能不断弱化，因而在其发育不足、功能残缺的条件下，这种本质性的调整

---

[1] 胡萧力，王锡锌：《基础性权力与国家"纵向治理结构"的优化》，《政治与法律》，2016年第3期。

和改革难以实施,因而也难以承担资源配置和各种治理的功能,最后只能再次由政府承担起它自身不应该、不能够和不足以承担的各种社会经济职能。这大概是现在的政府"越位、错位、不到位"现象普遍盛行、难以克服的真正原因。

如果上述分析是对的,那么促使纵向改革转向横向改革的基本对策,就应该是选择改革政府职能和机构、放松市场和社会管制、培育替代政府配置资源功能的各种横向组织和机制等。即我们应当在推进市场取向改革的前提下,斩断政府与其千丝万缕的包办型联系,努力发育社会组织、民间机构、市场机制和企业家群体。显然,这与推进国家治理体系和治理能力的现代化的改革总目标是一致的。因为,与过去强调"政府管理"等完全纵向的控制关系不同,现代国家治理的关键在于要从政府单方面支配社会,转变到政府与社会的有效互动与互相制衡。这需要重构政府与社会、政府与公民、政治权力与经济权利等各种治理关系①。这是一个需要长期探索和建设的任务。

放松纵向控制的范围和程度,一个令人担心的主要问题是可能引起社会动乱。确实,在社会和民间的自组织机制匮乏的情况下,横向放权的过程可能就是混乱的过程。人类社会不可能像自然科学那样,可以在这个问题上进行大范围的试验,因此这就制约了纵向改革转向横向改革的现实可行性。解决这个问题的根本办法是必须把依法治国的大政方针摆到全面深化改革的第一线中来。只有在法治框架下培育、发展市场和民间的自组织功能,才能够使整个国家和社会具有健康的微观基础,也才能够反过来促进现代社会的契约精神、法制观念和法治实践的成长。

党的十九大报告提出,当前我国的社会主要矛盾,已经转化为人民日益增长的美好的生活需要和不平衡不充分的发展之间的矛盾。人民对美好生活的需求,不单是对收入和物质的需求,还有对就业、医疗、教育、安全、环境等一系列方面的现实和增长的需求。从需求的这些方面的内容看,其实绝大部分都是社会发展问题和民生发展问题。这就意味着,市场作为资源配置的决定性机制,它在这些领域和活动中是失

---

① 李世忠:《马克思社会观视野下中国特色社会治理的路径选择》,《河北师范大学学报》(哲学社会科学版),2017年第6期。

灵的,是难以起正常的调节作用的,需要政府的强力干预和作为。政府其实应当在人民对美好生活的追求当中发挥更好的作用,也就是政府要帮助国民创造更多的就业机会、更高的收入水平、更好的教育、更安全的社会、更美好的环境等。只有在这一系列领域当中变成强政府,与营利性领域当中发挥决定性作用的强市场结合起来,才能形成所谓市场、政府双强的格局①。否则,政府和市场的"双强"作用是不可能实现的,一种可以预料到的逻辑是:政府代替市场,此功能增,而彼功能减。界定政府和市场各自的领域,在各自的领域中成为"双强",应该成为中国未来经济体制改革的取向。

(原载于《东南学术》2018 年第 4 期)

---

① 袁恩桢:《政府与市场的"双强模式"是社会主义市场经济的重要特点》,《毛泽东邓小平理论研究》,2013 年第 8 期。

重塑中国经济内外循环关系的新逻辑

摘要： 我国开放型经济发展的条件和环境正发生重大的变化，过去的低要素成本优势正转变为巨大的市场规模优势。以国内大循环为主体构建双循环发展格局，就是要实施基于内需的经济全球化战略，以内需为竞争优势激励企业参与国际经济循环。这个战略的内在逻辑是："扩大内需—虹吸全球资源—发展创新经济—以基础产业高级化、产业链现代化为目标，构建国内经济为主体的大循环格局—促进形成国内国际双循环相互促进的新发展格局"。全面实施这一战略的关键在"开放"，既要对外开放，更要对内开放。当前对内开放的紧迫性和重要性已经高于对外开放，进一步对内开放已经成为深化对外开放的基础和前提。这些基础和前提可以从宏观、中观、微观三个层次来考虑，分别从进行国民收入分配制度改革、分区域推进经济高质量一体化战略、重点拆除民营经济发展障碍几个方面来着手。

关键词： 出口导向；扩大内需；经济全球化；国内国际双循环；对内开放

对于当前的经济形势，习近平总书记从内外两个维度进行了分析。他指出，"现在中国经济内部的问题是面临着结构性、体制性、周期性问题相互交织所带来的困难和挑战，加上新冠肺炎疫情冲击，目前经济运行面临较大压力；外部的问题是面对世界经济深度衰退，经济全球化遭遇逆流，我们必须在一个更加不稳定、不确定的世界谋求发展"。① 总体上来看，现在这两个维度的内部和相互之间互为影响、相互制约，

---

① 习近平：《努力在危机中育新机，于变局中开新局》，中国新闻网，2020 年 5 月 24 日，http://www.chinanews.com/gn/2020/5-24/913218.shtml。

存在着许多影响经济走势的堵点和障碍。

对于如何破这两个维度的困局,习近平总书记给出的解答是:"根据我国经济潜力足、韧性强、回旋空间大、政策工具多的基本特点,发挥我国作为世界最大市场的潜力和作用,以及我们的制度优势,逐步形成以国内大循环为主体、国内国际双循环相互促进的新发展格局,培育新形势下我国参与国际合作和竞争的新优势"。① 这一关于国内经济与国际经济双循环体系构建的思想,是中央关于中国与世界经济分析的最新表述,它确立了新形势下重塑中国经济内外循环关系的新逻辑,其核心要素在于要把各种影响经济运行的主要因素联动起来系统化考虑,及时地把低成本竞争优势转向以内需为主的竞争优势,以此带动中国参与新的国际经济循环。②

关于国内经济与国际经济双循环体系构建的思想,现在理论界对其内涵和意义的认识并不十分清晰,一些人还把它误以为要回归内向化经济,认为是一种经济体系走向独立和封闭的信号。本文认为,它其实是新形势和新环境下中国经济的另一种开放方式或模式,据此可以对中国经济发展战略进行重大调整和修正,它是我国"十四五"规划制定中的重要的战略原则,必须给予高度的重视和认真的研究。本文的基本创新在于,我们有效地运用了我们在过去的研究中提出的关于"基于内需的全球化"这个概念,以此理顺了新时期重新确立中国经济内外循环关系的新逻辑。③ 毫无疑问,进一步加大对内开放力度将是实施这一战略调整的基本路径和措施。

---

① 王政淇,宋子节:《畅通国内国际双循环,习近平这样阐述"新发展格局"》,人民网,2020年7月22日,http://politics.people.com.cn/BIG5/n1/2020/0722/c1001-31793969.html。

② 刘志彪,凌永辉:《以国内大市场循环支撑企业参与国际经济大循环》,光明网,http://theory.gmw.cn/2020-05/25/content_33857846.htm,2020年5月25日。

③ 从2012年开始,我在研究全球价值链问题时思考中国外向型经济战略如何转轨的现实问题。发现出口导向型经济全球化战略转轨必定是扩大内需的结果,也是从出口导向经济走向创新驱动经济的中间变量,参见刘志彪:《基于内需的经济全球化:中国分享第二波全球化红利的战略选择》,《南京大学学报》(哲学·人文科学·社会科学版),2012年第2期;刘志彪:《战略理念与实现机制:中国的第二波经济全球化》,《学术月刊》,2013年第1期。

一、新环境下需要新发展格局和新战略转向

我国 1988 年提出参与国际经济大循环。虽然从 1992 年开始,我国一些沿海地区开始实施出口导向型经济战略,但实质性地融入经济全球化的进程,则是从 2001 年正式加入 WTO 以后。过去,中国开放发展战略的基本特征,是基于低成本的优势,利用西方市场进行出口导向参与国际经济大循环。具体来看有这个几个明显的特点。

第一,它利用的是别国成熟的市场而不是自己的市场。因发展水平和发展程度低、收入和消费水平低,国内市场规模和发育水平比较低,还无法承担支持现代经济成长的功能和重任。

第二,它利用的是本国生产要素相对廉价的比较优势,而不是技术知识的竞争优势,仅仅把本国作为加工制造生产装配的平台,并不承担研发设计、营销网络等非实体性高端活动。

第三,它侧重的是"两头在外"的循环,而不是基于国内循环为主体的国内国际双循环。原材料和产成品的市场都在外,国内作为出口加工的"飞地经济",而不是以国内经济循环为主来带动国际经济循环,因此出口活动与本国的自主创新活动、新兴产业发展等之间缺乏逻辑的、必然的联系。

作为一个发展中的大国经济,在发展的初始阶段采取上述发展战略、模式和机制,是完全符合当时的历史条件、国内外环境和比较优势的,实践证明这种开放战略也取得了巨大的成功。但是现在随着我国经济发展水平的迅速提升,我国的比较优势已经发生了重大的改变,过去的开放战略的基本条件和环境已经发生了根本性的变化。

例如,我们自己的市场规模已经非常庞大,接近 100 万亿的总需求,而且是全球成长最迅速的市场,因此,进一步推动发展必须更多地用自己的市场去消化庞大的产能,同时在西方日益高涨的逆全球化趋势下,它也不可能再为这种庞大的经济体提供市场,西方不会允许中国巨大的产能去与自己的产业进行竞争。

又如,随着发展水平的提升,中国国内的要素成本上升是不可避免的,尤其是劳动力和环境的成本迅速上升,由此决定的动态比较优势也在发生变化。如果不能走上创新驱动、劳动生产率上升的内涵发展新路,继续走"拼资源、拼消耗、拼投资"的粗放化发展老路,势必是不可持续的。

再如,发展战略过度重视对外循环,忽视内部循环,对一个发展中的本来就处于结构非均衡的大国经济来说,也会进一步加剧国内发展的产业结构失衡和空间配置失衡,导致产业升级障碍和严重的区域矛盾,并影响发展的韧劲和后劲。

中国在新时期新的高水平开放战略,必须考虑我们自己的竞争优势,已经从低成本转向以内需为主,巨大的内需才是我们可以运用的战略资源,是未来参与国际经济循环的战略工具和手段,也是我们的绝对优势。①

其涉及三个战略维度的根本性转变:一是如何实现市场利用重心的转换,把依靠外需的经济全球化,转化为依靠内需的经济全球化,从而不仅避开国际经贸摩擦,而且为世界发展提供中国机会和中国市场;二是如何实现要素利用上重心的切换,把依靠低价要素投入的粗放发展,转化为依靠创新转型的升级发展,从而不仅避开与广大发展中国家进行低价争夺,同时为世界市场拓展新的需求,创造新的机会,避免处于"夹在中间"的窘境;三是如何进行经济循环方式的切换,把"两头在外、两种资源、两个市场、大进大出"的以国际经济循环为主的发展格局,逐步转化为以国内大循环为主体的新的发展格局。

因此,新时期新的高水平开放战略,应该是把过去的"基于出口导向的经济全球化"战略,转换为"基于内需的经济全球化"战略。这一战略的核心要义,是用国家的超大规模市场的磁场效应,吸引全球先进要素来我国进行创新创业,并依托于内需创造的规模经济和产品差异化,形成推动出口的强大的内在力量。显然,这两种经济全球化存在着巨大的差异。

一是实施战略的出发点完全不同,一个是在内需狭小的前提下,为了促进快速增长而必须利用别人的市场进行出口;一个是在持续增长四十年的基础上,为了充分利

---

① 裴长洪,刘斌:《中国对外贸易的动能转换与国际竞争新优势的形成》,《经济研究》,2019 第 5 期。

用超大规模的内需优势促进国内外均衡增长和进一步满足人民对美好生活的需要。

二是实施战略的比较优势完全不同,一个是基于生产要素廉价的比较优势,因此专注于劳动密集型产业的国家代工生产;一个是基于大规模市场的比较优势,甚至可能今后成为中国经济的绝对优势,因此未来可以形成基于规模经济和产品差异化的广泛的、多样化优势产业门类。

三是实施战略的路径完全不同,一个是只要求企业嵌入全球价值链,服从来自跨国企业的治理命令和规则,接受其外包订单;另一个则要复杂得多,首先要求企业加入或形成国内价值链,且在此基础上形成全球创新链,即国内巨型企业或本土跨国公司成为价值链高端的治理者,并根据市场需求,自主研发设计,向国内外企业进行发包,将产出向全球销售,这时它的产业链是自主可控的。

四是战略实施方法完全不同,一个是引进外资、购买原材料机器设备进行加工生产,然后依据外包订单进行出口;另一个内容广泛,包括:(1)"走出去",即通过海外设厂或者海外并购等多种方式,以资本的控制力为突破口,有效提升对全球经济要素的整合和掌控能力;(2)利用国内市场的巨大吸引力和规模效应的支持,发展逆向外包,吸收外国高级要素为己所用;(3)建设各种内需平台,如以事业平台吸引海外高科技人员来促进我国产业创新发展等。

需要给予说明的是,中央提出的"以国内大循环为主体、国内经济国际经济双循环体系",与我们上述的关于"基于内需的全球化"的研究,是一个问题的两种不同的表述,区分在于:前者是从循环关系入手,定义了以内需为主的新的全球化形式,而后者则从市场利用入手,界定了形成中国参与新的经济全球化的方法和路径。

二、基于内需的经济全球化:双循环发展格局的内在联系

面对国内国际新的变化的环境,习近平总书记提出,"我们要把满足国内需求作为发展的出发点和落脚点,加快构建完整的内需体系,大力推进科技创新及其他各方面创新,加快推进数字经济、智能制造、生命健康、新材料等战略性新兴产业,形成更

多新的增长点、增长极,着力打通生产、分配、流通、消费各个环节"[1]。这个论述给出了"基于内需的经济全球化"战略的内在逻辑联系,指出了如何以国内大循环为主体,构建双循环发展格局的具体路径。

从学理性看,所谓国内大循环,就是指再生产活动的每一个环节,即投资、生产、分配、流通、消费这种有机过程的周而复始所形成的循环,都是以满足国内需求作为出发点,同时也以此作为落脚点。显然,这种大循环格局是以内需而不是以外需为基础的。这与过去的外向型经济循环即"两头在外、大进大出"有本质的不同,后者是原料、设备进口、产品出口,国内提供的是只是产能。

在扩大内需的前提和基础下,构建以国内大循环为主体、国内国际双循环的发展格局,其内在的逻辑联系大致是:扩大内需—虹吸全球资源—形成以新兴产业为主导的现代产业链—以基础产业高级化、产业链现代化为目标,构建国内经济为主体的大循环格局—促进形成国内国际双循环相互促进的新发展格局。我们对这样一种关于重塑中国经济循环的内在逻辑进行以下几点解释。

一、通过制度改革扩大内需。不断扩大内需是该战略的起点和基础。扩大内需既是一个总量增加的问题,也是一个结构改进的过程。前者与刺激生产性努力增加和生产率提高有关,这是扩大内需的决定性因素;后者与如何分蛋糕有关,如何分配好当前的蛋糕影响甚至决定后期的蛋糕生产。在一个收入和财富分配扭曲的社会结构中,由于高收入者的消费边际倾向很低,而低收入者又没钱消费,那么即使这个社会的财富和收入都很高,也达不到扩大内需的作用。实践证明,形成中等收入群体占据绝对统治地位的收入分配结构,是一种最有利于扩大内需的制度结构安排,也是最优的社会结构。

二、在扩大内需的基础上,利用内需虹吸全球科技创新资源。内需为什么可以成为吸收全球先进生产要素的重要力量?这是因为内需会为全球先进要素创造巨大的发展机会(资金人才跟着发展机会走,而不是跟着短缺的需求走)。在当今世界,并不

---

[1] 刘志彪,凌永辉:《以国内大市场循环支撑企业参与国际经济大循环》,光明网,2020年5月25日,http://theory.gmw.cn/2020-05/25/content_33857846.html。

是发展程度低的经济体有可以投资的机会,恰恰相反,只有内需大的发达国家才有真正的投资机会,只有后者才能为资本和人才创造安全的盈利机遇。① 为此,我们一是可以通过建造各种城市化平台,利用内需提供的市场和事业发展机遇,广泛吸收全球人才和技术;二是可以利用内需优势发展对全球供应商的外包,在国际外包中利用全球智力资源;三是可以依托内需走出去,参股联合或者并购外国企业,吸收当地有知识、有技术的人就业,利用其智慧为开拓国内国际市场服务。

三、利用内需诱导科技创新和产业创新,科技政策和产业政策要顺势去激励形成以战略性新兴产业为主导的现代产业链。过去在外需主导的全球化下,国内产业链的基础是脆弱的,企业往往只做国外研发设计好的订单,进行简单的加工制造出口,当然无法形成具有自主可控的现代产业基础和产业链。自主品牌、自有知识产权的自主创新,只有在内需的主导下才有可能完成。因此,在基于内需的经济全球化发展模式下,我国的产业政策和科技政策要利用好庞大的内需,顺势去激励形成以战略性新兴产业为主导的现代产业链。这次新冠肺炎疫情在全球蔓延,虽然给全球带来了巨大的生命和财产损失,但是也给经济活动从物理世界走向数字世界提供了重大机遇。

为此,产业政策和科技政策要重点放在补链、强链上。一是用数字化去改造传统产业链。对电子机械化工产业等进行大规模的信息化改造,既可以提高自动化水平,降低消耗和保证安全生产,又可以为信息化提供巨大的需求支持。二是加速机器换人促进产业链升级。机器劳动代替人类劳动正在进入重要的时间拐点。机器换人可以减少服务业人员密切接触的频率,减轻各企业单位劳动用工的压力,提升劳动生产率和改进产品质量,推动质量变革、效率变革和动力变革。三是鼓励培育和引进各种数字服务提供商,通过其对产业链上下游的拉动或推动,争取在人工智能、物联网、云计算、大数据、网络安全及集成电路等领域形成具有国际竞争力的产业链和生态环境。

四、以基础产业高级化、产业链现代化为目标,构建以国内经济为主体的大循环

---

① 沈春苗,郑江淮:《内需型经济全球化与开放视角的包容性增长》,《世界经济》,2020年第5期。

格局。长期以来,中国经济运行面临的突出矛盾和问题,根源在重大结构性失衡,导致经济循环不畅。这表现为实体经济内部供给和需求之间的失衡,表现为普遍的一般性产能过剩现象和高端产能的不足。基础产业高级化程度不足,关键生产环节、关键技术、重要产品的瓶颈,是高端产能不足的直接原因和结果。产业链过于依赖国际经济循环,过于强调嵌入全球价值链低端进行国际代工,也是形成巨大低端产能的重要原因之一。

因此,要立足于国内市场,以基础产业高级化、产业链现代化为目标,一是发挥新型举国体制的优势,突破卡脖子的关键生产环节和关键技术,构建强大的产业技术链;二是推进产业组织现代化进程,尤其是要形成产学研政、大中小企业之间的联合,引导技术经济关系密切的上下游企业通过兼并收购等重组形式进行联合,构建强大的企业链或供求链;三要从形成现代产业链的治理结构出发,重点重塑产业链"链主",培育产业链上的"隐形冠军",构建合理分配资源和财富的产业价值链;四要建设国内经济循环关系,尤其是沿海与内地、东北之间,京津冀、长三角、粤港澳、成渝地区等内部以及相互间的循环关系,构建紧密的产业空间链。

五、形成国内国际双循环相互促进的新发展格局。在出口导向型经济全球化战略下,嵌入全球价值链的国内企业似乎也是形成了国内国际双循环,但是实质上是以国际经济为主体的大循环。与此不同的是,在基于内需的经济全球化战略下,发展的侧重点和重心不是在全球价值链上,而是在建立和完善国内价值链的循环上;是以国内循环为主体带动国内企业参与国际经济循环,以国际经济循环来促进国内经济循环。这样,中国作为发展中的大国经济体就摆脱了对发达国家市场的依赖和控制,但是它不是与世界经济脱钩,而是为世界经济发展提供中国的市场需求,为全球经济增量提供中国机遇,并在这个过程中利用全球的资源发展创新经济,增强自身的竞争能力。

三、对内开放:基于内需经济全球化战略的关键因素

实施基于内需的经济全球化战略,形成双循环相互促进的新发展格局,关键的问题还在开放,既要对外开放,更要对内开放。对全球疫情后中国的进一步开放问题,

习近平总书记提出,"我们要站在历史正确的一边,坚定不移推动经济全球化朝着开放、包容、普惠、平衡、共赢的方向发展"。① 为了推动开放发展,目前中国的开放战略的思路面临着重大的转换,即要从过去强调对外开放,转向对外开放与对内开放共同促进、共同发展,既要以对外开放倒逼对内开放,更要以对内开放促进和提升对外开放的水平和层次。现在对内开放的紧迫性和重要性已经不亚于对外开放,进一步对内开放已经成为深化对外开放的基础和前提。

这里说的对内开放,是相对于对外开放来说,它是我们过去研究不够的一个重要范畴。这里"内与外"划分的基本标准,应该主要是主体,即国民的属性。对本国国民开放,张开、释放、解除限制等,就是对内开放,而对外国国民的开放,就是对外开放。过去,我们在开放战略和开放的艺术上,一直是利用对外开放来倒逼对内开放,这个方面我们取得了世界瞩目的成就。现在到了只有进一步对内开放,才能促进和提升对外开放的水平和层次的发展阶段。

一是如果没有进一步的对内开放,我们的国内改革就无法深入推进。对内开放与对内改革之间,既有区别也有一些重要的联系。从上文我们给"对内开放"下的定义看,区别主要在于一个强调对本国国民放松、解除管制,公平对待本国国民;另一个强调对本国政策、制度和法律的变革。显然,这两个概念之间的紧密联系,表现在对本国国民不断地放松限制、平等对待,需要有很多的政策、制度和法律的变革作为保障。在具体的实践中,我们一直用对外开放来倒逼对内改革的办法,这是一个很聪明的策略选择。在一系列国际规则的要求和制约下,旧的计划体制受到了巨大的冲击,为了适应这些规则就必须进行国内改革。比如我们为了适应 WTO 的规则,不得不更多地放松对企业和个人的经济管制,给后者在市场上以更多的自由选择权利,使政府的做事规则更接近国际惯例的要求。但也应该看到,仅仅开放国门,对旧体制的冲击还是有限的,很多实质性的东西,最终需要有内部的动力来推动变革。如要素市场化改革,尤其是货币资本的市场化配置,之所以到今天还要说必须深入推进,说到底是因为它的背后涉及权力关系、利益关系的重大调整和彻底重组。结构性改革所需

---

① 习近平:《站在历史正确的一边》,《人民日报》,2020年7月20日。

要的降低行政壁垒、降低企业税费、降低对国有企业的补贴等,都涉及对政府职能的改革和对权力的再配置,关系到如何充分发挥市场机制在资源配置中的决定性作用的问题。如果没有进一步的对内开放,国内的市场主体,尤其是民营经济就不能在宽松自由的环境中发育,市场组织、社会机构和个人缺少成长的空间,市场工具就没有运用的条件,市场机制也就无法在资源配置上逐步替代计划和行政机制。

二是没有进一步的对内开放,我们对外开放就无法深入下去,更无法建立和完善高水平的开放型经济新体制。现在的问题是由于对内开放不足,已经极大地影响和制约了进一步对外开放的能力和水平。如国内地区间各自为政、互不协调的非一体化竞争体制,极大地影响和制约了地区间相互开放的程度和水平,影响了地区间按现代产业链的要求进行分工协作的可能性,影响了建设世界先进制造业产业集群的可能性,这些势必会严重制约中国参与全球产业链集群竞争的能力。如即使在沿海最发达的长三角地区,因地区间的非一体化也难以在市场竞争基础上进行合理的产业协同,盲目重复建设的情况十分严重。还有,国内市场对民营经济的开放不足,必然影响和制约我国民营企业成长为跨国企业的可能性和成长速度,从而影响和制约民营企业走出去争取国际话语权的能力。在世界发达国家纷纷限制国有企业参与国际竞争的大背景下,如果我们的民营企业不强,何以参与国际产业竞争?我们在此意义上可以说,对内开放程度已经成为进一步高水平对外开放的前提和基础。

三是没有进一步的对内开放,国内大市场就无法真正形成,那么就无法依托内需推进经济的转型升级。对内开放与近年来一直强调的内需拉动,有着直接的因果关系。这表现在很多方面。首先,对内开放不足表现为地区间行政壁垒严重,各地区呈现出严重的市场非一体化格局,或称为"碎片化经济",不仅妨碍资源配置的效率,而且使我国潜在的市场规模优势难以变成实际的竞争优势,因此把出口导向的经济全球化转变为基于内需的经济全球化也就缺少基础和前提。例如国内市场处于严重的分割状态,或国内市场发育不足、信用不良,企业就不得不选择出口市场。其次,对内开放不足导致国内经济缺乏活力和动力,市场取向改革不够深入,居民和企业缺少经济选择权,居民可支配收入和国民福利增长缓慢,内需规模成长速度低,因此必须以对内开放、放松管制来刺激国民的生产性努力,激励生产率提升和改善收入分配态势,最终形成现实的可利用的超大规模市场。最后,这些年我国扩大消费的战略之所以难以真正奏效,根本的原因还在于对内开放不够,以及相应的国内改革措施没有及时跟上。制约中国人消费能力提升的主要原因在于住房、养老、教育、医疗等沉重的负担,以及严重的收入分配不均等,前者造成消费者对未来的预期不稳定,不敢消费;后者形成不利于扩大需求的悬殊的边际消费倾向。因此,以解除不必要的限制和平等化为特征的对内开放,以及据此进行的一系列改革措施,可以稳定国民对未来的预期,纠偏收入和财富分配的失衡状态,逐步消除制约中国人消费能力提升的主要障碍。

四是没有进一步的对内开放,就无法把国内经济循环与国际经济循环有机地链接起来,从而出现产业链、价值链、技术链脱钩。过去中国"国内—国际"经济循环的特征,在实物形态上是美国消费、中国生产;在货币形态上是美国印钞—中国取得外汇顺差——美债形态的中国外汇储备。这种世界经济均衡格局是不可能长期维系的。随着美国国内中低端产业的不断外移或关闭,以及产品内分工驱使制造业不断外包,美国感到国内产业空心化,蓝领产业工人利益受到了损害,同时中国也出现严重的产能过剩、中低端技术锁定、投资规模过大、国内货币发行过多等一系列问题。这时"国内—国际"经济循环从美国这一端看,在遭遇国内日益严重的民粹主义等潮流下,必然会出现因贸易战等而使产业链、供应链松动、脱钩或断裂的现象。2020年开始的新冠肺炎疫情的全球蔓延,使这一现象变得更加严重。因此,进一步的对内开放,就是要改变长期以来的美国消费、中国生产模式,以形成中国需求、中国市场为目标,来拉动全球的要素供给,用中国市场为全球经济复苏和走入正常轨道做贡献。

四、当前中国对内开放的层次、关键和举措

那么,对内开放,究竟是对谁开放?开放的具体内容究竟是什么?长期以来,究竟有什么重要的障碍影响着我们对内开放?怎么有效地破除这些障碍?这是一个系统性的改革大问题,需要很多细致深入的分析,本节在此简要括之。

对内开放可以从微观、中观、宏观三个层次来看。从微观个体的角度,主要是对

本国国民的开放,表现为把政府机构为民众包办的一系列经济事务的选择权,赋予个人和家庭自由选择、自我发展;从企业组织的角度看,对内开放主要是对民营经济的开放,解除民营企业的竞争束缚,运用《竞争法》破除一切针对民营企业的行政壁垒和政策歧视,公平它与外资企业、国有企业的竞争条件[1]。从部门这个中观的角度看,对内开放就是要解除对行业、部门的不必要的管制,反对政府行政垄断或借助于国有企业垄断的行为,实行自由进入和自由退出;从地区这个中观的角度看,对内开放就是要按地区公平的原则,推进经济政策的制定和实施过程,破除政策的"洼地效应",减少地区间的开放歧视和不均衡现象,平等一切区域间的发展条件和政策的差异。从国家这个宏观层面看,经济上的对内开放,就是要放松或解除政府对国内经济事务的不必要的管制措施,在向外国人打开国门、放松经济限制的同时,也赋予本国民众经济自由和市场选择的权利。

长期以来,我们的对外开放态势一路高歌乘风破浪,取得了令世界瞩目的巨大成果,但是为什么我们的对内开放却举步维艰,究竟有什么重要的障碍在影响着我们对内开放的步伐呢?其中的原因,除了有开放的政治艺术选择等方面的考虑外,主要还是在缺少外力冲击的现有体制内,利益关系已经固化,人们的观念也难以接受改变,因此要发动大规模的伤筋动骨的体制改革有着难以想象的实际困难。对外开放打开国门,让人们走出去,让先进技术和要素走进来,这些都是在开始阶段惠及几乎所有人的改革,自然会受到各阶层的衷心拥护。但是随着开放的深入,某些开放方面的措施必然要触及某些阶层和利益集团的重要利益关系和结构,这时深度开放就与国内深层次改革一样,会遇到种种阻力。如要形成大规模市场必须改革收入分配体制,改变在国民收入分配中长期由政府和国有企业占大头的分配格局。这其实是利益关系和结构的重大调整,需要以人民为中心进行权力分配的调整和再配置。

总体上来看,我国实施对内开放的基本和关键点,在于要让各级政府承担起更多的公共事务和提升人民福利的职能,逐步减少它对市场性、盈利性事务的直接插手和不必要的干预,让民众有更多的市场选择权。由此所决定的国内改革,也要从政府内

---

[1] 王芳洁:《企业家呼声:进一步解放思想,对内开放》,《中国企业家》,2018年第24期。

部的纵向权力关系的调整,转向政府与社会、市场和民间个人的横向治理改革。基本目标是塑造能够自我承担风险、自我扩张、自我收缩、自我发展的市场主体,使市场在资源配置中起决定性作用,同时更好地发挥政府的作用。

当前我国急需通过实施对内开放,来提升对外开放的水平和层次。主要措施有三类。

一是国民收入分配制度改革,改革的目标是激励国内潜在市场现实化,促进现代消费能力的形成,重点是改变资本收入与劳动收入的结构,提升国民可支配收入水平,改变6亿人口月平均可支配收入在1 000元人民币左右的窘境,另外就是降低财富和收入分配的基尼系数,让中等收入阶层逐步形成并具有强大的消费能力。

二是要分区域推进经济高质量一体化战略,重点在粤港澳大湾区、京津冀、长三角、成渝地区运用国家战略破除区域行政障碍,进行高质量一体化发展试验,总结经验逐步推开。如果中国的这些主要发达地区都已经实现了区域一体化发展,再在此基础上进行相互开放,那么中国统一、开放、竞争和有序的统一大市场格局就基本形成了。

三是要重点拆除民营经济发展面临着的各种"玻璃门、弹簧门、旋转门"等准入障碍,平等其与其他所有制企业的竞争条件,重点鼓励其创新发展和兼并收购发展,鼓励其走出去、走进去、走上去,迅速做精做强,让其有驰骋全球市场的竞争能力。

(原载于《探索与争鸣》2020年第7期)

需求侧改革：推进双循环发展格局的新使命

摘要：需求侧改革是从提高有效需求出发，用改革需求形成机制、调控机制、供需结构匹配以及放松需求限制等办法，推进扩大内需战略，纠正需求结构扭曲，提高需求与供给的适配性，提高经济增长潜力和运行效率。需求侧改革有利于超大规模市场建设，有利于完善市场功能，形成全国统一市场，有利于改善国内大循环中严重扭曲的结构问题，加速推进双循环新发展格局的形成。需求侧改革必然会触动各方面的刚性利益，因此需求侧改革的难度不亚于供给侧结构性改革，在改革优先次序和权重上应给予高度的重视，可以从提高居民的经营性收入和财产性收入、改变政府职能、纠正某些公共服务领域市场取向改革过度的做法等方面做起。

关键词：需求侧改革；双循环发展格局；统一市场建设；收入分配；要素市场化改革

2020年12月11日，中央政治局会议提出要"注重需求侧改革"，引起了社会各界广泛议论。同年底的中央经济工作会议上，人们注意到这一提法被改为"注重需求侧管理"。学术界对需求侧改革的确切含义和政策意义的研究可以追溯到供给侧结构性改革提出之时。前些年就有观点认为要关注需求侧改革，不过当时对这个范畴更多强调的是以投资、消费、出口来拉动地区和国家经济发展，认为供给侧改革更强调对包括劳动力、土地、资本、制度、创新等要素在内的各方面进行改造和革新。① 苏剑教授则较早提出接近现在意义的需求侧改革，他认为在经济长期增长中，一味地关

---

① 王冠：《供给侧改革如何助力企业发展》，《企业家日报》，2017年7月31日。

注供给会导致产能过剩,而在短期宏观调控中,如果只按照凯恩斯主义需求管理的政策刺激需求,例如通过降息等刺激投资,则会导致新增需求质量下降,引发资产泡沫,加剧金融风险。因此,他认为在高质量发展的要求和长期经济增长的理论体系中,应把需求质量的分析纳入其中①。这些分析大多是基于供给侧结构性改革需要有需求侧配套改革的角度提出来的②。

当前,为什么在形成新发展格局的现阶段要提出需求侧改革?其蕴含的政策内容和工作思路有哪些?对未来中国经济运行和改革走向会产生什么重大影响?学者普遍认为,此次中央政治局会议提出和强调的"需求侧改革"与"需求侧管理"是不同的,前者意味着未来需求侧将迎来一些制度性变化和一些更长期的政策安排,将对经济发展产生深远影响③。本文试图对这些问题做一些探讨。

一、全面理解需求侧改革的深刻涵义

需求侧改革是相对于供给侧结构性改革而言的。为此我们必须简单地回溯一下供给侧结构性改革。2015年年底,中央根据当时中国经济结构存在重大失衡的判断,提出了供给侧结构性改革。当时经济运行存在的重大结构性失衡主要表现在三个方面:一是实体经济内部供给和需求之间的失衡,表现为大部分产能只能满足中低端、低质量、低价格的需求,不能满足人民群众日益增长的多样化、个性化的高端需求;二是实体经济和虚拟经济之间的失衡,表现为资金脱实向虚,实体经济的融资更加困难;三是实体经济和房地产市场之间的失衡,表现为大量资金涌入房地产市场,带动了一线城市和热点二线城市房价上涨过快,推高了实体经济的发展成本。2016年的中央经济工作会议指出,我国经济运行面临的突出矛盾和问题,虽然有周期性、总量性因素,但根源是重大结构性失衡,导致经济循环不畅,必须从供给侧、结构性改

---

① 苏剑:《创新宏观调控体系旨在刺激优质需求》,《中国经济时报》,2019年6月27日。
② 党国英:《配套需求侧改革是供给侧改革关键》,《深圳特区报》,2017年6月13日。
③ 安娜:《注重需求侧改革——中央这个会释放哪些信号?》,《新华财经》,2020年12月12日,http://news.xinhua08.com/a/20201212/1967747.shtml? f=alove。

革上想办法,努力实现供求关系新的动态均衡①。因此,供给侧结构性改革就是从提高供给质量出发,用改革的办法推进结构调整,矫正要素配置扭曲,扩大有效供给,提高供给结构对需求变化的适应性和灵活性,提高全要素生产率,满足人民群众的需要,促进经济持续健康发展。在实践中,供给侧结构性改革的重点任务,被明确地简化为"三去一降一补"。

评估供给侧结构性改革的成效不是本节的任务。我们将从范畴的内涵和对应的角度分析需求侧改革。不难发现,需求侧改革其实就是从提高有效需求出发,用改革需求形成机制、调控机制、供需结构匹配等办法,坚定地推进扩大内需战略,纠正需求结构的扭曲,提高需求与供给的适配性,提高经济增长潜力和运行效率,以满足人们的需要、促进经济健康发展。显然,需求侧改革的直接目是对超额生产能力形成直接的有效需求,以最大限度消化过剩产能,扩张生产可能性的边界;它要用改革需求形成机制、需求结构管理以及需求调控机制等办法,刺激内需、扩大内需;为提高需求与供给之间的适配性,拉动实际有效需求的提升,需要调整需求结构,如调整投资需求增加消费需求、调整政府支出结构等,来适应现代化建设中大消费时代的到来。因此,关于需求侧改革,从理论上看至少包括五个层面。

第一,总需求管理方式的改革。总需求管理一般是指在宏观经济管理中,对消费、投资和出口"三驾马车"的需求所进行的宏观调控。总需求管理的手段主要包括货币政策和财政政策及其搭配的运用。这种短期的宏观调控是国家进行宏观经济管理最重要的工具和手段。总的来看,我国在改革开放中已经形成了一整套比较成熟的货币政策和财政政策体系,这方面需要调整和优化的重点是这两类政策的搭配使用方式,使央行和财政部门更有效地配合和作为,更好地达到短期宏观经济稳定的政策目标。

第二,总需求形成机制的改革。从总需求的形成过程看,至少涉及以下三个方面的改革。(1)初次分配的机制改革。资本收入与劳动收入的关系构成初次分配的主

---

① 《中央经济工作会议在京举行习近平李克强作重要讲话》,中国政府网,2016 年 12 月 16 日,http://www.gov.cn/xin-wen/2016 - 12/16/content_5149018.htm。

要内容,是总需求形成的出发点和基础。马克思《资本论》分析了剩余价值分配规律和资本积累规律,认为资本在分配中的强势地位将导致有限的总需求与过剩的总供给之间越来越大的矛盾,最终将出现整个资本主义生产方式的大危机。《21世纪资本论》的作者皮凯蒂根据自己收集的数据,认为资本收益率长期高于经济增长率,这样的格局会推动经济向更高层次的不平等方向发展[1]。因此初次分配的机制改革,就是要抑制资本势力的盲目扩张,同时承认人力资本参与剩余索取权分配的可行性,从而最终从微观层面改变不平等的起源,不断扩大需求与总供给相适应。(2)再分配领域的机制改革。财政收支、金融收支、转移收支、价格变动等关系,是再分配机制改革的主要内容,它们在各自不同的分配逻辑下,经过复杂的资金运动,最终形成社会的最终需求。其中的机制改革涉及:财政收支与金融收支关系的改革,财政收支中各种税制的改革,中央财政与地方财政关系的调整与改革,民生性财政与建设性财政关系的调整;金融收支中直接融资与间接融资关系的调整,金融部门与实体经济部门的收益均衡关系等。(3)广义价格(商品与要素价格)形成机制的改革。在市场经济条件下,广义价格是最重要的分配工具,也是影响总需求形成机制的最重要因素。根据需求函数可知,价格、收入水平、相关品价格、需求偏好和价格预期等因素,是决定需求水平的主要变量。这些因素之间不仅相互影响和相互作用,而且一种价格的变动会导致相关价格和需求的连锁反应,因此对广义价格体系的改革,应该有系统、整体的国民经济观,如土地价格和实际利率等过高,不仅会增加实体经济企业的成本,降低其利润,使其难以生存,产生大面积衰退,而且会导致严重的泡沫经济。

第三,需求侧宏观结构性改革。需求的宏观结构,因为涉及一系列利益的重大调整,因此它才是需求侧改革真正的重点和难点。这个层面的改革至少四个方面。(1)投资与消费关系的改革,重点是提高消费需求比例。如果投资比例长期过高,一方面会导致生产能力持续增长,另一方面会产生消费需求严重不足的现象。两种因素相互作用的结果是社会有效需求不足。(2)政府投资与企业、个人投资关系的改革,重点是降低政府、国企投资比重。政府在竞争性领域的投资,在效率上总体不如企业。

---

[1] 托马斯·皮凯蒂:《21世纪资本论》,巴曙松等译,中信出版社2014年版,第26-28页。

降低政府对竞争性部门的投资,提高企业投资比重,将会提高社会有效需求。(3)政府对民众福利性支出与增长发展性支出的关系改革,重点是增加公共福利支出。以民生和公共福利为导向的政府支出,将会"抬高"居民消费的安全垫,减少居民对未来的不确定预期,从而有利于提高居民消费需求。(4)社会阶层结构的调整。收入分配高度不均衡不利于扩大内需,因为高收入者消费意愿低,低收入者有支付能力的需求低。实践证明,培育中产阶级占主导地位的社会结构,将会提高社会有效需求。

第四,需求侧微观结构性改革。这是需求侧结构改革的基础。党的十九大报告明确提出,中国特色社会主义进入新时代后,我国社会的主要矛盾已经转化为人民日益增长的美好生活需要和不平衡不充分的发展之间的矛盾。这里,"需求侧"是人民日益增长的美好生活需要,其微观结构是居民对更好的教育、更稳定的工作、更满意的收入、更可靠的社会保障、更高水平的医疗卫生服务、更舒适的居住条件、更优美的环境、更丰富的精神文化生活等的需求。显然,这种需求结构与现行的供给侧之间,存在着巨大的结构失衡、矛盾和冲突,"不平衡不充分"是对现今我国居民生活中的"短板"和"痛点"的抽象刻画。具体来说,就是我们的生活水平、消费水平、福利水平等无论在数量上、质量上还是在结构上,都难以满足人民群众迅速增长的需求。这些失衡状态不缓解,人民就难以有获得感和幸福感,来自微观主体的消费需求就难以真正扩大,因而理应成为未来全面深化改革的重点领域。

第五,放松需求侧限制的改革。撤除对需求端的政策限制,可以直接释放被压抑的需求。以需求牵引供给,强化需求引导,打通生产、分配、流通、消费各环节的堵点,废除或者放松过去各种对需求侧的制度限制。我国对需求侧的各种制度限制,主要起因于要素市场化改革的滞后。破除对需求的各种不合理限制,是我国扩大内需、寻求新增长动能的重要内容。例如对户籍制度的限制,对房地产市场不合理的限制,对非农业用地市场交易的限制等,都使中国扩张生产可能性边界的余地大大缩小,使财富增值速度降低。

特别需要指出的是,需求侧改革与我们常说的需求管理,虽有联系,却是根本不同的两个范畴。首先,需求侧改革是对上述宏观调控手段和方式进行的改革,它的内涵更为丰富,不仅仅包含宏观调控方式的改革,还包括需求侧的结构改革以及放松需求管制等一系列内容。其次,需求侧管理是政府对需求侧变量(主要是财政、金融和广义价格)的具体调节,体现了政府管理权力的运用;而需求侧改革,则是政府主动地调整过去在需求侧行使行政权力的方式,是对不适当的、可能抑制扩大需求的各种管理权力的调整和优化。最后,需求侧管理本质上是短期的需求调节,主要手段是财政货币政策及其搭配运用,而需求侧改革则主要根据"十四五"规划和实现社会主义现代化的长远战略目标的需要,进行艰苦的中长期改革。

二、需求侧改革:推动形成双循环新发展格局

当前,形成国内为主、国际国内双循环的新发展格局,已经成为"十四五"期间我国经济发展战略的重要指向,因此供给侧结构性改革的重点,就必须转向形成新发展格局,由此提出注重需求侧改革的重大命题。中央提出的"扭住供给侧结构性改革,同时注重需求侧改革",其实就是为了疏堵点、补短板、促循环,推动加快形成新发展格局。需求侧改革有助于推进新发展格局的形成,主要体现在以下四个方面。

一是对总需求管理方式的改革,有利于为双循环新发展格局的形成创造良好的环境和氛围。货币政策、财政政策及其搭配的合理使用,有助于松紧有度的宏观经济环境的形成。对货币政策与财政政策或者搭配关系的任何细微的改革或变化,都会极大地影响市场需求,从而对供给端产生积极或消极的影响,它们是决定双循环新发展格局最重要且最直接的变量。

二是对总需求形成机制的改革,将助推形成超大规模市场及其效应。超大规模市场是大国经济的优势,也是双循环新发展格局可持续运行的重要动力机制。如果没有足够的市场需求容量,就不可能吸收消化国内循环中的巨大生产能力,以国内为主的循环就会发生堵塞。经过40多年的改革开放,我国内需规模已经接近100亿人民币,位居世界第二,但我们的超大规模市场优势还是潜在的,或是正在显现中的,其能量还没有充分发挥出来。其一,人均规模还偏小,仅为美国的1/6~1/5,内需增长的空间还很大。其二,存在着比较严重的市场分割现象,大规模市场的功能和优势没能得到充分的发挥。因此通过分配和再分配机制改革,使总需求形成机制更好地服

务于超大规模市场的形成,一方面可以为国内制造业转型升级打开新的空间,另一方面也可以依据国内市场虹吸全球先进生产要素、成为发展创新经济的主要力量。其简单的内在逻辑,就是要提高居民的收入水平、生活水平和福利水平,并同时适当均衡居民收入,降低不平等分配程度。我国在从温饱走向全面小康的过程中,分配机制问题日益凸显,收入分配差距持续扩大,而且迄今为止还没有看出这种趋势有缩小的迹象[1]。因此,如果我们再不注重进行需求侧结构改革,就很难纠正分配结构高度失衡对超大规模市场形成的制约作用,无法形成现代化的消费需求和消费结构,从而无法实现以国内为主、国内国际双循环的新发展格局。

三是对需求侧的结构改革,有利于改善国内大循环中严重扭曲的结构问题,从而使双循环新发展格局更加健康持续地进行。我国需求侧的结构扭曲,只能用改革的办法来矫正。如内需结构的问题,主要是投资比重大、居民消费占 GDP 比例一直较低,而且长期处于下降状态,2000 年为 46.90%,到了 2017 年只有 38.40%,2020 年仅有 30% 左右[2]。而发达国家这一指标普遍在 60% 左右。投资也是内需,但是为什么其占比长期过高,尤其是政府投资长期占比过高,也是一种需求结构扭曲呢?这是因为投资是形成生产能力的主要因素,这方面占比长期过高,将会挤出居民的最终需求,从而使大量的投资形成的生产能力成为过剩产能,对出口产生严重的依赖。总之,不利于形成国内循环为主、国际国内双循环的新发展格局。进入高质量发展阶段,消费,尤其是居民消费,应该成为拉动经济循环的新的主要动能,现代化的消费结构是替代投资驱动成为新内需的主要力量。中国从出口大国和投资大国逐渐转变为消费大国,提升消费占比,是双循环发展新格局形成的支撑力量,也是需求侧改革见效的重要标志。

四是需求侧改革,尤其是放松需求侧限制的改革,将有利于形成全国统一市场。

---

[1] 我国居民收入的基尼系数自 2000 年首次超过警戒线 0.4 以来,总体呈现出先攀升后稳定的态势。但值得注意的是,2003 年至今,基尼系数从未低于 0.46,而最近三年,更是逐年增大,由 2015 年的 0.462 升至 2017 年的 0.467。参见苏宁财富资讯,《中国人的收入差距有多大?》,http://news.cngold.com.cn/20180730d1703n279118565.html。

[2] 根据国家统计局网站数据计算得到:人均消费支出/人均国内生产总值。

统一市场是双循环新发展格局形成的标志、载体和链接机制,是新发展战略框架的支点和核心,是形成双循环新发展格局的前提和基础。只有在全国统一市场运行的条件下,才能形成需求牵引供给、供给创造需求的更高水平动态平衡,提升国民经济体系整体效能。因此把统一市场建设的地位提得再高一些也不为过。改革开放的40多年来,我国市场取向的改革虽然取得了世界瞩目的成果,但是我们的统一市场并没有真正形成,其中最重要的表现有两个方面:一是要素市场受行政控制情况严重,要素市场化进展缓慢,尤其是土地市场、资本资金市场、高级劳动力市场、数据市场等发育不良,甚至没有发育;二是存在着比较严重的"行政区经济"现象,各区域市场开放度不够,政策歧视严重,阻碍了企业规模化利用这个大市场容量的优势。通过放松对需求的各种限制和管制,打通需求的各种堵点,才能创造市场供给的增量,才能顺畅经济循环。例如,对房地产需求按户籍等限制的放松,对土地使用权交易的放松,对数据交易的规范,对人力资本市场化流动的鼓励,不仅可以为发育和形成要素市场提供基本前提,还将为中国经济创造巨大的新动能和新供给。另外,推进区域经济高质量一体化发展,是破除"行政区经济"的重要战略思路。在"规划一张图、交通一张网、环境一条线、市场一体化、民生一张卡"的要求下,地方政府职能改革的公共服务化趋势,将有助于其把工作重心转移到追求民生幸福、优化营商环境、保护生态环境、调控市场运行等方面,从而为减少区域经济利益竞争和冲突、建设区域统一市场奠定坚实的基础。

三、需求侧改革:一场复杂而深刻的新改革

从需求侧改革的内涵和战略意义看,其工作难度一点也不亚于供给侧结构性改革,甚至在很多问题上可能要大大超过供给侧结构性改革的难度。对此,我们必须要有充分的预期,并在改革的优先次序和权重上给予高度的重视。

一是在初次分配机制的改革上,既要讲效率也要讲公平,尤其是要在生产领域形成公平的准入和竞争环境,提高居民的经营性收入。效率优先、兼顾公平,是过去我们在经济高速增长时代所主张和坚持的分配次序和基本原则。在经济转轨中,初次

分配领域要求主要讲效率,到再分配领域再讲公平。进入高质量发展阶段,需求侧改革的要求和趋势是不仅再分配要讲公平,初次分配在讲效率的同时也要讲公平,如资本与劳动的关系必须均衡发展,不能等到严重失衡再从再分配领域对其纠正,否则将付出巨大的社会成本。为此,一要在初次分配领域形成劳动生产率提升与工资福利提升自动挂钩的机制,既不让分光吃尽,也要不断改进劳动者利益格局。二要在产权理论上承认人力资本在价值创造中的贡献,从分配规则上明确不能仅仅是物质资本拥有剩余索取权,人力资本也应当适当参与剩余的分配。只有如此,才能使资本所有者与劳动者之间实现利益均衡,彻底缓解日益扩大的收入分配差距。三要树立新发展理念,确立分享经济和共享经济的政策体系,现阶段尤其要以公平促效率,如可以鼓励企业员工平等持股,以分享发展利益。此外,对初次分配领域既要讲效率、也要讲公平的改革,不能简单地理解为限制资本的利益,而是要在生产领域形成公平的准入和竞争环境,这一点容易被忽视。其实关于这方面所进行的营商环境、创业环境的改革,是鼓励民众创业创新、提高收入的主要办法,它可以极大地提高居民经营性收入占国民收入的比例。经营性收入占比水平低,是我国许多地区甚至是发达地区GDP强大,但人均可支配收入少、消费能力差的重要原因。以江苏为例,2019年全国人均GDP达到70 892元/人,江苏人均GDP达到123 607元/人,全国排名第三,仅次于北京、上海,但是工资性收入为23 835.7元/人,全国排名第六,次于北京、上海、浙江、大津、广东。这种差距来源于江苏居民经营性收入比重低。江苏经营净收入为5 636.2元/人,全国排名第八,次于浙江(8 498.2元/人)、内蒙古(7 994.2元/人)、山东(6 812.6元/人)、福建(6 582.5元/人)、湖北(5 982.8元/人)、安徽(5 967.5元/人)、广西(5 777.7元/人)。因此,创造鼓励居民创新创业的营商环境,可以极大地提高居民可支配收入水平,从而提升扩大内需的能力。

二是在再分配机制的改革上,要通过资本市场改革建设强大的资本市场,以此调整和提高居民的财产性收入。我国居民相比于发达国家居民消费需求能力弱的基础原因,在于财产性收入与工资性收入的高度不对称,即中国居民消费不足的相对原因,不在工资性收入差距上,而在财产性收入的差距上。以中美两国为例。中美居民工资性收入占GDP的比重大致相当,都在50%以上。中国居民的财产性收入占

GDP的比重仅有3%，远低于美国的25%。财产性收入低，使得中国居民总收入占GDP比重偏低，因而消费在整个经济中的占比不高①。鉴于财产性收入是中国居民收入的短板，因此调整资本主导的分配机制就成为解决问题的关键。根据国际经验，一个强大的资本市场是本国民众增加财产性收入的主要渠道，而房地产市场不能也不应当承担这个功能。居民和社会组织闲置的货币资金，在各种投资基金、共同基金的组织下长期有序地进入资本市场，不仅可以为其财富保值增值，还可以为发展战略性新兴产业、振兴实体经济提供有力的支持。而房地产作为主要用于居住的产品，不应该是用来炒作的投机品，更不能作为社会唯一可以选择的投资品，否则将会导致重大的结构失衡。要通过资本市场改革来建设资本市场强国，替代房地产市场作为国人实现财富增值的主渠道。为此，要尽快扭转资本市场为企业尤其是国有企业融资的功能，严厉打击资本市场中的各种违法乱纪行为，以人民为中心、以增加人民的财产收入为中心改革其法治管理和行政管理。

三是扭转需求结构失衡，从改变政府职能做起。我国经济改革的中心问题是要处理好政府与市场的关系。说到底是政府在市场经济中的职能定位和功能发挥问题。这是一个很难在短期内解决的问题。我国需求结构的一系列失衡状态，都与政府职能过宽、介入微观活动过于深入、承担无限责任等有着直接关系。例如，为了在经济面临下行压力时拉动经济增长，采取"企业不投政府投、居民不消费政府来投资"的战术，不断地提高了政府债务，提高了投资需求占总需求的比重，以及投资中政府和国企投资的比重。再如，建设性政府的职能定位，自然会使政府在预算安排中较多地关注经济领域事务，而忽视民生和公共服务，表现为在政府支出中用于增长和发展性的支出比重高，用于民生和社会福利的比重低。显然，扭转需求结构的这种失衡状态，首先需要改变政府的职能，向公共服务型政府的方向努力，同时要大力鼓励民间和社会资本投入，进行职能替代并提高投资效率。

四是坚持市场取向改革，积极主动地纠正市场取向改革过度的做法。转轨经济中以市场作为资源配置的决定性机制的改革，往往容易出现政府"甩包袱"的现象，即

---

① 徐高：《理想与现实之间的中国经济》，《新金融》，2017年第5期。

一些政府部门可能会抓住某些应该放给市场的权力，而把某些本来应该由自己承担的公共事务交给市场。中国市场取向改革中形成的住房、医疗、养老、教育等民众必须主要负担的"新四座大山"，就与这个现象有直接的对应关系，它是造成民众在经济增长中获得感差的主要原因，是与社会主义市场经济中政府职能的正确界定有所背离的，必须大力纠偏。该市场化的领域要坚决地毫不迟疑地推进，不该市场化而必须由社会和政府承担的领域，要坚决地毫不迟疑地回归公共品性质。就如市场化不足的领域会抑制消费需求提升一样，市场化改革过度，也会极大地挤压居民的正常需求，造成需求萎缩。如以收费为主要特点的教育产业化，以高药价和过度医疗为特点的医疗卫生服务，以持续涨价消耗居民毕生财富的高房价等，都会对居民需求产生"挤出效应"，从而使供给侧发生结构性失衡。

（原载于《东南学术》2021年第2期）

理解高质量发展：基本特征、支撑要素与当前重点问题

摘要：从高速度发展进入高质量发展需要构建多维复合的评价体系。高质量发展的水平对应于人民日益增长的对美好生活需要的满足程度。进入高质量发展阶段需要构建包括发展战略转型、现代产业体系建设、市场体系深化、分配结构调整、空间布局结构优化、生态环境的补偿机制以及基于内需的全球化经济等在内的支撑要素。在当前供给侧结构性改革的语境下，实现高质量发展要把防止金融风险、精准扶贫、生态环境保护三大攻坚战作为底线，让以"破立降"为基本内容的结构性政策走到前台发挥更大的作用，重点纠正实体经济与虚拟经济之间的重大结构失衡。

关键词：高质量发展；发展战略转型；结构性政策；实体经济

十九大报告指出，中国经济已由高速增长阶段转向高质量发展阶段，正处在转变发展方式、优化经济结构、转换增长动力的跨越关口。因此，从理论上对高质量发展阶段的一些基础问题进行分析，无论对发展和完善中国特色的社会主义政治经济学理论，还是对于推动经济全面转型升级、跨越中等收入陷阱等经济工作和经济政策的实践，都具有十分重要的战略意义和价值[1]。本文将用系统分析的观点，对高质量发展的内在基本特征、实现高质量发展的前提和基础条件，以及现实中急需要解决的重点和难点问题进行理论分析。

---

[1] 任保平：《新时代高质量发展的政治经济学理论逻辑及其现实性》，《人文杂志》，2018年第2期。

一、高质量发展：基本特征描述

高质量发展的内在基本特征，是与高速度发展的基本特征比较得出来的。这两个发展阶段的差异很多，主要表现为以下几方面。

一是评价标准：单维与多维。高速度发展的评价标准很简单，就是单维的评价，数量有无和多少是评价的主要标准。但是对高质量发展来说，评价标准就是多维的，标准中加上了许多主观的因素，因此就显得非常复杂。质量好坏，可以从多元化的视角去分析。如对美好生活的评价，从物质满足程度去评估是最基本的，可能还需要从收入、教育、工作、社保、医疗卫生服务、居住条件、生态环境等方面去综合地评价①。由此决定了"为高质量发展而竞争"，机制设计要比"为 GDP 增长而竞争"复杂和困难得多。过去对高速度发展，只需要从一些总量增长的指标去评估就可以了，如 GDP、财政收入、利用外资等的增长情况。但是对高质量发展，就要从新发展理念的角度去综合评价，一般认为，高质量发展是创新为第一动力、协调成为内生特点、绿色成为普遍形态、开放成为必由之路、共享成为根本目的的发展②。需要强调的是，经济学对数量的评价，已经开发出非常好的工具，如在约束条件下求财富、GDP、国民收入等静态或动态的最大化。但是对质量的多维评价，经济学现在还没有开发出比较好的工具。由于质量具有多维性和主观性，如何把无数的个人偏好加总为社会偏好，就是一个很大的难题。这提示我们，由于评价的困难性，要建设为高质量而竞争的经济体制，就需要有与过去不同的方法。

二是历史背景：短缺与过剩。在高速度发展阶段，中国处于人均几百美元的贫困发展阶段，物质的高度短缺加上东西方两大阵营对抗的冷战背景，因而赶超战略自然而然地成为国家经济战略的主要选择。这时，好坏不是主要矛盾，有无和多少才是问题的核心。在资源短缺的条件下，有什么办法可以快速地增加生产能力、提供更多的

---

① 金碚：《关于"高质量发展"的经济学研究》，《中国工业经济》，2018 年第 4 期。
② 任保平、李禹墨：《新时代中国高质量发展评判体系的构建及其转型路径》，《陕西师范大学学报（哲学社会科学版）》，2018 年第 3 期。

产出,就是最优的办法,就会成为政策追求的目标。如会运用一切手段(如命令、户籍、计划价格等)把资源集中到某些最紧迫需要发展的部门。进入高质量发展阶段,人民收入水平和生活水平有了大幅度的提升,过剩经济成为常态。虽然全球经济政治时有摩擦,但是和平与发展是主流趋势,经济全球化趋势势不可当。这时,从需求结构的变化看,人民群众对物质文化生活的需要变成了对美好生活的需要,需求层次迅速上升,除了对物质的需要体现为更好而不是更多外,对服务的需求上升速度更快。因为根据恩格尔定律,这时收入增长导致需求层次的提升,将从偏重于生理性需求的物质消费结构,转向享受和发展型的非物质为主的消费结构,由此带来国民经济结构的重大转型,如第三次产业比重的迅猛上升,知识、技术、人力资本型产业逐步替代资本和劳动密集型产业等。从供给侧的变化看,落后的社会生产变成了发展的不平衡不充分,供给的总量问题转化为供给的结构问题,宏观经济管理不再是为了解决有无的问题,而是要解决好坏的问题,解决满意不满意问题,解决结构的不均衡问题,解决质量的高低问题。

三是实现手段:计划和市场。高速度发展阶段,生产力的低水平和消费的低层次,决定了经济活动的内容的均质性、单一性以及企业产出间的差异度。因市场范围、市场门类和经济规模都比较小,相对来说,决策者掌握这些信息容易,成本较低,这时计划手段是效率较高的方式。因此在高速度发展阶段,政府作用的范围和领域可以比较大,政府替代民众选择、实现集中的非均衡发展是完全有可能的。进入高质量发展阶段,随着收入和生活水平的提高,一方面,美好生活需要对应着的市场和非市场的范围和规模都在扩大,另一方面,需求结构也呈现为多样性、多元化、差异性和多变性。这时无论是企业还是政府,获取信息的成本都很高。对于政府来说,集中获取信息和处理信息的成本更高。虽然,现在由于互联网、大数据、人工智能等一系列信息技术的发展,使信息集中收集和处理的效率大大提升,但是由于信息内涵的是人的行为,具有复杂的利益关系和复杂多变性,由政府集中实施计划经济来规划各经济主体的个体活动,也是绝对不可行的。实施信息分散收集和处理,让市场主体自己决策、责任自负的内生调节方式,仍将是最优的资源配置方式。但是也应该看到,迅速增长的非市场调节领域的扩大,会使经济生活中出现更多的市场失灵现象,这就要求政府必须转移作用领域和改变基本职能,从干预市场主体决策和干预市场活动,转向进入非市场领域发挥基本的调节作用,为市场活动提供更多的外部经济性。

转向高质量发展阶段,面对解决复杂的多维问题,以经济建设为中心的内涵就发生了深刻的变化,建设现代化经济体系被认为是转向高质量发展阶段国家经济建设的总纲领,是一切经济工作的总任务、主要特征和目标。

二、高质量发展:系统分析视角下的支撑要素

从上述分析可知,高质量发展是国民经济系统从量到质的本质性演变,是由系统中的许多因素共同作用、综合推动的发展结果。因此,必须通过强化该系统中具有相互关系和内在联系的各个环节、各个层面、各个领域的交互作用,推进这个有机整体的升级和跃进。关键问题是,我们要通过全面深化改革,通过顶层设计、上下结合,形成支撑高质量发展的一些基础要素。

一是非均衡战略逐步转向均衡战略。实施非均衡发展战略的特征,是通过把有限的资源倾斜于重点战略部门的发展,试图用产业关联效应拉动其他部门的发展。这虽然可以人为地快速推动重点部门的扩张,但是长期实施的消极后果是:(1)国民经济各部门、各地区容易出现"重大结构失衡",如未列入战略和重点部门的产业和地区,会出现长期的发展瓶颈现象,而各地政府都支持重点发展的部门,会成为产能过剩的部门;(2)过度强化了政府和产业政策的作用,抑制了市场发挥作用的空间。非均衡战略逐步转向均衡战略,是实现高质量发展的重要的宏观经济基础条件。正如2016年中央经济工作会议所指出的,中国经济运行面临的突出矛盾的根源在于重大结构性失衡及其导致的经济循环不畅,必须从供给侧、结构性改革上想办法,努力实现供求关系新的动态均衡。重大结构性失衡其实主要来源于长期实施的追求速度的非均衡战略。转向均衡发展战略意味着我们必须扬弃过去用行政手段集中配置资源的方式,转而通过利用市场机制决定资源的配置。这里"均衡"的意义在于:市场主体在利益驱动下,按照供求信号进行竞争性资源配置,就能使各产业部门获取大致平均的利润率。而偏离这一平均利润率的任何信号都意味着产业供求结构的失衡,都会

造成资源的再配置,即结构纠偏。显然这就是社会福利损失最小的高质量发展。当今,中国经济发展的非均衡状态更多表现为生态环境、关键技术、基本公共服务、基础设施、要素市场发育等领域短板或瓶颈。这与这些领域的市场容易发生失灵有关,也与政府过去把资源过于集中在经济领域、忽视对市场失灵现象进行大力度纠偏有关。因此,未来实施均衡发展战略,要更好地发挥政府的作用,尤其是在非市场调节的上述领域要加大政府的投入力度。

二是片面工业化转向四化协同发展,重点建设创新引领、四位协同的现代产业体系。为加速推进工业化发展,过去我们实施了农村与城市隔离、农业剩余支持工业化的种种措施。其副作用是除了加剧了二元经济结构下农业、农村的衰退外,广大农民和城市中低阶层的低收入和低需求,难以消化制造业的巨大产能,结果便发生了严重的过剩产能,或者只能通过廉价出口甚至补贴出口去消化,很难有高效率、高质量的经济增长。从党的十八大提出要推动"四化协同发展"开始,即推动新型工业化、信息化、城镇化、农业现代化同步发展,中国的发展战略开始突破工业片面发展的格局,如为了消除城镇化进程落后于工业化的痼疾,开始了以城镇化拉动工业化;用信息网络技术改造传统工业,增强工业的智能化水平等。十九大进一步提出,要建设实体经济、科技创新、现代金融、人力资源协同发展的产业体系。过去说要全面构建扎实的现代农业基础、发达的制造业以及门类齐全的现代服务业,这其实是分割而不是融合了产业部门之间的联系,缺乏等量资本在部门间获取等量收益的均衡协调的发展理念,很容易在原有的二元经济结构下,片面突出发展某个产业部门,形成产业间的结构撕裂。建设四位协同的产业体系,从要素投入角度而不是部门分割的角度,明确了未来创新引领、产业协同发展的总要求。在市场经济条件下,产业结构的失衡,会以短缺或者过剩表现出的价格上升或者下降来指示要素流动,因此,就比较容易实现产业间和产业内的均衡发展。

三是要素市场化配置成为进一步市场取向改革的重点。经过四十年的改革开放,中国已经实现了高度的商品市场化配置,价格成为调节商品配置的主要机制,但是中国经济转轨的重任并没有彻底完成,主要体现在要素市场化配置这个更为艰巨的任务还并没有真正地完成。在要素市场配置中,发展得比较彻底和充分的主要是货币市场、技术、信息等市场,而数据市场、资本市场和劳动力市场的功能还不够完善。这样的结构调整便会遇到一些困难。如劳动力市场的刚性会使国有企业在产能过剩时成为"僵尸企业"。资本市场中的收购兼并功能不充分,产业结构和产业组织的调整就会比较困难。结构调整的困难是高质量发展的天敌,会造成资源的低效利用。在供给侧结构性改革中,调整产业结构是化解产能过剩、消灭"僵尸企业"的主要途径,是纠正资源在产业内配置失误、提高供给质量和效率的主要措施,即通过产业内企业间关系的重组,以及资源在企业内的重组,使资源在产业内由低效率企业向高效率企业加速移动和有效配置,从而提高供给结构适应需求结构的水平和能力。清除"僵尸企业",化解产能过剩,需要尽量避免直接破产清算,避免运用激进的手段制造人为的社会冲突。为此,要素市场化配置要利用资本市场的内在功能,通过两类机制来实现:一是主动性调整机制,即通过鼓励企业间的收购兼并,消灭低效率、产能过剩的企业;二是被动性调整机制,即由市场倒逼、企业为主体,放任市场机制自动和自我调节,让产能过剩企业自生自灭,由此实现市场自动出清。

四是在讲究效率的基础上实现共享性分配。在高速度发展阶段,初次分配讲效率优先,再分配适度考虑公平,这无疑有助于实现速度赶超战略。但是这一分配原则长期实施,必然会导致整个社会收入分配和财富拥有结构的严重失衡,从而引起比较严重的社会矛盾。据统计,1979 年中国城市家庭人均收入基尼系数只有 0.16,1988 年是 0.382,1997 年是 0.458。到了 21 世纪,这个数值一般认为在 0.5~0.6,贫富差距非常大了。[①] 这种格局对刺激消费和扩大内需极其不利,变相地刺激了单一的出口导向型经济。这种状态不改变,很容易陷入中等收入陷阱。因此,支撑进入高质量发展阶段的一个重要的基础性改革,就是要进行分配机制的调整。初次分配也要讲公平,至少有两个问题值得注意。一是财富在国内居民与外国投资者之间的分配。GDP 中外资拿得多,自然本国居民就会拿得少。依靠吸收外资来发展经济的地方,普遍都存在这一分配失衡的问题。二是财富在资本所有者与打工者之间的比例。创业的人多,居民富裕程度就高,如在收入和财富拥有上,浙江与江苏的差距就在此。

---

① 李婷、李实:《中国收入分配改革:难题、挑战与出路》,《经济社会体制比较》,2013 年第 5 期。

再分配性更要讲公平。如财富在居民、企业和政府三者之间的分配问题，政府和企业从财富总盘子中拿多了，居民就不可能很富裕。如江苏过去一直上交国家财政比较多，藏富于民不足，这是江苏聚焦富民战略的软肋。实体经济盈利能力弱，虚拟经济就会过火，善于和敢于利用金融杠杆、敢于炒作资产的地方往往要比单纯做制造业的地方富裕。这造成财富生产与财富分配之间不成比例。最后应该指出的是，无论分配和再分配怎么进行调节，一个正常的社会都需要鼓励生产性努力，这就是要大力发展实体经济，提高 GDP 中的含金量。

五是找到产业政策优先还是地区政策优先的平衡点。产业政策的基准是生产率上升原则和需求的收入弹性原则，那些生产率上升速度高、需求收入弹性大的产业，首先会作为主导产业得到发展。因此，产业政策优先意味着资源配置主要取决于效率导向。这在空间上会产生歧视效应。那些区位条件较差、运输成本相对较高的地区，就不容易被纳入产业政策的发展眼界中。长期实施这一政策虽然有助于加快发展，但是会累积越来越严重的区域发展非均衡问题，从而导致极大的社会甚至政治压力。地区政策优先的主要基准是地区间发展的公平主义取向，一些发展条件较差的边远地区、资源地区、革命老区、少数民族地区，在实施这一优先原则时将得到优先发展。显然，从经济效率的角度看，地区优先的政策取向是损害静态效率的，但是在动态、全局意义上并不一定。高质量发展是一种综合多元的评价标准，因此，对应它的最适当的状态是找到产业政策优先与地区政策优先的平衡点。主要的平衡措施有三个。(1) 主要以发展城市群落的政策来促进乡村振兴。城镇化水平高的地区，尤其是城市群落发育比较成熟的区域，如长三角、珠三角地区，其乡村现代化步伐也快，地区间均衡发展程度也高。(2) 可以通过建设世界级先进制造业集群的办法来均衡区域和产业的关系。世界级先进制造业集群是按照经济区域来自发布局的。它的一个直接效应是可以模糊行政区的界限，拉动产业集群内所涉及的若干行政区的共同协调成长。(3) 有意识地加速区域经济发展一体化。各行政区拆除行政壁垒，制定统一协调的竞争规则，相互之间竞相开放，这种一体化机制将产生从极化到收敛的"非均衡—均衡"发展效应。

六是把生态环境内化为经济发展的财富。过去绿色化是成本，代表的是贫困和未开发,现在要把其内化为收益、福利和财富。高速度发展阶段把对环境的整治和保护支出作为成本因素考虑,千方百计地节省环保投入以便可以把稀缺资源用于增长。高质量增长阶段把环境当成发展追求的目标,好的环境是社会财富的重要组成部分,因此,环保支出是实现财富增长的手段。在绿色 GDP 的核算上,就要从国民生产总值转向国民生态产值,即把环境的损害作为国民财富的减少来对待,把对环境的投资和支出当成国民财富的一个组成部分。除此之外,在地区之间要建立生态环境的补偿机制,可探索实施两类交易制度①。(1)建立和健全以单位 GDP 能耗为基础的节能交易制度。在这样一种比如以省一级为节能的交易平台上,单位 GDP 能耗低于全省平均水平的地区,可以卖出相应的节能量;而单位 GDP 能耗高于全省平均水平的地区,则必须买进相应的额度。显然,实行这一交易制度有利于促进各地区能耗量的持续下降。(2)建立和健全某流域以水环境质量为基础的生态环境补偿机制。具体是对水质达到一类水标准的地区,达到程度越高、比例越高则奖励越多,而对三类尤其是四类水质比例高的地区,实施惩罚性倒扣。这种制度安排尤其适用于具有上下游关系的区域生态补偿关系。建设美丽中国需要这种把环境保护的倒逼压力转化为经济转型升级的动力的制度,必须把目前限于工作层面的倒逼机制提升到政策层面,并在此基础上进一步上升到法律法规层面。

七是建设基于内需的高水平的开放型经济。过去开放经济道路走的是出口导向的全球化。这个战略的基点,在于利用的是别国的市场,而不是我们自己的市场。1992 年之后,尤其是 2001 年加入 WTO 以来,中国国际贸易额呈现爆炸式增长。2008 年之后,世界金融危机显示了这种性质的"全球化红利"已经基本结束,中国经济需要与世界经济进行再平衡。这个再平衡就是要在扩大内需条件下,及时主动地启动"基于内需的全球化经济"战略。这是中国为适应全球经济形势和竞争格局的变化而做出的主动的战略调整,是中国给自己、给世界主动创造的一种战略机遇,也是中国全面提升开放型经济发展水平的最重要含义和最主要内容。"基于内需的全球化经济"并不是一个新现象。美国就是一个典型的基于内需的全球化经济体系,它的最终

---

① 刘志彪:《中国语境下如何推进供给侧结构性改革》,《探索与争鸣》,2016 年第 6 期。

需求规模一直处于全球最大的地位,强势的国内市场需求加上其他非经济因素,塑造了长期的美元强势地位,诱使全球生产要素向美国流动,导致了全球其他奉行出口导向战略的国家对其进行大量的出口,使美国可以成为吸收全球高级要素力度最大的国家。因此,基于内需的经济全球化,就是要在加入全球分工体系的基础上,强调利用全球的优质要素发展自己。中国尽早启动这一战略,也是为了满足人民日益增长的美好生活需要。以不断增大的内需来扩大进口,也能起到促进中国经常项目收支平衡的主要作用。习近平在博鳌亚洲论坛上宣布,中国即将相当幅度地降低过去对某些产品的关税税率。如汽车进口关税可能要降低一半以上,同时降低部分其他产品进口关税,努力增加人民群众需求比较集中的特色优势产品进口。基于内需的经济全球化战略,期望能够用中国的内需吸收外部世界的先进生产要素,因此,也希望发达国家对中国放松正常的高技术产品贸易的人为设限,放宽对华高技术产品出口的管制。

八是高质量的制度供给能力。中国经济发展不缺钱、不缺市场,也不缺乏人才,缺的是好的制度供给。中国发展中存在各种矛盾和核心问题,原因在于制度的失效。为此,要求政府在推进高质量发展的过程中,把主要的精力放在为市场运行和社会发展设立、修改、创新、监督、执行制度规则上,以此推动经济进入转型升级新阶段。制定规则、创新规则、修正规则,监督和执行规则,就是改革、创新和升级。政府层面的这些制度供给行为,就是把新理念、新思想、新方法、新机构、新法规、新政策和新工作载体等引入原有的制度体系、政策体系和工作体系,实现新的促进发展的动因组合。在高质量发展的背景下,政府层面的制度创新和制度供给要重点解决发展中存在的结构性、体制性和素质性的矛盾和问题,主要包括以下几个方面。(1)硬化所有权的约束,即预算约束硬化。这是高质量发展的效率基础。(2)为高质量发展而竞争的地方政府机制。要求把为增长而竞争的旧式地方政府运作体制通过输入新的高质量目标函数,改造为适应新时代、解决新的社会主要矛盾服务的新体制。(3)产业政策要让位于竞争政策。旧式的产业政策的实质是通过制造所有制歧视、产业歧视、内外经济主体歧视、地域歧视等,实现非均衡的快速增长。社会主义市场经济发展的深化,需要把它逐步过渡到公平竞争取向的竞争政策。(4)法治化的政府宏观调控体系。尤其值得一提的是以竞争政策为导向,还要求实施自由进出市场的反垄断政策,这对鼓励高质量发展起着至关重要的作用。例如,市场竞争中企业自由进入,是打破已有企业的市场垄断的最锐利武器,因而是提高资源配置效率的主要政策工具。加强对市场主体行为的监管,是规范市场运行的主要手段,也是保护各方利益主体正当利益和市场运行的基本要求。自由退出市场,是解决软预算约束、化解产能过剩、缓解过度竞争、消灭"僵尸企业"的最有力工具。公平竞争是保证顺利进入高质量发展阶段的微观机制。

三、高质量发展:当前的重点问题及其解决思路

从高速度发展全面进入高质量发展需要有一个较长的过渡期。这不仅是因为发展有惯性力量的作用,把高质量发展的目标函数嵌入决策者的决策理念和融入市场主体的行为追求中,需要很长的适应和调整时间,而且也是因为当前的政策决策系统面临着一系列急需处理和解决的重大问题[①]。这些问题是在过去的发展方式下累积下来的,是绕不过去的坎,拖延它们的解决只会导致出现更大的问题。

第一,重大结构失衡之纠偏。当前中国经济运行中的失衡,主要有三类。一是房地产与实体经济之间的失衡。表现为资源进入房地产领域过多,不愿意进入实体经济领域。二是金融与实体经济之间的失衡。表现为资本不仅蜂拥进入金融领域,而且在金融体系内部自我循环、自我膨胀,为实体经济服务不到位。三是实体经济内部的失衡。表现为高技术、高质量的产品供给不足,而一般性的生产能力严重过剩。解决上述第一个问题的思路,是一方面要抑制以房地产炒作、金融体系自我循环为特征的虚拟经济的过度膨胀;另一方面也要想方设法地提升实体经济的盈利能力,增加其对资本投入的吸引力。其中,对前一个方面的问题,我们不是说要用简单的行政命令去限制虚拟经济活动,而是要反其道而行之,用增加优质资产供给的办法来抑制虚拟经济的泡沫化。从商品短缺走向资产短缺,是我们进入新时代的一个重要特征。如果不能提供大量的优质资产供民众和社会选择,资产短缺状态会进一步加剧,从而使

---

① 张军扩:《加快形成推动高质量发展的制度环境》,《中国发展观察》,2018年第1期。

资产价格不断上升,形成更加剧烈的结构失衡现象。如我们需要通过建设更多的城市群落的战略,平抑城市化中的住宅需求,从供给侧抑制房地产泡沫;我们应该通过加快劣质企业退出市场的办法,让更多的战略性新兴产业企业进入资本市场,给投资者更多的选择;我们要发展更多的合格的机构投资者,提供更多的理财产品和工具,满足民众的理财需求。纠正实体经济内部结构的失衡,主要是要用竞争政策公平竞争环境,加速新动能企业的进入和竞争失败企业的退出,使资源能够按市场供求信号进行顺畅流动。

第二,面对经济体系的重大结构失衡,当务之急是要坚决打胜三大攻坚战。一是防止金融风险。在高速度发展阶段,地方政府较多地把国有企业作为投融资平台,发挥国有经济对稳增长的调节作用,因此必然导致其债务较多、杠杆率水平较高的问题。目前中国企业的负债占 GDP 的比率约在 150%～160%,在全球主要大国中位居第一。其中,国有企业的负债占非金融企业总负债的 70% 左右。为了防止出现可能的、系统性的、重大的金融风险,要以结构性去杠杆为基本思路,分部门、分债务类型提出不同要求,地方政府和企业,特别是国有企业要尽快把杠杆降下来,努力实现宏观杠杆率稳定和逐步下降。其中,最重要的是必须坚决消灭"僵尸企业"。"僵尸企业"必将导致高杠杆,从而可能引发金融危机。现在的很多"僵尸企业"如果不能被及时处理掉,越积越多,那么一方面它们要继续消耗和占用国民经济中宝贵的信贷资源、物质资源和市场资源,继续加大信贷投放,从而进一步提高实体经济杠杆率;另一方面,从动态看也会通过复杂的传导机制,进一步加大杠杆率水平,即"僵尸企业"增多—行业供求总量和结构关系进一步失衡—产品价格不断下跌—全行业企业业绩变得更差—无法弥补历史欠账(拖欠的工资、社保、应付账款、设备减值等),无法更新改造技术设备,无法归还银行欠账—企业负债率进一步上升—银行不良率进一步上升、政府财政收入降低、员工工资收入无法改善—金融风险概率上升。供给侧结构性改革要去产能、去杠杆,一个主要的任务就是要去"僵尸企业"。这两年来,在煤炭、钢铁、水泥、煤电、炼铝、有色等僵尸型国企比较多的领域中,进行了力度空前的去产能的活动,并取得了巨大的成就,突出表现在这些行业的供求关系得到迅速改善,行业产品价格回暖,企业景气度提升。这是实现高质量发展必须跨越的重大口。二是实施精准扶贫。精准扶贫是实现高质量发展的底线,也是为了兑现2020年全国进入全面小康社会的承诺。我们不能说一方面中国进入了高质量发展,另一方面又存在很多的绝对贫困人口。高质量发展的一个基本要求,是不能随意拔高或者降低贫困的标准。精准扶贫的形式有多种,如产业扶贫、易地搬迁扶贫、就业扶贫、教育扶贫和健康扶贫等。其中,产业扶贫是最重要的。三是生态环境污染的防治。生态环境也是我们进入全面小康社会的短板之一。重点是结构性政策要发力。要做到:(1)调整产业结构,即减少过剩和落后产业,增加新的增长动能;(2)调整能源结构,即减少煤炭消费,增加清洁能源的使用;(3)调整运输结构,即减少公路运输量,增加铁路运输量;(4)要调整农业投入结构,即减少化肥农药使用量,增加有机肥的使用量。

第三,供给侧结构性改革之"破立降"。① 面对经济体系的重大结构失衡,2017年中央经济工作会议的新思路已经很明显:要通过要素市场化配置改革这个龙头,重点在破、立、降三个方面下功夫,即建立在市场配置资源基础上的结构性政策要走到前台,更好地发挥政府的调节作用。所谓破,即要破除无效供给,把处置"僵尸企业"作为重要抓手,推动化解严重的过剩产能;所谓立,即要大力培育经济增长的新业态、新技术、新模式、新动能,发挥现代金融、科技创新、人力资源对实体经济振兴的作用,推动传统产业优化升级,推动形成世界级先进制造企业;所谓降,即要以提升实体经济企业竞争力为目标,降低企业的各种制度性交易成本,如减税降费,深化金融、电力、石油天然气、铁路等垄断部门行业改革,降低融资、用能、物流成本。在实施破立降的行动中,要注意充分发挥要素市场化配置改革的龙头作用,具体来看主要有以下五种举措。

一是要对资本市场的融资功能与财富增值功能进行对称化改革。中国资本市场发展中的主要问题是重企业融资、轻投资者财富增值功能,不仅难以使居民得到财产性收入,而且反过来也影响了企业的上市和融资。振兴中国股市,要把对投资者利益的保护放在第一位,以此启动资本市场的制度改革,如建立IPO与退市之间的挂钩制度,加大对侵犯投资者利益的上市公司的监管和惩罚力度,出台保护中小投资者条例。

二是房地产市场要弱化投资功能。坚持"房子是用来住的不是炒的"的原则,用

---

① 周跃辉:《推动经济高质量发展与供给侧结构性改革》,《紫光阁》,2018年第1期。

政策手段突出其耐用消费品的功能,抑制其资产泡沫。随着资本市场的振兴,这样必然会促使一部分滞留在房地产市场的资金流入到股市,从而可以自动平稳地化解房地产泡沫的危险,实现房地产市场软着陆。同时也可以激活长期低迷的中国股市,使中国股市彻底地活跃起来,增加对新动能企业的技术创新的支持。

三是在资本市场活跃度上升的过程中,可以通过一定的政策鼓励上市公司兼并收购,消灭"僵尸企业"化解产能过剩和提高企业集中度,提高企业对价格的控制能力。这是供给侧结构性改革所要达到的目标。资本市场是进行产业结构和组织结构调整的最有效的工具,也是实施破、立行动的最灵敏的微观机制。有时,产业内或产业间复杂的结构重组,往往只需要一个大规模的增发、一个反向收购就能完成,因此它的作用要比行政命令的效率高得多,摩擦小得多。

四是金融市场支持技术创新和产业创新。战略性新兴产业、高新技术产业和先进制造业,它们在不同的发展演化阶段需要有不同的金融市场支持。在新技术应用的早期阶段,需要由风险资本来扶持,不适合由商业银行的稳健货币资金投入,后者只适合成熟阶段的技术创新活动。金融部门通过对技术创新活动的资产证券化,可以让更多的科技型企业与资本市场一起成长,同时也能鼓励技术创新活动为社会提供更多的质量更好、收益更高的可投资资产。

五是打破要素市场的垄断,通过竞争降低企业的要素成本。投入品要素市场存在各种垄断,是中国实体经济企业盈利能力弱的重要原因。以商业银行业为例,在中国3 300余家A股上市公司中,大小银行虽然只有25家,占比不足1%,但2016年这些银行的利润总额占全部A股上市公司利润总和的30%以上。这一现象除了说明中国融资结构的传统性外,更多地反映了商业银行业的垄断地位,以及银行利用自身的市场地位对实体经济日益严重的挤压。因此,商业银行包括国有商业银行,不应该成为反垄断的法外之地,对它们的执法关系到了实体经济振兴,关系到了国家金融的长期稳定发展,关系到了国民经济整体的、长期的健康有序发展。只有抓住反垄断这个"牛鼻子",才能把银行业的改革引向深入,才能使金融"回归本源,服从、服务于经济社会发展"。

(原载于《学术月刊》2018年第7期)

第三章

中国产业发展研究

产业链现代化的产业经济学分析

提要：产业链现代化是当今全球产业竞争中的新现象，也是产业经济学研究必须高度重视的新问题。推进产业链现代化，就是要推进基础产业高级化、强化企业间技术经济联系、提高产业链与创新链、资金链和人才链嵌入的紧密度，以此构建现代产业体系。打好产业链现代化的攻坚战，涉及培育全球价值链上的"隐形冠军"、塑造"链主"地位和要素协同等方面的突破问题，需要在产业关联、产业组织和产业结构等方面协调好产业政策与竞争政策的关系，尤其是不同所有制企业之间的产业布局关系。

关键词：产业链现代化；隐形冠军；全球价值链；竞争政策；产业政策

20世纪中后期以来的经济全球化和迅速的科技进步趋势，使各国产业发展和竞争呈现出许多不同于过去的显著现象和特点。仔细分析这些现象和趋势不是本节的任务，我们仅仅指出两点：一是全球产业分工从产业间、产业内转向产品内和工序环节，全球价值链（GVC）贸易成为世界主导性贸易和生产方式，每个国家只专注于GVC上的某一个或几个环节[①]；二是科学技术的飞速发展，融合了不同产业的内涵和边界，颠覆了产业竞争的传统定义，技术范式的变化不仅速度更快、频率更高，而且掌握先进技术的潜在竞争者可以快速地进入和替代原先占据垄断性主导地位的厂商。

仅这两个方面，我们就可以断言在当今世界产业竞争中，过去我们长期忽视的产

---

① 全球价值链（Global Value Chains）贸易已占到世界贸易50%，但自2008年金融危机以来其成长趋于平缓，具体可以参见 Trading for Development in the Age of Global Value Chains，https://www.worldbank.org/en/publication/wdr2020.

业链问题的重要性日益突出。其实,GVC形态的生产和贸易模式,反映的是跨越两个或两个以上国家边界的、具有上下游关系的产业链的纵向治理结构问题;而代表更高科技水平的潜在进入者与现有的主导厂商之间的竞争,反映的是水平或横向的产业链竞争。但是非常遗憾的是,当今的产业经济学却对现实世界的这种变化缺少关注:一是它所分析的对象,一直是同类企业集合意义上的产业或行业,研究或教科书中至今没有产业链的概念和应有地位;二是一直把市场边界确定在国内市场范围内,对开放条件下GVC形态的产业竞争缺少分析;三是仍然用静态的标准定义垄断格局,对因技术范式变化而导致的产业动态竞争研究不够。

把产业链问题,尤其是发展中国家产业链现代化问题纳入现代产业经济学分析的范畴,远不是这样一篇文章就能完成的任务,需要各方面同仁们的长期艰苦努力。我在此文中先开个头,以期引起各方面重视。众所周知,2019年8月,中央财经委员会第五次会议指出了中国要充分发挥集中力量办大事的制度优势和超大规模的市场优势,打好产业基础高级化、产业链现代化的攻坚战。这就把"产业链现代化"这个重大命题摆到了我国理论界和实务部门必须尽快研究和解决的问题序列中。毫无疑问,产业链现代化是中美经贸摩擦背景下国家对我国产业现代化发展所做出的重大谋划和部署,产业链现代化的过程是支撑我国高质量发展的必要条件,对于突破中等收入陷阱,实现国家现代化具有长远和重要的战略意义。

本节重点分析研究三个问题:产业链现代化的实质性含义和标准究竟是什么?产业链现代化的主要内容有哪些?推进产业链现代化的机制如何协调?考虑到理论界关于这方面的研究文献并不多,本文的一些表达可能就具有一定主观性和争议性,因此希望学术同仁多提出批评意见。

一、产业链现代化:含义、标准和研究的意义

产业链这个范畴,虽然是过去西方的产业经济学一直不注重研究的问题,但却是产业研究中经常要用到的一个重要概念。在投入产出经济分析中,所谓产业链,指的是国民经济各个产业部门之间客观形成的某种技术经济联系。由于这种联系往往像

机械系统的链条一样耦合在一起,因此人们把它们形象地说成"产业链"。一条产业链往往涵盖了产品或服务生产的全过程,从原材料生产开始,到技术研发、产品设计、中间品制造、终端产品装配乃至流通、消费和回收循环等许多环节①。

观察和分析产业链,可以有很多的维度。例如可以从为用户创造价值的角度,看产业价值链的形成,从而发现创造价值的最大环节在哪,谁是价值分配中的最大受益者;可以从产业创新的维度,发现技术的来源与分布结构,发现创新出现在哪里,如何获取竞争力;可以从参与产业运行的市场主体的角度,发现各产业中的企业关系结构,即企业链;也可以从地理分布的角度,看相关产业的空间链等。如果叠加上产业的开放性,我们则可以看到国内价值链(NVC)、全球价值链或全球创新链(GIC)。

产业链现代化是经济发展和转型升级的必然结果,也是大国经济在参与国际分工和产业竞争中的内生选择,是建设现代产业体系的基本要求。产业链现代化的内涵,赋予了产业链水平现代化的含义,其标准可以从多个维度来进行分析②。

一是从研发和技术创新能力看,产业链现代化是指除了其技术创新要能达到当今世界先进水平外,其关键环节的核心技术还要能够自主可控,对外技术依赖度较低。推进产业链现代化,就是要解决缺少核心技术和拳头产品的问题,缓解在产业链的关键环节被"卡脖子"的不良现象,既是为了提升产业安全性和自主性,应对全球产业链争夺战,也是为了构筑新的竞争优势。

二是从企业链的角度看,产业链现代化一方面是指其供应关系和结构能够根据市场信号灵活、高效地做出反应,在面临外部风险的条件下,能表现较强的抗冲击力和调整应变能力;另一方面是指链上的相关企业之间实现了深度分工和高度协同,产业配套能力强,产业链融合创新较为活跃。推进产业链现代化,就是要增强产业链的这种高度的韧性,以及产业融合创新的能力。

三是从创造价值的能力的角度看,产业链现代化一方面是指本国支柱产业总体上迈上了全球价值链的中高端,其中的头部企业(链主)不仅具有一定的对价值链的

---

① 刘志迎,赵倩:《产业链概念、分类及形成机理研究述评》,《工业技术经济》,2009 年第 10 期。
② 李燕:《夯实产业基础能力,打好产业链现代化攻坚战》,《中国工业报》,2019 年 9 月 12 日。

治理能力,而且可以获取较高的附加值增值率;另一方面,本国企业处在了 GVC 的"链主"位置,能够在全球范围内自主地配置资源、要素和市场网络,具有较强的市场控制和整合能力,国际竞争力强。

四是从现代产业体系的要素协同角度看,产业链现代化是指产业经济、科技创新、现代金融和人力资源之间实现了高度的协调、协同和协作,即产业链、技术链、资金链、人才链之间实现了有机的链接,可以为产业链现代化提供关键的支撑。在高质量发展阶段,其实也应该包括产业发展与环境要素协调、实现可持续发展等目标。

当然,我们也可以从内容上对产业链现代化的内涵进行界定,如把它界定为一个包括产业基础能力提升、运行模式优化、产业链控制力增强和治理能力提升等方面内容的现代化过程。① 由此得出推进产业链现代化,就是要实现基础产业高级化、加强上下游企业之间技术经济的关联性、增强区域间产业的协同性、提高产业链与创新链、资金链和人才链嵌入的紧密度,由此构建现代产业体系,提高供给体系质量。②

产业链问题是产业经济学中最需要加强研究的领域。过去,欧美国家的产业经济学主要研究同一产业内企业之间的竞争与垄断关系问题,目的是为其竞争政策或反垄断服务。虽然微观经济学里只有标准化的企业,没有具体的企业,产业经济学里有具体的垄断或竞争企业,但是现有的产业经济学却没有针对产业链的专门分析。以日本为代表的产业经济学,除了沿袭了西方反垄断的产业组织理论的传统外,还根据服务于政府制定产业政策的要求,结合国情和当时实施赶超战略的需要,重点研究了产业结构、产业关联等问题,但是日本的产业经济学也缺少产业链的概念。

从产品和劳务最终使用的角度加强对产业链的全面观察和分析,这是产业经济学深入到"微观—微观"分析领域的重要内容和创新的方向,加强对产业链的研究具有重要的实践价值和理论意义,简要来说主要表现在以下四方面。

(1) 从最终产品出发,加强对其产业链的分析,不仅可以克服产业结构分析、投入产出分析的宏观性缺陷,而且可以增强对产业微观关联性的观察。尤其是在大国

---

① 盛朝迅:《打好产业链现代化攻坚战》,《经济日报》,2019 年 9 月 10 日。
② 高智,梁世雷:《加快推进产业链现代化》,《河北日报》,2019 年 9 月 18 日。

经济循环和全球化条件下,产业链的分析突破了对企业微观分析的局限,开始进入产品和工序领域,更加容易揭示各市场运行主体的真实联系。

(2) 对产业链的分析具有操作上的实际价值。在商业实战中,我们不仅可以据此发现最终产品生产中的核心技术和关键环节,而且还可以发现为用户创造价值的最大的环节在哪里,垄断优势在哪里,找到那些投资价值最大的公司。在地方政府管理中,对产业链的研究有助于推进产业集群的建设,如在政府有意识打造的产业集群中培育产业链,通过集群中头部企业的各种垂直整合和横向竞争,促进产业集群增加抗风险能力和升级演化。

(3) 有利于制定更加科学合理的反垄断标准,促进科技进步。在当今世界,按产品原则、地域原则制定反垄断的标准,已经基本失效,潜在进入者的有无已经成为动态反垄断标准的主要原则。其实,在产业链竞争(纵向产业链竞争、横向产业链竞争以及产业链之间的竞争)成为当今市场运行的主导形式后,反垄断的标准可以用产业链原则,它可以在跨越国家边界的条件下突破本国市场的限制,既考虑了全球市场中的潜在进入者和替代品的动态竞争标准,也涵盖了各国上下游企业之间的纵向排斥关系,还可以考虑一个巨型的纵向一体化企业在相关市场的垄断状态。

(4) 可以使产业经济学学科更加切合市场经济发展实践。现有的以反垄断为主的产业经济学教科书必须改写,必须补充对最终产品的产业链分析的相关内容,甚至可以按照新的产业链现代化理论来重写产业经济学。一国国民经济发展的基础是产业,一切发展最终要落实到产业链的现代化上去,产业链现代化是大国经济强大的题中之义和基本表征。

二、产业链现代化:产业关联、产业组织和产业结构的突破

我国在过去"压缩式"的快速工业化过程中,制造业规模已经居全球首位,总体而言已经建立了门类齐全、体系完整、规模庞大的产业体系,拥有 41 个工业大类、191 个中类和 525 个小类,是全世界唯一拥有联合国产业分类中全部工业门类的国家,能够生产从服装鞋帽到航空航天、从矿产原料到工作母机的一切工业产品,成为中国经

济竞争力的重要来源。不仅如此,我国还在部分领域实现了关键技术和设备的国产化替代,在开放中实现了价值链的全球化拓展和延伸,产业基础能力和产业链现代化水平迅速提高。

但是应该客观地承认,"压缩式"的快速工业化解决的是量的扩张和有无的问题,并不是解决质的提升和好坏的问题。目前我国并没有真正形成与高质量发展要求相适应的现代化产业链,产业附加值偏低,在全球价值链上的增值能力较弱。总体上看,我国要打好产业链现代化攻坚战,面临着在产业关联、产业组织和产业结构三个关键方面的突破。

(一)产业关联关系突破:在产业链上培育更多的"隐形冠军"

这次中美贸易摩擦中,美方利用拥有核心技术、关键部件和特殊材料的基础投入品优势,在关键时刻对我国高科技产业断供,对我国产业安全发出了可信的威胁。这一方面使我们清醒地认识到了我国许多不为人知的基础产业的发展水平与世界的差距,另一方面也更加提升了在产业链上培育"隐形冠军"的急迫性和重要性。[1]

产业链上的"隐形冠军"就是国家的基础产业。产业基础的能力和水平决定了一个国家产业的加工装配制造能力和水平,决定后者的高度和能走多远。如果基础零部件、关键材料、工业软件、检验检测平台等领域都有难以克服的瓶颈或短板,长期依赖外国技术,那么产业链现代化的任务就不可能真正完成。夯实这些产业基础能力,在产业链上造就大批的"隐形冠军",需要在国家现代化规划的顶层设计中加快实施产业基础再造工程。

培育产业链中的"隐形冠军",需要政府支持上下游企业加强产业协同和技术合作攻关。在实际操作中,应该根据产业升级的紧迫性,重点选择产业集群中的头部企业,鼓励其通过纵向合并等方式,联合国内外大专院校、科研院所,把资源和要素集中投放在这些知识技术密集的基础领域和关键环节,[2]把技术一层一层地往上做、往上提升,再逐步向上延伸产业链,掌握产业链中不易被替代的那些核心技术和诀窍。这

---

[1] 许惠龙,康荣平:《隐形冠军:全球最优秀的公司》,《管理世界》,2003年第7期。
[2] 郭伏,李明明,任增根,等:《产业集群中产业链的关键环节识别方法研究》,《辽宁工业大学学报》,2019年第3期。

方面的经验可以学习日本。日本基础工业的水平世界领先，这些年来日本获得诺贝尔科学奖的科学家连续来自企业，这也表明日本企业基础科学研究的领先地位。这个事实启发我们，要把中国的基础产业水平和能力做上去，政府一定要帮助企业戒除浮躁和急功近利，形成浓厚的从事基础产业技术研究的能力、环境和氛围。总之，中国企业必须争取把这些产业的核心技术、关键部件和特殊材料的发展主动权牢牢地掌握在自己的手中，否则现代产业体系建设就是建立在沙滩上的。

培育产业链中的"隐形冠军"，需要从培育一大批"专精特新"的中小企业开始做起。今后，大企业，尤其是实力比较雄厚的国有大企业，比较适合做那些需要连续不断进行巨额投入的"累积性创新"事业，而大量的、从无到有、从"0 到 1"的跳跃式、颠覆式创新，要发挥众多经营灵活、创新动力强的"专精特新"的中小企业的首创精神。目前，大到精密机床、半导体加工设备、飞机发动机，小到圆珠笔的球珠、高铁螺丝钉、电子芯片、微电子导电金球等，都是我们在产业链上的软肋，为了打破跨国公司对这些高技术、关键部件和材料的垄断，需要我们根据不同的产业特点和性质，分别让不同的企业去进行长期的研发、创新和突破。

培育产业链中的"隐形冠军"，需要发挥企业家精神和工匠精神。这两种精神对于培育"隐形冠军"来说都是不可缺少的。一般来说，诸如工艺流程的改进、产品质量提高等维持现行秩序下的渐进性创新，需要学习和强调精益求精、刻苦工作、用户为上等特征的工匠精神；而如果我们面临的是那种必须从无到有的或带有破坏性特性的创新，仅凭工匠精神是无能为力的，必须形成容忍失败的、鼓励创新的文化，要学习和发挥美国式的、毁灭性破坏的企业家精神，这种创新较多地出现于技术和市场变化迅猛的新兴产业的初创期，主要体现为新产品的涌现和技术范式的彻底变化。

（二）产业组织关系突破：在 GVC 上游培育更多的"链主"

打好产业链的现代化攻坚战，培育更多的"隐形冠军"是问题的一个方面。要提升产业控制能力，还需要在 GVC 上培育更多的"链主"，强化其治理结构的建设。虽然产业控制能力的形式有全产业链控制、关键环节控制、标准和核心技术控制等，但是最终产业控制力，则取决于参与者对 GVC 上治理体系和结构的把控能力。因为，对 GVC 中关键增值环节的标准规则制定、智能制造和个性化集成三个阶段，都离不开在 GVC 中的话语权。① GVC 治理结构是指它的组织结构、权力分配，以及价值链的链条中各经济主体之间的关系协调。其中，关于各种治理的规则制定、执行、监督和奖惩，甚至各环节的利益分配和协调，都是由 GVC 中的"链主"，即掌握市场或技术等资源的大买家或者技术主导者决定的。因此，从产业竞争和组织策略看，在 GVC 上培育更多的、具有主导性地位的"链主"，就显得尤其重要。

GVC 上的"链主"往往是跨国公司。跨国公司之所以可以做"链主"，往往是因为它具有两种优势：一是市场优势，二是技术优势。前者形成市场需求驱动型 GVC，以市场中的品牌、设计、需求、营销、网络等为优势，向全球生产商发出采购订单。如在零售超市、电子商务中就存在这种超级的"链主"。后者形成核心技术驱动的 GVC，以设计、研发、技术标准等为优势，组织供应网络中的企业群体进行生产。如在资本技术密集型的生物医药、集成电路、机械制造等产业，就存在着大量的这种技术驱动的 GVC 链主。② 总之，这些"链主"要么通过市场需求订单，要么通过技术诀窍供给来给 GVC 中的企业制定规则，并执行和监督规则，最终获取 GVC 中价值创造的主要收益。

提升产业控制能力，首先要依据产业性质，构建或培育具有这种治理能力和地位的跨国公司。没有这些在全球竞争中具有治理能力和地位的跨国公司，尤其是缺少以技术为基础的 GVC 链主，就不可能有中国制造强国的地位。过去我们提出来的要"培育具有全球竞争力的世界一流企业"，其实从产业组织关系看，就是要在产业链上培育具有"链主"地位的产业控制者。

提升产业控制能力，要依托我国超级大规模市场的优势，建设市场驱动型 GVC，把全球供应商纳入自己主导的分工网络。具体办法一方面可以通过推进以电子信息网络支持的零售企业的大型化的方法，让这些大型商业巨头形成寡头垄断竞争格局，既拥有一定的市场势力，相互之间又有一定的竞争。另一方面，可以鼓励中国企业沿着"制造—零售"产业链进行前向的纵向一体化投资活动，或者鼓励制造企业收购兼

---

① 周静：《全球产业链演进新模式研究》，《上海行政学院学报》，2016 年第 3 期。
② 苏明，刘志彪：《全球价值链视野下的中国产业发展——刘志彪教授访谈》，《南京社会科学》，2014 年第 8 期。

并国外的品牌、网络、广告、营销系统。这些活动将产生价值链上的"链主"效应。提升产业控制能力,可以依据中国新型举国体制的制度优势:一是微观上可以在"卡脖子"的关键领域适当集中资源和要素进行攻关,如针对我国芯片的软肋,可以把原先分散在政府各部门的扶持资金以行政方式适当集中起来,用市场化方式吸收社会资金,组建市场化运作的国家集成电路基金,对一些有前途的芯片突破项目集中进行投资;二是宏观上可以集中力量建设营商环境优化、适合人类居住的全球宜居城市,作为吸引全球跨国企业、虹吸全球高级人才、技术和资本的平台,让其为中国发展创新驱动型经济服务。

(三)产业结构关系突破:要素协同发展

要素协同发展是产业结构高度化和合理化的基础条件,由此产业链现代化还具有的一个重要含义,就是要实现产业经济、科技创新、现代金融和人力资源之间的高度协调,实现产业链、技术链、资金链、人才链之间的有机融合和配合。

促进产业链与创新链的"双向融合"。目前我国科技研究水平与世界的差距,要小于我们的产业水平与世界的差距。产生这个问题的原因,一是科研指向与产业经济要求的目标脱节,各自进入了非良性的自我循环;二是科技市场中介和科技服务业不发达,两者之间无法实现信息交流和沟通;三是资本市场没能发挥激励和支撑科技创新的功能;四是科研成果转化制度还不够完善,如对知识产权保护不力、对科学家从事成果转化工作缺少制度支持等。科技成果进不到产业经济领域是中国经济中的一个老问题。为此,需要在科学家和企业家之间建一座"桥梁",让科研活动产业化,或者让一些有实力的企业纵向并购进入适合于产业化的科研院所。总之,要让科研活动按照市场的要求服务于产业经济。应该注意的是,不是所有的科研活动环节都能产业化的,创新一般分为两个阶段:第一个阶段是把钱变成知识,这是科学家要做的科技创新活动;第二个阶段是把知识变成钱,这是企业家要做的产业创新活动。这两者之间的界限不能混淆。第一个阶段要强调的是科研的原创性和独特性;第二个阶段强调的是科技成果的市场应用性。"双向融合"就是要协调企业家和科学家的行为目标和行为方式,争取把科技变成财富,把烧钱的过程和挣钱的过程结合起来,让这个过程能够环闭合发展,实现正常循环。

促进现代金融更好地服务于产业经济。当前存在的主要问题是金融发展脱离产业经济要求,制造业呈现为"空洞化"趋势,表现为实体经济不实,虚拟经济太虚,资金在金融体系内部运转,进不到实体经济,同时实体经济本身产能过剩、杠杆太高、生产率低,不能创造出投资者满意的回报率,因而吸收不到足够的发展资源。经济运行中出现"脱实向虚"的现象,与我国的经济运行中的"资产荒"问题有直接的联系。"资产荒"表现为居民巨大的理财需求对应着有限的资产供应,由此不断地拉高资产价格。应该看到,金融发展不能满足居民不断增长的理财需求是我国房地产领域货币流入过多、泡沫积累的重要原因之一。因此,均衡产业经济与现代金融的发展关系,一个重要的选择是要积极发展现代金融,使其可以为社会提供更多可供理财的优质资产。

纠正人力资源与产业经济之间的错配。现在的优秀人才不愿意去实体经济领域就业。从国家战略层面上看,一个年轻人不爱去就业的行业,是不会有光明前途的。解决人力资源与实体经济之间的错配问题,要从根本上提高实体经济的盈利能力,为吸引年轻人就业创造好的物质条件。技术工人是中国制造业的顶梁柱,是中国制造的未来,必须大幅度提高制造业中技术工人的待遇,实施首席技工制度,并鼓励他们持有企业的股份,跟企业共命运、同成长。要提高职业技术教育的社会地位和经济地位,让工匠过上有社会尊严的、体面的生活。只有如此,年轻人才会愿意当工匠,实体经济才可以振兴。

三、推进产业链现代化的协调机制与相关制度安排

中央财经委员会第五次会议指出,推进产业链现代化要以企业和企业家为主体,以政策协同为保障,坚持政府引导和市场机制相结合,坚持独立自主和开放合作相促进。贯彻和实现这些原则和方向的要求,就经济政策的具体取向和组合来说,必须首先协调好产业政策与竞争政策两者之间的关系。

竞争政策与产业政策是政府进行市场调节的两种工具。其中产业政策规定了政府在产业链现代化进程中想做什么和要做什么,反映的是政府在其中的作为和有为;竞争政策规定了各市场主体主要是企业在产业链现代化的进程中不应该和不能做什

么,反映的是各市场主体在其中的活动空间。由于政府的特殊地位和行使的超经济强制力,政府想做什么和要做什么,在市场经济中经常会与不应该和不能做什么的问题发生矛盾,甚至产生较大的冲突。如政府对某些产业的保护、对某类企业的倾斜投资和补贴,其实可能违反了公平竞争的原则。这将扭曲市场信号并造成低效率竞争,从而不利于高技术产业尤其是中小高技术企业的发展。因此,协调好产业政策与竞争政策两者之间的关系,就要坚持"使市场在资源配置中起决定性作用的同时更好地发挥政府的作用"的经济改革总框架,就要确立竞争政策的基础性地位,以此为统领来调整其他相关政策,创造公平竞争的制度环境。

推进产业链现代化,之所以要确立竞争政策的基础性地位,是因为只有提倡竞争和保护竞争,才能筛选出产业内真正的高效率企业,才能促进产业技术进步和产业结构升级。如果再加上以竞争政策为统领来调整其他相关政策的原则,这就给出了促进竞争政策与产业政策协调的制度基础:让竞争政策主导盈利性的市场和产业活动,同时使产业政策主导市场调节失灵、具有外部性的产业活动。这种区分对有效地推进产业链现代化具有重大的实际指导意义,①主要表现在以下四个方面。

第一,在数量上,要大幅减少产业政策的种类和数量,同时要加大竞争政策的适用面和覆盖面。在经济体制转轨的过程中,产业政策虽然是政府政策工具箱里的年轻者,但却是发展很快、种类最多的一种,其实施的力度和幅度之大,很难有其他政策可以相比。尤其是在放权让利的改革过程中,产业政策的实施主体成为各级地方政府,虽然给地区经济增长和产业发展赋予了巨大动力,但是客观上却助长了分散竞争体制中的对统一市场的分割,形成了非常明显的"行政区经济"特征。行政区经济是限制规模经济和范围经济的作用、人为割断产业链联系、实质性地阻碍产业集群成长的主要因素。未来要形成统一、开放、竞争、有序的全国大市场,通过扩大市场容量和规模去促进产业分工、增强产业联系和加快技术进步,就需要清理和限制地方政府以各类名义出台的产业政策,大幅度减少产业政策的种类和数量,给竞争政策的实施留

---

① 《国务院发展研究中心企业研究所课题组.进一步落实竞争政策的基础性地位》,《经济日报》,2019年1月30日。

下较大的空间,让其有更宽的适用面和覆盖面。

第二,在功能上,要把选择性、倾斜性产业政策向平等性产业政策转型。传统产业政策的基本功能是通过实施非均衡发展战略,重点倾斜支持某些部门的快速增长。这在资源匮乏、生产力低下、人民贫困的过去是正确的选择。当今的中国已经进入追求高质量发展阶段,通过非均衡战略达到快速增长的前提和基础已经改变,因此传统产业政策的基本功能也必须跟着变化。如今中国社会的主要矛盾表现为不平衡和不均衡,经济运行中存在着"重大的结构性失衡",由此导致经济循环不畅、资源配置扭曲、市场效率不高。经济结构发生重大失衡的主要原因之一是非均衡发展的产业政策长期实施所导致的,如以挑选"输家"和"赢家"为基本特点的产业政策及其偏向性,客观上造成了进入条件的重大差异,扭曲了利益信号,也导致了竞争环境不均。转向平等性取向的产业政策功能,就是要实现按产业平等,产业内无论什么所有制企业,不管它的企业规模大小、位于什么地区,都必须采取同一的政策。这样,就在产业内去除了政策造成的不均等,留下的是效率因素的竞争。这样就可以把产业内最优秀的企业甄别出来。

第三,在结构上,要从替代性产业政策占主导,转向补充性产业政策为主导。过去的产业政策对产业链的支持,体现为政府对市场机制作用的排斥和替代,如各种政策都按照扶优的要求,集中支持产业内的优势企业,试图通过优势企业的快速成长和壮大,逐步让其占据主导地位,以此获取良好的增长业绩和税收回报。其实,在市场竞争中的优势企业并不需要"锦上添花",如果其真的有竞争优势,市场机制自然会促使其形成累积性报酬。市场运行中真正需要政府雪中送炭的是那些困难企业的职工,政府按照其公共职能应该改善产业发展的外部环境,解决产业发展的重点和突出矛盾,要给产业链中的企业降低负外部性。为此,支持产业链现代化的产业政策,就应该由代替和扭曲市场功能的传统型产业政策,向补充和纠正市场失灵的这种类型的产业政策转型,如产业政策在知识经济条件下,就应该重点促进产业链中的知识溢出;在五大发展理念指导下,就应该强化企业的社会责任,加强社会性规制,在控制环境影响、降低资源和能源消耗、提高安全生产标准等方面,发挥更大的作用和作为。

第四,在关系上,要用竞争政策去审查、评估产业政策的实际效果和对竞争性市场的影响。在竞争政策只能发挥辅助性作用、产业政策发挥主导作用的转轨体制中,企业和企业家不是产业链现代化的主角,开放合作不占据创新主导地位,进口替代战略是创新的基本目标。确立竞争政策的基础性地位,以此统领其他经济政策,两者的关系就彻底调整:已有的和新出台的任何产业政策,都要经过反垄断当局或机构的预先审查和评估,只有通过了这种审查评估,才能对社会公布,否则就要打回去重新制定。这种竞争性审查制度和评估制度,可在事前减少产业政策的盲目性,并在实施过程中发挥纠偏作用。

推进产业链现代化,夯实产业基础能力,在实践中我们还必须按照产业政策与竞争政策协调的原则,正确地处理好各种所有制企业的产业链分布关系。经过四十年的改革开放,我国国有企业和民营企业已经形成了一种产业链的特殊格局:很多超大型国有企业多处于产业链的上游,在基础产业和重型制造业等领域发挥作用,而民营企业越来越多地提供制造业产品特别是最终消费品。这既是进入壁垒历史格局的自然演化,也是在竞争中形成的高度互补、互相合作、互相支持的关系。

以现代产业链理念来认识所有制结构的互存性和依赖性,在内涵上可以有四个角度,它们可以深化我们对当代中国特色社会主义经济体制的理解。①

(1) 在产业层次上,可以清晰地看到经过多年来的改革和重组,我国当前国有企业大多是国民经济的基础性产业,往往投资规模大,回报时期长,资金密集性明显,掌握着经济命脉;而民营企业分布在这个基础上的各类产业,其资源加工性、劳动密集性明显。因此民营企业在价值链上与国有企业并不完全处于同一层面的竞争,但是上下游环节之间存在一定的挤压关系。

(2) 在产业关联程度上,可以清晰地看到国有企业和民营企业之间的不可分割的依存关系,当前条件下谁都离不开谁,某个主体的利益严重受损,无论什么情况下都不利于国民经济的正常循环和稳定。因此,在实践中我们要坚决地贯彻执行"两个毫不动摇"的方针政策。

(3) 在资源加工深度上,可以清晰地看到从国有企业到民营企业的产业"迂回

---

① 刘志彪:《用现代化产业链理念认识国有和民营经济》,《人民政协报》,2018年10月25日。

化"发展趋势和倾向。无论是处于产业链的上游还是下游,都不代表谁具有超经济强制能力,它只是自然和历史形成的产业分工。如果说民营企业在早期因为规模小、人才少、资金实力弱,才广泛分布于劳动密集的加工产业的话,那么在今天,对资源的复杂加工和制造过程,则体现出了更多、更密集的技术、知识和人力资本投入,体现了更高的附加价值,体现了经济发展的深化。从这种迂回化的发展中看到的是产业链被不断拉长的进程,附加值不断提高的过程,工业化过程中民营企业不断走向"高加工度化"的轨迹和趋势。

(4) 在满足需求程度上,可以清晰地看到,相对于民营企业来说,处于基础产业阶段和环节的国有企业,其实距离消费者和市场是比较远的,对市场的变化和反应也是不够敏感和及时的。这就决定了国有企业天然地不是很适合分布在竞争激烈的最终消费领域。

上述以现代产业链理念来认识所有制结构的互存性和依赖性,并不意味着国有企业和民营企业在产业链上的位置和分布是固定不变的,或者是井水不犯河水的关系。恰恰相反的是,在复杂的市场竞争中,它们之间可以形成动态的进出格局以及可能的互助关系,如经营不善的国有企业的退出和相应的民资外资进入接管。近年来,在防控金融风险的过程中,一些负债高、扩张太快的民营企业由于经营偏离主业,在流动性上遇到危机或重大困难,国有银行或国有企业对其进行帮助甚至重组的案例也有很多。帮助民营企业渡过难关,体现的是国企和民企进入条件的开放性,是一种相互依存、相互合作,因而这是好事,不是故意纵容"国进民退"的问题。

中国产业链的现代化,离不开不同所有制企业在上下游间的产业协同和技术合作攻关。这是增强产业链韧性、提升产业链水平的现实有效措施。如可以鼓励下游的民营企业纵向兼并进入国有的科研院所,加强科技创新与产业创新之间的衔接和协同。产业链现代化还需要建立共性技术平台,解决跨行业、跨领域的关键共性技术问题。在这方面,为体现政府意志,国有企业将会有所作为。我国目前正在推出一系列改革新举措,包括推动国有企业在资本市场进行混合所有制改革,支持行业龙头民营企业进行产业兼并重组等。这些举措从现代产业链的理念来看,本质上就是要通过横向、纵向或者混合型产业链调整、组合和一体化,让处于产业链环节中的某个主导企业进行股权调整和安排,以此优化相关的企业关系,使其协同行动,以提高整个产业链的运作效能,提升企业的竞争优势。

(原载于《经济学家》2019 年第 12 期)

实体经济与虚拟经济互动关系的再思考

摘要: 实体经济与虚拟经济之间发展的均衡,是检验一个国家治理体系和治理能力现代化的重要标志之一,也是当代宏观经济调控面临的最重要任务。要以参与资本循环的媒介特征来区分实体经济和虚拟经济,当媒介特征是以当作使用价值的商品和服务时,这种增值性活动才是实体经济,否则就是虚拟经济。实体经济与虚拟经济对应,真实经济与泡沫经济对应。实体经济和虚拟经济都有可能出现泡沫经济和真实经济两种状态。在产业政策实践中,对房地产业和金融业尤其是资本市场这类经济活动的偏好性和倾向性,在很大程度上体现国家经济发展模式的差异。目前,中国已经由资本和商品的"双短缺"状态,转向资本和商品的"双过剩"状态。在严重的资产短缺时期,宏观经济理论和管理的重心如果还在继续推崇投资驱动型经济,将会进一步加剧过剩经济问题。为此,要以虚拟经济领域的改革给实体经济发展注入新动力,改革以商业银行为主导的间接融资结构,大力发展直接融资,尤其是债券融资,要以资本市场的适度泡沫,刺激和引导实体经济中的创新活动。

关键词: 实体经济;虚拟经济;资产短缺;资本市场;中国经济

实体经济与虚拟经济之间发展的均衡,是检验一个国家治理体系和治理能力现代化的重要标志之一,也是当代宏观经济调控面临的最重要的任务。实践证明,虚拟经济根植于实体经济,它随实体经济的发展而壮大,为实体经济服务是其存在和发展的前提和使命。两者之间的关系一旦发生较大规模的失衡,如虚拟经济的发展一旦陷入自我循环、脱离服务于实体经济的态势时,就容易引发金融经济危机;或者,如虚拟经济发展不足，也会大幅度地抑制实体经济转型升级的能力，尤其是影响建设创新驱动国家战略目标的实现。

如果现代经济增长的核心问题是实现结构均衡，那么其关键在于实现实体经济与虚拟经济之间的相对均衡。为此，各国的政策实践都在努力探索如何充分有效地利用虚拟经济支持实体经济，同时把其发展限制在与后者相协调的范围内，不出现虚拟经济"自我发展、自我循环、自我膨胀"的不良现象。然而，一个可以观察到的有趣现象是：往往一国经济金融体系发生或可能要发生危机时，才是其强调要大力发展实体经济之时。从美国2008年金融危机后的"再工业化""出口倍增计划"，到西欧、日本"防止产业空心化"，再到中国最近提出的"中国制造2025"都可以发现，各国都是在虚拟经济过度膨胀、经济出现严重泡沫化后，才开始重视回归实业、重塑实体经济竞争力问题[1]。由此可见，超前地、深入地研究这个课题具有重要的理论意义和政策空间。

非常遗憾的是，目前国内学者对实体经济与虚拟经济及其相互关系的研究还相对不足。一个明显的事实是：现在国内对"虚拟经济"的内涵尚无统一的概念界定。当前，中国经济脱实向虚的不良倾向，迫切需要我们去回答一系列包括常识在内的基本问题，如实体经济与虚拟经济，尤其是与资本市场的关系究竟是什么？中国从商品短缺走向资产短缺的进程中，为什么出现了虚拟经济与实体经济发展严重脱节的现象？未来如何合理地充分利用虚拟经济？对这些缺少现成答案的问题，本文首先抛砖引玉，谈谈认识。

一、实体经济与虚拟经济：概念的界定与边界划分

实体经济是近些年随着世界经济金融危机而出现并流行的、其释义尚无定论的新词语。一般认为，实体经济是以物质资料的生产经营活动为内容、关系到国计民生

---

[1] 如2012年4月22日，时任总理温家宝在汉诺威工业博览会开幕式上发表演讲时表示，大力发展实体经济是实现世界经济稳定发展的根基。国家主席习近平2013年7月22日在武汉考察时强调，工业化对于国家强大至关重要，国家强大要靠实体经济，不能泡沫化。

的部门或行业的经济活动。显然,这一定义下的实体经济的边界,只包括物质生产核算体系里所谓的物质生产部门,而排斥了所谓的非物质部门,即日益成为国民经济主体性、智能性活动的现代服务经济部门。

另一种比较宽泛的定义是:实体经济是指物质的、精神的产品和服务的生产、流通等经济活动。具体包括农业、工业、交通通信业、商业服务业、建筑业等物质生产和服务部门,也包括教育、文化、知识、信息、艺术、体育等精神产品的生产和服务部门[1]。这一定义虽克服了上述定义的缺陷,但是它在逻辑上是有冲突的:如果把所有服务部门和物资生产活动都作为实体经济,那么过去一般认为是"虚拟经济"的金融活动或与金融活动关系密切的部门,如资本市场活动、房地产等,还是不是虚拟经济部门?因为这些部门都是典型的、最重要的服务经济部门。

要准确界定实体经济,可以首先界定虚拟经济。对虚拟经济概念,最为普遍的解释是指"虚拟资本以金融平台为主要依托的各种活动,简单地说,就是直接以钱生钱的活动"[2]。如果用马克思虚拟资本循环的公式表示,就是 $G—G'$ 的活动依托于金融平台,就叫虚拟经济。在此定义下,那些不是以钱生钱的经济活动,应该就是实体经济。成思危先生的这个广为流行的观点,在虚拟经济的范畴中,排斥了那种不以金融为平台的、以资产增值等标的为特征的虚拟经济活动。

国民经济系统中有两种增值性经济活动:一种是以商品和服务的生产、流通、消费、生产能力投资等循环为中介的增值性活动,我们称之为实体经济。如用马克思商品循环理论的公式表示,就是 $G—W—W'—G'$。这类经济活动过程通过消耗中间投入品,创造社会真实财富,满足社会的最终需求。另一类则是以资产、价值符号为中介的增值性活动,我们称为虚拟经济。其中,以某种抵押的资产为中介的货币增值活动,如借贷资本、生息资本活动等,叫作"以钱生钱";以某种价值符号为中介的增值性活动,如股票、外汇、商品等的期货交易,叫衍生金融交易;而以资产交易为中介的增值性活动,如资产证券化、为获取价差目的买卖房地产、艺术品、邮

---

[1] 实体经济[EB/OL].(2010-03-25)[2015-08-11]http://baike.sogou.com/v128005.htm.
[2] 成思危:《虚拟经济的基本理论及研究方法》,《管理评论》,2009年第1期。

票等标的的行为,叫投资或者投机。由此可见,实体经济虽然也必须"以钱生钱",但是它与虚拟经济的根本性不同在于:参与资本循环的媒介特征是以当作使用价值的商品和服务的生产、交换和使用。而虚拟经济的这类增值活动,虽然也要消耗中间投入品,但是它们却并不直接创造社会财富,都不以当作使用价值的商品和服务为交易的媒介。

应该指出,上述定义用的是"媒介"观,而不是一般定义中的"实物"观(即用肉眼观察到的活动)或者"部门"观,即区分实体经济和虚拟经济,主要看起点于货币资本的增值性活动以什么为媒介或者中介:如果以货币、价值符号和资产为媒介,就是虚拟经济;如果以当作使用价值的商品和服务为交易媒介,就是实体经济。就此推演,在这种定义下,同样一个部门或者服务活动,就可能因为交易的媒介不同,而被作为不同性质的经济活动。如建筑房地产商品和提供物业管理的活动,在上述定义下属于实体经济;而如果买卖房地产商品的目的不是为了消费居住,而仅仅是为了从不断上涨的房价中获得利益,这种活动因为是以资产增值为媒介,所以就属于虚拟经济范畴。同样,郁金香、兰花、大蒜、生姜、绿豆等农产品,其生产、流通和消费原本属于实体经济,但是如果作为资产增值型的差价炒作,就是虚拟经济活动,也极易产生严重的泡沫。

显然,在"实物"观下,人们往往把实体经济界定为物质产品的生产活动,而把虚拟经济归结为非物质产品的生产活动;在"部门"观下,往往简单粗暴地指定某些部门是实体经济部门,而另一些部门为虚拟经济部门。这两种分类观必然会把服务业归入虚拟经济,而把实体经济的内容等同于农业和制造业。目前,对这种分类存在误解的不仅有一般民众,甚至包括了一些政府领导。

除了上述实体经济和虚拟经济的划分,还有一个在实际分析问题时与其搅在一起、弄得很乱的经济概念,便是有关泡沫经济的问题。其实,"实体经济"是与"虚拟经济"相对应的概念,而"泡沫经济"则与"真实经济"的概念相对应。在实体经济和虚拟经济中,都有可能存在真实经济和泡沫经济这两种状态。

以实体经济为例,当经济活动超过一定范围和限度,就有可能出现泡沫经济。这方面典型的例子就是产能过剩。产能过剩一定对应着信贷活动的泡沫,因此是典型的泡沫经济。因为产能必须通过信贷杠杆来扩张，一旦这种扩张的杠杆因产能过剩、销售堵塞而不能正常循环，累积到一定程度就会引起信贷危机，并最终爆发金融危机和经济危机。众所周知，1929—1933年发源于美国的资本主义世界经济危机就是由产能过剩引起的泡沫经济破裂而导致。因此，实体经济负债太高，杠杆过大，也会引发金融和经济危机。过度负债、亏损累累、产能过剩等，都可视作是实体经济出现了泡沫经济的状态。

同理，虚拟经济也有泡沫经济和真实经济两种状态。如在商业银行的各项业务活动中，就有很大成分是属于真实经济状态。但若其存贷比、杠杆率超过一定限度（或者法定的资本充足率低于一定程度），就会出现泡沫经济。一般认为，银行的杠杆率在8倍左右为宜，若超过10倍以上，则可能是泡沫经济。再如资本市场对上市公司的估值，在合理的市盈率范围内，属于真实经济；而超过一定的限度，市盈率过高，就属于泡沫经济。这种泡沫一般会随着股价的下跌而崩溃。由此可见，在我们的这种定义下，很多原以为是不创造价值的虚拟经济活动其实有很大的成分是属于真实经济。而过去一直认为必须大力推进发展的实体经济其实也会出现泡沫经济。① 相比笼统地将国民经济的一些部门定性为虚拟经济部门，这样做更有利于产业政策服务于财富创造过程。

明确界定实体经济的范围有什么意义？主要有四个方面。

第一，观念创新。以实物形态来界定实体经济，其认识还停留在小农经济时代，非常不利于中国未来金融产业的进一步发展。这种对实体经济范围的错误界定，排斥了金融业的真实经济地位，致其沦为创造泡沫的部门，这种看法一旦成为社会共识，必将对金融产业发展造成极大的危害。

第二，理论创新。用实物形态和部门观来界定实体经济，服务业被完全划入虚拟经济范畴，非常不利于未来建立以服务业为主导的现代产业体系。而如果采取本节

---

① 如果推进实体经济发展不注重市场导向，也会出现严重的产能过剩即实体的泡沫经济，也会导致经济危机。现在中央提出要加大金融支持实体经济的力度，把发展实体经济和培育有核心竞争力的优秀企业作为制定和实施经济政策的出发点，这是非常正确的。但是也要注意到我国现在产能过剩问题的严重性，不能再走用行政命令要求金融支持实体的泡沫经济的老路。

所倡导的媒介观来划分,同时以杠杆水平区分真实经济与泡沫经济,那么我们就可以一方面在理论上确立现代服务业的地位,并采取合理的杠杆来发展以现代金融为核心的现代服务业;另一方面,也可以找到产生泡沫经济从而导致经济金融危机的真实原因。

第三,政策创新。过去我们在政策上对"产业空洞化"这个现象存在误区。制造业的转移和搬迁,并不意味着"产业空洞化"。转移一般性制造业,发展高端服务业不仅不是产业空洞化,而且还是知识技术密集化程度提升的表现。发达国家在产业升级过程中的制造业外包,把产业链的高端环节留在了本国,这相当于把动力系统、中枢神经系统留在了国内。所以从政策上而言,以"产业空洞化"为理由来反对以服务经济为主导的产业政策,其政策的依据是有问题的。认为制造业更重要,所以要大力发展制造业的说法,其实也有逻辑错误。从制造业的重要性中并不能得出以服务经济为主导的格局有问题的结论。如果我们把制造业看作是一棵大树的树干,而服务业就是其进行光合作用的枝叶,农业是其树根,在这棵大树上,没有哪个部件不重要。

第四,实践创新。在实体经济概念不清的前提下,地方政府和部门政府往往会以发展实体经济为口号,采用行政手段把资源倾斜于制造业,结果将会进一步加剧产能过剩。事实上,在目前的人均GDP水平上,中国制造业的比重已经是全球最高。过去中国制造业的高比重现象是在出口导向型经济中发生和消化的,现在发达国家也遇到了经济周期的困扰,不仅市场萎缩,而且还要求制造业回归和再工业化。如果我们继续沿用之前的发展模式,必然会加剧制造业的产能过剩。利用国内市场发展中国经济,首先,必须用市场的方式调整已经严重过剩的制造产能;其次,要把资源倾斜于中国仍处于严重短缺状态的服务业,大力发展现代服务经济;最后,与出口导向下只能发展国际代工型经济不同,利用内需可以大力发展自主品牌和自主技术,建立以我为主导的全球价值链。

二、实体经济与虚拟经济的关系：增长结构和发展模式

对实体经济的功能和地位的确认，以及对它与虚拟经济之间关系的处理，反映了一个国家在经济发展中，把什么样的经济活动作为"动力产业"的问题。"动力产业"即是在经济发展中前后向关联度大、发展带动作用强的引擎产业。在产业政策实践中，这主要涉及对两种经济活动的偏好和倾向：一是房地产业，二是金融业尤其是资本市场。由于这两种经济活动很容易脱实入虚、出现泡沫状态，因此对其的政策偏好性和倾向性，在很大程度上影响着一个国家的金融结构和增长路径，也体现了国家经济发展模式的差异。

例如，在偏好依靠资本市场直接融资为主的金融体系下，一般来说该国的发展特征就是：法制水平能够支持对资本市场监管的苛刻要求；企业成长的融资成本可能比较低，相应的负债率也会较低；地方政府一般不会向商业银行举债，而更可能在资本市场上举行债券融资；民众更可能把资本市场而不是房地产作为主要的理财途径和工具。而在偏好以商业银行间接融资为主体的金融体系下，与上述情况相比较，就有很多不同的特点，如缺乏理财工具选择的广大民众，有可能把投资房地产作为主要的资产保值增值工具。在民众理财需求旺盛的前提下，原本作为耐用消费品使用、具有完全真实经济成分的房地产业，就很容易形成泡沫经济状态。另外，把房地产作为融资工具和主要保值增值手段，也在某种程度上反映了某些发展中经济体的金融抑制特征，以及某种文化特性。据我们观察，以此为特征分类，全球大致有如下几种典型的发展模式[①]。

一是美国模式。众所周知，美国经济发展的特征，是既把资本市场作为驱动经济发展，尤其是驱动创新经济的动力源泉，也把房地产业作为国民经济的"动力产业"。应该指出，美国人不仅通过资本市场上的各种金融工具来实现财富的保值和增值，而

---

① 以下参考了王永钦承担的上海金融与法律研究院支持的研究项目成果《中国地方政府融资平台的经济学：效率、风险与政策选择》中的部分观点。参见："实现没有泡沫的经济增长：日本的教训、德国的经验和中国的选择"，来源于微信号：上海金融与法律研究院，2014年7月18日。

且也通过资本市场来化解各种经济金融风险。美国虽然把房地产作为经济发展的主导产业,但是总体上并不把土地和房产作为财富保值和增值的手段。统计发现,在过去一百年内,美国股票的年均收益率每年达到9%;而土地的价值在1900—2000年的一百年里,只上升了大约24%(扣除通货膨胀因素)。之所以出现这种情况,大概是因为美国所具有的完善的法治体系在很大程度上保证了资本市场可以达到空前的高效率状态。同时,对家庭来说沉重的房地产税收负担,使美国人不需要、也不可能通过它来实现财富的保值和增值,而这一目标完全可以通过选择资本市场来实现。

二是德国模式。其特点是:金融体系由商业银行主导,银行利率较低,资本市场尤其是股票市场的交易规模不是很大,也不是很发达;产业结构上由制造业主导,房地产一直不是国民经济的"动力产业"。德国政府不仅强调制造业强国的无可替代的功能和地位,更强调房地产市场的社会福利性质。因此它严格地利用法律来规制房地产部门的消费品性质,从来没有把住房作为可以自由交易的资产,以防止纯粹市场化后人们对房地产进行不适当的炒作。数据显示了房地产在德国缺少投资保值增值的功能。1997—2007年,德国房价每年平均上涨1%,而同期物价水平每年平均上涨2%。这说明德国的房价实际上在以每年1%的速度缩水①。那么不炒股也不炒房的德国人是怎样理财的?有分析认为,由于德国人把钱主要花到了吃、穿、住、行上,所以德国人手上的闲钱并不多,正因为如此,多数德国人根本无钱投资理财,高风险投资只是富人的游戏。由于一直秉承制造业强国的优良传统,因此,德国制造业一直保持着强劲的国际竞争力和增长势头,即使2008年发生了世界性金融经济危机,也没有对德国经济产生很大的影响。

三是日本模式。日本在1985年前的发展模式与德国类似。制造业一直是日本出口导向型经济取得成功的"动力产业"。制造业与商业银行之间的关系,呈现为"主办银行制度",即在间接金融为主的环境下,建立银行与企业间长期、稳定的合作关系,核心内容是银行成为制造企业的"保姆"。资本市场尤其是股票融资并不是日本企业的主要融资渠道。但是在1985年后,德日发展模式开始出现差异。主要是随着

---

① 付颖,哲徐策:《抑制土地和房地产投机的经验》,《宏观经济管理》,2011年第2期。

外汇储备的增加和日元的不断升值,日本政府开始允许房地产成为可以自由交易的金融资产,股票市场也逐步发展和活跃起来,由此资金纷纷流向不断涨价的房地产和股票市场。随着1990年日本房地产泡沫的破灭,日本经济步入漫长的衰退期。由于资产泡沫挤出了实体经济的投资,同时由于缺乏处于世界前沿的技术创新,形成不了支持领先世界经济增长的产业基础,日本经济从此一蹶不振,至今都没有完全复苏。

中国在过去经济高速增长的三十年中,一方面,企业发展的资本来源主要是受行政控制的商业银行,而不是资本市场,中国资本市场的发展一直作为为国有企业解困的工具和手段,其增加居民财产性收入的功能比较弱,因此中国的金融市场总体上是受到抑制的;另一方面,在1993年中央与地方分税制改革之后,财政上日益捉襟见肘的地方政府利用出售国有土地的方式募集地方发展资金。这就打开了土地作为融资方式的大门,也开启了地方政府将房地产作为"动力产业"发展、居民将房地产作为财富保值增值的手段和工具之先河。

这样一来,一方面是金融市场受到抑制,社会和民众缺乏有效的理财工具和手段,居民储蓄随着收入的不断增长,逐步堆砌成有可能冲击市场供给的"笼中虎"或"堰塞湖";另一方面,金融市场尤其是股票市场的不完善、不完全,又让房地产不适当地承载了居民财富保值和增值的功能。此外,太多本来不应该由房地产承担的经济社会功能,如居住功能、财政和融资功能、抵押品的功能、嫁娶和入学功能等,都系于房地产一身。因此,不仅地方政府具有强烈的、不断推动地价趋高的利益动机,同时也有在价格高位稳定地价和房价的行政垄断力量,而且民众也会把房地产作为投资或投机的媒介或金融标的。对房地产的高需求强度产生高利润,由此吸引社会资金和居民储蓄源源不断地流入房地产部门,导致高房价不断地拉动高地价,高地价又反过来不断地推动高房价,从而一轮又一轮地带动整个经济运行的成本上升。

可以这样说,由于经济体制和社会文化习俗对房地产业的虚拟经济功能的不断放大,房地产部门的高盈利吸引了社会的主要资源,拉高了实体经济活动使用资源的机会成本,而且,这些活动部门无法在短期内通过创新和生产率提升消化掉大幅度上升的要素成本,直接导致了中国经济过早地出现了"脱实向虚"现象,且越演越烈,结果出现了"去工业化""去劳动密集型服务业化"的不良发展趋势①。目前,中国很多三四线城市出现了比较严重的房地产泡沫,同时整个经济体系中也出现了局部的"去工业化"的现象,这是陷入"中等收入陷阱"的非常危险的苗头。

从上述分析中,我们可不可以得出这样的结论,即中国今后要实现无泡沫的经济增长,就必须学习德国的经验,同时从日本泡沫经济发展中吸取教训,一方面要毫不犹疑地、坚决地限制房地产的金融资产功能,恢复其真实的消费功能;另一方面也要限制直接融资市场,尤其是股票市场发展。似乎只有这样,我们才可以把发展资源集中在实体经济领域。这是在当今强调虚拟经济要服务于实体经济的政策实践中一种十分流行的观点。

其实,对于一个寻求现代增长结构和发展模式的发展中国家来说,这一结论显得有些轻率。我们暂且不说选择发展模式要适合本国国情和文化,别国再好的做法我们也不一定有条件学,也只能拿来做借鉴和参考,我们仅仅指出:把实体经济与虚拟经济之间失衡的现象和不良后果,用来作为限制房地产市场和资本市场发展的理由,显然是因噎废食,不可行也是不合适的。众所周知,除了在计划经济体制时期外,房地产作为可以自由交易的资产,早已成为中国特定的历史和文化的一部分。土地和房产的保值增值特征,事实上已经不可改变、不可逆转。同时,土地作为地方政府的第二财政功能,其历史贡献不容否定,其发展功能至今仍存。退一步说,如果我们要限制房地产行业的投资投机属性,鼓励其恢复消费品属性,就必须要让居民和社会有新的财富保值和增值的渠道及其手段。目前,中国的资本市场因为法治问题的约束,还不可能真正成为绝大多数居民增加财产性收入的主要渠道。而且,从增长的拉动或推动作用看,房地产是一个前后向关联度都很高的产业部门,它作为经济发展的"动力产业",在过去和现阶段的中国都不可替代。

另外,我们也不能把中国实体经济与虚拟经济之间失衡的原因,归结为是因为发展了房地产市场和资本市场。下文我们将指出,中国经济"脱实向虚"的现象和不良

---

① 如中国很多大城市和特大城市,因为房价贵、租金贵和人力资本贵,使许多劳动密集型服务业无法生存。

后果,恰恰是因为虚拟经济发展不足所导致的。

三、中国经济运行中的"脱实向虚"现象:原因及其纠偏

当前,中国经济运行中实体经济和虚拟经济之间发展的严重失衡,可以用"实体经济不实,虚拟经济太虚"这两句话来概括。

其中,"实体经济不实",主要是指实体经济中真实的、创造社会财富的产业部门的生产率低下,具有较大的泡沫经济成分,主要表现为四个方面。一是实业界过于浮躁,在利润率差异的驱使下,企业都不愿意辛苦地做实业,都更愿意去做资本市场,做衍生金融产品,做房地产。二是产能严重过剩,盲目追求GDP、投资驱动型的经济体制,使中国大多数部门的产能都处于严重的过剩状态,这其实就是实体经济的泡沫化。三是创新能力弱,中国制造一直患有两个病,一个是"精神病",一个是"心脏病";"精神病"是指机器设备的控制指挥系统过不了关,"心脏病"是指国产设备的动力系统不过关,这是中国制造挥之不去的两个根本缺陷。四是生产率低,在要素成本上升的情况下,不能通过技术进步来化解高昂的上升的成本,由此决定了产业的竞争力不断衰退。

"虚拟经济太虚",则是指虚拟经济当中,真正地为实体经济服务的比例较低,而自我循环、脱离实体经济发展的泡沫化成分高。主要表现为:第一,真实利率高,中国的真实利率水平全世界最高,实业部门为银行打工的说法由来已久;第二,人民币币值高估,虽然经过多次贬值,但是人民币币值总体来说还是持续高估,已经严重阻碍了中国的国际贸易和利用外资活动;第三,资产价格高,现在中国的资产价格,如股票、房地产、艺术品,甚至邮票等,其价格都存在着严重的泡沫;第四,债务率高,企业、商业银行、地方政府和中央政府的债务都处于高水平状态。四个"高"当中最严重的问题,表象上是资产价格高,其实质是杠杆率太高,即债务问题最为严重。

实体经济发展不实的问题,其背后的根本原因是中国虚拟经济长期处于被抑制的状态,金融创新能力差,金融市场发展不足,尤其是资本市场发展不足。这种情况下虚拟经济部门不能给民众和社会提供更多的投资理财产品,有限的投资理财产品面临着居民庞大储蓄的投资理财需要,最终导致资产价格失衡。这是目前中国经济

问题的核心。

严重的资产泡沫现象,与中国现阶段经济运行的特点有关。现在中国面临着的已经不是过去那种资本不足和商品短缺的"双短缺"经济问题,而是完全相反的问题,即资本过剩和商品过剩,同时伴随着严重的资产短缺和泡沫经济。在这个阶段,非常容易出现虚拟经济与实体经济之间的发展失衡。如果国家的宏观经济政策、产业政策的取向没有顺应这个阶段的特征和要求,就会出现严重的泡沫经济问题。

在资本不足、商品短缺的年代,国家正确的宏观政策的导向,是要千方百计地增加储蓄率,扩大投资规模和增加生产能力,增加市场的有效供给,以解决因短缺而带来的商品价格飙升、人民生活水平低等问题。这时,实施产业政策的关键在于扩大短缺部门,尤其是关键的瓶颈部门的生产能力。在人均收入水平低下的贫困发展阶段,如何解决因储蓄不足而导致的供给短缺问题?一般来说,过去实施计划经济体制的国家,在推进工业化的过程中,其资金积累渠道主要有五个方面:一是压榨农户,通过价格"剪刀差"来实现;二是压榨储户,通过规定存贷款利率之差来实现;三是压榨"散户",即由散户为国企改革募集资金;四是压榨"购房户";五是在开放条件下,利用外商直接投资推动工业。

进入 20 世纪末后,中国已经完全摆脱了"双短缺"经济的特征。尤其是最近十多年来,国家的发展任务不再是努力增加生产能力,而是联动解决资本和商品的"双过剩",同时千方百计地增加优质资产的供给。这个任务要比仅仅解决储蓄率扩大和生产能力扩大问题要复杂得多。一方面,要引导企业在实体经济领域加快技术创新和优化供给结构,努力淘汰落后产能,或者通过国内潜在市场培育消化过剩产能,或者通过深度加入经济全球化输出过剩资本;另一方面,也要在虚拟经济领域增加优质资产的供给,满足广大居民在收入提升之后不断增长的投资理财需求,从而解决由资产短缺所带来的资产泡沫问题。这两个任务其实是紧密结合在一起的,即宏观经济政策可以通过资本市场的发展,引导生产能力和供给结构的优化调整,从而化解实体经济领域的过剩产能。反过来,对虚拟经济发展中的问题,如资产价格过高等,也可以通过实体经济的发展来平抑和调节,如通过鼓励技术创新和产业创新,可以为资本市场提供更多的资产配置的选择机会。这些都是中国宏观经济政策所面临的新问题。

中国宏观经济管理理论和工作的重心，总体来说并没有及时认识到在资产短缺阶段中国经济运行和发展的新特点，以及所面临的主要问题和矛盾，即由资本商品"双短缺"状态转向资本商品"双过剩"同时伴随着严重的资产短缺的现象。在宏观经济政策和产业政策的取向上，我们还一直在崇拜和依恋投资驱动型经济的魅力。这恰恰是导致中国过剩经济问题的直接原因。

就实体经济与虚拟经济之间发展的失衡问题，需要讨论的地方很多。本文首先选择改革和完善中国的融资体系，以及利用适度泡沫刺激创新型经济发展两个问题进行一些论述。这样的选择并不意味着其他问题不重要。

改革以商业银行间接融资方式为主导的融资结构，大力发展直接融资尤其是债券融资，是为了给中国实体经济的发展提供新的动力源。以商业银行间接融资为主的金融体系，在计划经济年代是政府为工业化动员和积累资金的主要手段和工具。而在转型经济中情况有了根本的不同。商业银行虽然仍然处于行政垄断地位，但是作为企业它开始强调自己独立的经济利益。这样，国家对银行的控制变成了银行对货币市场的垄断，贷款和存款利率之差成了中国银行业吞噬实体经济利润的主要来源。可以看到，世界上还没有哪个国家的银行可以像中国的银行一样，享受着大幅度的存贷款利率之差的好处。现在中国的银行对中小企业的贷款利率，动辄两位数以上，即使是对大中企业，也达到 8%～10%。中国的实体经济负担着高昂的利息成本，实质上沦为了国内银行利益集团的囊中之物，造成中国庞大的以商业银行为代表的垄断集团和广大的制造业之间的对立。从这些年来中国上市的商业银行利润占所有上市公司利润的将近一半或以上就足以可见，中国实体经济的利润其实都变相地转移到了商业银行的囊中。在这种态势下，要实体经济企业安心于实业，无疑是勉为其难。针对这种状态，除了要通过改革、强化商业银行之间的竞争外，中国的实体经济企业还必须寻求新的低成本的融资支持。

以商业银行间接融资为主的金融体系，也是中国地方政府、企业高负债、高风险的主要来源。一方面，中国企业负债率可以说是世界上最高的，但这不意味着中国企业借钱最多，而是因为直接融资体系不够发达，企业发展全靠商业银行贷款，因此中国企业发展不够稳定，普遍缺乏长期发展资本；另一方面，地方政府行使区域内的公共职能、承担基础设施投资责任,也需要有对应的长期资本来源,而事实恰恰是它缺少这个机制保障。这些年,地方政府的融资来源有三个特征:第一,都是向商业银行借款,很少通过政府的信用在资本市场尤其是债券市场募集资金;第二,都是短期资金长期化使用,政府拿了商业银行的短期贷款去做基础设施投资,造成了高负债和高风险;第三,地方政府借的钱都是以土地作为抵押,由于能够贷款的规模与所抵押的土地价值有关,因此地方政府必然会想方设法推高房地产价格,必然会力挺房地产泡沫。因为如果一旦土地抵押价格连续下降,必然危及地方政府债务的安全,也必然会危及商业银行资产的安全。因此,用房地产而不是用政府信用作为长期资本来源的抵押物,这种融资体系和经济结构不可能是长期稳定和健康的。未来,如果地方政府可以用征税信用作为募集长期资本的来源,比如用房地产税、消费税、环境税等征税信用在债券市场募集资金,中国经济风险才有可能会降低。

因此,无论从哪个方面看,未来中国融资体系的改革,要建立和完善以资本市场为主导的金融体系,而不是修修补补以商业银行为主导的体系。今后国家逐步给商业银行以券商的资格,实际上就是要逐步改变以商业银行为主导的融资体系。另外还有一点非常重要:未来资本市场的发展,不是光发展股市,而是要重点发展债券市场。这也是发达国家金融经济发展的主要的规律性现象。

中国未来实体经济的创新,也需要通过虚拟经济部门尤其是资本市场的适度泡沫来激励。现在好像一说起经济泡沫,各方面就万分紧张。其实,无论是实体经济还是虚拟经济,在其发展中都会有泡沫。经济泡沫本身并不可怕,可怕的是不能合理利用,并让其能量积聚起来冲击某个脆弱的经济环节。比如说,通过行政手段或其他强制手段,把信贷资本或者其他资金驱赶到原本产能过剩就已经十分严重的制造业去,会不会导致中国经济中的进一步产能过剩,并引发可能的系统性的全面的经济危机?这种可能性不是不存在。因此,与其进一步制造泡沫,或者与其冒着危险强行刺破泡沫,倒不如把这个能量集中用于创新驱动领域,以资本市场的适度泡沫来引导创新经济发展,引导创新驱动的结构调整,引导产业结构调整,应该成为中国未来宏观调控的重要选择。

另外一个重要的问题是要以资本市场的适度泡沫,刺激和引导实体经济中的创新活动。这是建设创新型国家的重要策略。从国际经验看,20世纪70年代的美国,以资本市场和高科技的有效结合,带动其在80年代走出经济低谷,实现了经济又一轮的30年成长。2000年以来,则以互联网的泡沫带动全球网络经济成长。2008年金融危机之后,美国的资本市场与科技创新的这一结合机制,仍然发挥了主导经济复苏的强大作用,不断推出网络信息产业的软硬件,如以iPad为代表的平板电脑,以Facebook公司为代表的社交网络等新兴产业继续领先全球。近年来,欧盟发布的《欧盟竞争力研究报告》承认,欧洲的科技研发和创新能力落后美国近30年。英国前首相撒切尔夫人曾表示,这并不是由于欧洲技术水平的落后,而是因其风险投资和资本市场的落后。事实上,现代科学之父艾萨克·牛顿和互联网之父蒂姆·伯纳斯·李都是英国人。但是因劳动力成本偏高,同时又缺乏催化产业创新的市场化机制等因素,欧洲经济长期处于低迷状态,竞争力日渐式微,并深陷主权债务危机。日本也存在着同样的情况。2004年,日本财政大臣山本有二访华时曾说,日本经济的一个重大缺陷,就是资本市场相对不发达。日本的大银行和大企业实施捆绑式的发展模式,一旦大企业出问题,大银行就会破产,反之亦然。而一旦出问题,清理不良贷款就要耗费10年以上的时间,严重拖累了日本经济的复苏和转型。美欧日的事实充分说明,一个有效的资本市场体系对于经济转型创新的重要性[1]。

  应该注意的是,我们可以提倡通过资本市场的适度泡沫引导技术创新,但是不能提倡为了赚资本市场的钱而搞技术创新。否则一旦赚到了钱,原来从事创新的人就会把企业股份出售了,这样产业丢了,人才也流失了,真正的技术创新还是发展不起来。因此,我们要鼓励的是在实体经济领域中,通过技术创新来赚资本市场的钱,尤其是通过创新做强、做精、做大实业,同时在资本市场中形成赚钱效应,而不是反过来。通过做技术而赚钱,和为了赚钱做技术,这两个问题的政策取向是不同的。可以利用资本市场的适度泡沫信号来引导创新,但在实体经济领域,要更多地强调通过努力做好技术来在资本市场中赚钱。

(原载于《学习与探索》2015年第9期)

---

[1] 祁斌:《资本市场与中国经济社会发展》,《中国流通经济》,2012年第9期。

对商业银行反垄断有利于金融更好地服务实体经济

——基于十九大报告关于"加快完善社会主义市场经济体制"的思考

摘要：我国商业银行既有行政垄断属性,又有市场垄断特点。商业银行垄断是我国实体经济融资难、融资贵的最重要原因,也是制造业企业盈利能力微弱的重要原因之一。建设中国特色社会主义市场经济体制,必须确立市场竞争在商业银行中的主导地位,在加强对银行业监管的同时,提高商业银行的开放度和其他资本的进入速度。中央银行要逐步建立市场化的基准利率及其调控机制,摆脱通过自律机制对涉嫌违法进行调控的困境。

关键词：十九大报告;商业银行;反垄断;行政垄断;市场垄断;竞争政策;实体经济;脱实向虚;金融体制改革

党的十九大报告指出,要"深化商事制度改革,打破行政性垄断,防止市场垄断,加快要素价格市场化改革,放宽服务业准入限制,完善市场监管体制";同时又指出,要"深化金融体制改革,增强金融服务实体经济能力"。如果把这两个方面的要求结合起来看,强化金融服务实体经济的能力,就必须坚决打破商业银行业的行政垄断,利用反垄断法抑制日益严重的商业银行垄断。这是贯彻落实十九大报告提出"清理废除妨碍统一市场和公平竞争的各种规定和做法,支持民营企业发展,激发各类市场主体活力"的最有力措施之一。

众所周知,2015年利率市场化改革基本完成后,为避免市场恶性竞争,各地主要商业银行在主管部门的指导下成立了市场利率定价自律机制,并通过该机制就存贷款利率浮动上、下限达成一致意见。此举引起社会各界高度关注,甚至被有关部门提出涉嫌价格合谋,违反《反垄断法》。这一现象的背后,是人们担心经济运行的"脱实向虚"以及商业银行过度攫取垄断利润对中国经济健康发展的损害。在我国 3 300 余家 A 股上市公司中,大小银行虽然只有 25 家,占比不足 1%,但 2016 年这些银行的利润总额占全部 A 股上市公司利润总和的 30%以上。① 这一现象除了说明我国融资结构具有传统性外,更多地反映了商业银行业的垄断地位,以及银行利用自身的市场地位对实体经济进行挤压。只有通过坚决的反垄断措施,才能落实今年全国金融工作会议的精神,维护金融安全,使金融重回本源,更好地服务于实体经济的振兴。

一、我国商业银行业存在严重的市场垄断问题

长期以来,我国商业银行业不仅存在着非常高的行政进入障碍,具有行政垄断性质,还存在严重的市场垄断问题。这一判断可从国际上通用的界定市场垄断的市场结构和市场行为标准来得到。

一是从市场结构的特点看。自 2003 年启动大型国有商业银行股份制改革以来,国有商业银行总资产占银行业资产总额中的比重从 55.50% 下降到 2016 年的 40.30%,但是几大国有银行的市场地位并没有发生根本性改变。② 以总资产和存贷款余额作为衡量指标,2007—2016 年,银行业市场地位处于前四位的商业银行的绝对集中度均处在 35%~60%之间。根据国际上比较权威的贝恩市场结构分类,这一市场结构属于寡占Ⅲ型或寡占Ⅳ型。可见,我国银行业在整体上呈现为集中度较高的寡头垄断市场结构格局。二是从市场行为的角度看。如果说集中度不足以判断商业银行的垄断性质,那么我们可以从商业银行的市场行为来判断其行使市场势力的特征。自 21 世纪以来,国家发改委、商务部、银监会和工商总局多次对商业银行价格垄断、收费、折扣禁令等垄断行为进行审查,另外,社会质疑商业银行的捆绑收费、强制收费、违规收费、只收费不服务等行为的声音一直不断。现今商业银行的一些涉嫌垄断的行为虽

---

① 数据来源:Wind 资讯。
② 数据来源:利用历年《中国金融年鉴》和《中国银行业调查报告》中的相关数据计算得到。下文如无特别说明,均同。

然有所消除,如小额账户管理费、跨行 ATM 手续费、账单打印费、密码挂失费等有所减少,但是其市场势力的垄断方式发生了一些微妙的变化,如多家商业银行合谋建立的"房贷限折令",2014 年四大行先后下调支付宝用户使用快捷支付的额度,阻碍第三方支付等金融创新发展。根据我国《反垄断法》第 17 条和第 18 条的规定,这些或者进行不公平限价或者限制潜在竞争者进入的行为,显然有滥用市场支配地位的嫌疑。

尤其值得指出的是,由主要商业银行参与的市场利率定价自律机制,以会议纪要形式约定存贷款利率浮动区间,这明显具有利用合谋协议进行利率定价的垄断动机,使商业银行更容易构成同业之间的横向垄断,涉嫌违反《反垄断法》。

许多人,尤其是银行业内人士并不认同我国银行业存在着严重市场垄断的判断。他们认为,银行业具有自然垄断性质,适合搞行政垄断,而且在现实生活中,消费者和贷款者对选择银行服务具有充分的自主权,银行业存在着激烈竞争,不存在什么垄断问题。其实这些看法混淆了自然垄断的基本概念。经济学所说的自然垄断,是指单一企业生产所有产品的成本,小于多个企业分别生产这些产品的成本之和的情况,此时由单一企业垄断市场的社会成本依然最小。商业银行虽然有一定的规模经济效应,但是它显然并不符合自然垄断行业的基本属性。恰恰相反,无论是从全球哪个国家和地区的历史经验来看,银行业都是典型的竞争性行业,当竞争属性不能充分发挥时,市场垄断就会形成,结果就会严重损害行业发展。另外,消费者或用户固然对银行服务供给具有一定的选择权,但并不代表银行就不存在垄断市场的可能,现实中"店大欺客"的现象时常发生。

二、商业银行反垄断滞后是实体经济不振的一个重要原因

我国经济的运行中,一个必须引起高度重视的问题是以制造业为代表的实体经济,其生存和发展的空间受到了以房地产和金融业为代表的虚拟经济的严重挤压,[①]

---

① Allen F,Qian J,Qian M. China's financial system:past,present,and future. Working Paper in SSRN,2007.

后者挤占了社会主要资源,拉高了市场利率水平,推高了制造业的成本,成为影响实体经济健康发展的重要阻碍因素。一些实体企业在由此导致的高成本挤压下,难以赚取社会平均投资回报率,纷纷被迫退出市场,甚至破产倒闭。

为什么一些制造企业,尤其是民营企业对投资金融业趋之如鹜?为什么现阶段资金不肯流入实体经济?直接原因是实体经济挣不到社会平均利润,或者过火的虚拟经济诱导各类资源源源不断地流入,从而出现所谓的"脱实向虚"的倾向。背后的深层次原因则与严重的银行投融资垄断行为有关,它是造成实体经济不振的一个重要原因。

一是从实体经济的投入面来看,具有行政垄断性质的大型商业银行往往更愿意把贷款放给国有企业和地方政府平台,民营企业一直处于融资难、融资贵的艰难处境,这导致了潜在且巨大的金融风险。目前商业银行对国有企业的贷款余额已经占到商业银行全部企业贷款额的50%左右,这与其产出仅占社会总产出不到30%的现状并不匹配。然而,目前我国非金融企业的杠杆率为156%,其中国有企业的负债占非金融企业总负债的70%。① 显然,国有企业杠杆率高是造成中国非金融企业杠杆率高的主要原因。这也可以看到资本资源主要进入了为数不多的国有企业,严重制约了实体经济的效率。作为经济增长推动力的民营经济在金融信贷方面则处处受到歧视,难以获得资金信贷支持。与国有银行不同的是,民营银行的经营管理权能够避免受到政府部门的过度干预,其特殊的产权结构和经营形式决定了其具有机制活、效率高、专业性强等一系列优点,从而决定了其与数量庞大的小微民营企业形成了精确对接。但问题是,我国民营银行的发展极其滞后,其调动社会资金进入实体经济的功能还难以发挥。截至目前,我国仅有深圳前海微众银行、上海华瑞银行、网商银行、温州民商银行、金城银行等11家民营银行获准开业,而且大部分民营银行资金来源渠道较为单一,有的仍然通过向传统银行进行同业拆借来解决资金问题。这些都严重限制了银行支撑实体经济发展的重要功能。因此,增加民营银行进入的速度和规模,

---

① 资料来源:参见李扬《中国债务最大问题是非金融企业债务率达156%》,中国网财经,http://finance.china.com.cn/news/20160615/3767448.shtml。

毫无疑问将促进银行业市场结构的多元化,激发市场经济主体的活力。

二是从实体经济的产出面来看,垄断造成行业投资回报严重不均衡,从而产生结构裂痕和诱导资源错配。根据上市公司数据,近5年来金融业平均净资产收益率达到12%,而同期的制造业平均净资产收益率不到9%,这种收益率上的差异直接来源于金融业对制造业利润空间的挤压。从某种程度上讲,很多企业其实都在为银行"打工"。根据2017年《财富》世界500强排行榜,进入世界500强的中国银行有10家,工农中建四大国有商业银行居于全球银行前四名。2016年,中国这10家银行利润达到1 738亿美元,占中国全部109家上榜企业利润总额的55%。而美国仅有8家银行进入500强排行榜,其利润为1 025亿美元,占美国全部132家上榜企业总利润的16%,其余都为现代高科技企业创造的财富。① 可见,我国银行业从国民经济这整块利润"蛋糕"中拿到了分量最大的这一块,以制造业为主的实体经济所能分到的利润寥寥无几。这是中美经济结构的最大差异,也是中国实体经济亏损累累的重要内在原因之一。

三是从经济实践的发展阶段来看,过去在资本和商品"双短缺"时期,为了实施赶超发展战略,政府通过金融抑制来人为地压低利率,依赖投资扩张的手段有效弥补了经济建设中的巨额资金缺口②,促进了实体经济发展。然而,当经济发展从"双短缺"进入资本和商品"双过剩"阶段,银行的行政垄断通过金融抑制进一步导致"资产荒",大量资金在金融体系内自我空转、自我膨胀,最终形成经济泡沫③。近年来,利率市场化改革已经基本完成,但银行实际利差仍未明显减少。因此,从某种程度上讲,银行业反垄断改革不到位,未能跟上实体经济市场化、竞争性改革的步伐,成为越来越明显的垄断者,这就使金融难以更好地支持实体经济发展。那种认为"过去也垄断,甚至更厉害,为何实体经济发展不错"的观点,其实是犯了形而上学的错误,忽略了发展阶段转换、市场结构趋于竞争化这些关键性前提。因此,现阶段进行银行业反垄

---

① 资料来源:《财富》官方网站,http://fortune.com/fortune500/。
② 吕冰洋,毛捷:《金融抑制和政府投资依赖的形成》,《世界经济》,2013年第7期。
③ 李扬:《"金融服务实体经济"辨》,《经济研究》,2017年第6期。

断,推进金融深化改革,重新打造竞争性的金融体系①,是促进"强实抑虚"和风险防范目标实现的重要政策手段。

三、商业银行业不应成为反垄断的法外之地

反垄断是建立社会主义市场经济的必然要求。2010 年以来,我国走向全面深化改革阶段的一个重要举措,是加强了反垄断法对具有独立法人地位的市场主体的竞争监管和约束。不仅商品和服务的生产商和提供者要遵循竞争法的全面管控,国民经济中一些具有相对特殊性质的行业,如金融业等,也要纳入反垄断法的监管中,以增强经济的竞争性,提高资源配置的效率。随着银行机构转轨为相对独立的商业主体,以及其政策功能和商业功能的分离,具有商业利益诉求的银行也要坚决地反垄断、增加其竞争约束,而不应成为反垄断的法外之地。中国经济发展已经到了这一阶段。

对处于寡头竞争格局的商业银行反垄断,是发达市场经济国家的普遍选择,在这方面有许多值得借鉴的经验。如美国早在 1890—1914 年,就先后颁布了《谢尔曼法》《联邦贸易委员会法》和《克莱顿法》,而以此为依据的一系列反垄断判例,如"1963 年费城国民银行案""1998 年司法部起诉维萨、万事达案"等,进一步明确了银行业"服务群"和"本地市场"等相关市场界定,从而奠定了美国反垄断法适用于银行业的基本框架。其中,在"费城国民银行案"这一判例中,联邦最高法院认定费城地区的第二大和第三大商业银行之间的兼并违反了《克莱顿法》第 7 条,认为"那种导致一个企业控制了过度的相关市场百分比的兼并,同时引起那个市场上的企业显著的集中的兼并,客观上具有从本质上降低竞争程度的效应,在没有清晰的证据显示这种兼并并不具有反竞争效应的情况下,它也必须被禁止"。而且,美国许多反垄断案例都属于私人或民间的诉讼性质,这与美国反垄断法规定的 3 倍损害赔偿有关,它给市场经济中的个人和公司监督垄断行为以巨大的利益激励。

---

① 张杰:《制度金融理论的新发展:文献述评》,《经济研究》,2011 年第 3 期。

作为全球反垄断的另一极,《欧盟竞争法》的主体源于1957年的《罗马条约》第85条、第86条以及欧盟成员国的国内竞争法。《罗马条约》第85条第1款规定了"具有阻碍、限制或扭曲共同市场内部竞争效应的行为,包括所有企业之间的协议、企业集团的决议或企业行为的协调等,要加以禁止",第86条指出"任何人或更多的企业在共同体市场或其主要部分中滥用主导性地位,都是与共同市场不相容的,它会损害成员国之间的贸易,因而必须加以禁止",这些都体现了欧盟对联合行使市场势力的反垄断政策。它是1981年欧洲首例银行业反垄断案,即欧洲公平法院对Zuechner案的判决依据①。2012年的巴克莱银行"Libor操纵案"也体现了这一点,英国甚至对此案开出了约合9 370万美元的金融监管史上的最大罚单。②

此外,在反垄断后起的东亚,日本《反垄断法》的主体内容与美国和欧盟的相关法律具有相似性,但由于该法案是在战后重建时期颁布的,其中一些规定不仅在法律上允许重要的"共同行为"(卡特尔行为),还允许相互持股、董事兼职,缓和对兼并的种种限制。这种情况一直持续到1977年,日本提出的修正案强化了《反垄断法》,认为反垄断政策在日本的实施还有很大的余地。如日本增加了对综合商社、城市银行及金融公司股份持有比例的限制,将持股比例由10%降到5%;新设了对主要以价格卡特尔为目标的课征罚金制度,罚金数额一律提高10倍。③

发达国家都把《反垄断法》作为市场经济政策正常运转的根本大法。我国的《反垄断法》也规定包括国有银行在内的银行业是适用于该法的,但《反垄断法》生效9年以来,银行业、保险业、证券业尚未被公开查处过一例。原因当然很复杂,其中,相关部门的认识不一致是重要的原因。一种有代表性的观点认为,我国的金融业企业都是国企或国企控股企业,反垄断会使国有资产流失;另一种有影响的观点认为,考虑到我国可能会出现金融风险,根据《反垄断法》第十五条(适用在防止经济危机出现时),可以采用"豁免禁止限制竞争协议的条款",从而认为"房贷利率限折令""市场利

---

① 刘志彪:《现代产业经济学》,北京:高等教育出版社,2009年。
② 李良松:《美元LIBOR操纵及对中国的启示》,《上海金融》,2012年第6期。
③ 邱兆祥,粟勤:《信息不对称条件下银行业市场结构与市场竞争研究综述》,《金融研究》,2008年第8期。

率定价自律机制"等具有正当性。其实,这些观点缺乏理论和实证支持,更多地反映了某些业内人士维护自身利益的局限性。

第一,尽管银行业具有不同于一般制造业的行业特殊性,如关系国家金融安全,需要有更多的自律以及社会责任等,但是这并不能使其豁免于反垄断执法。银行业与消费者之间存在的更为严重的信息不对称,使银行更容易利用专业知识优势,通过设计复杂的金融产品来"捕获"信息有限的消费者,用来实施市场控制,从中攫取超额利润。第二,制造业中也有大量国企,制造业反垄断就不需要考虑国有资产的流失吗?显然,认为反垄断会导致国资流失的逻辑并不成立。相反,总体上具有竞争特性的商业银行业如果不积极去反垄断,那么由垄断带来的银行内部的效率损失和社会福利损失以及由垄断所导致的银行体系创新不足、资金空转等积累的金融风险危害,要大大地高于所谓的"国有资产流失"。第三,银行业反垄断会导致金融危机的说辞则更不成立。纵观世界经济发展史,我们还没有发现有哪次经济危机是由反垄断造成的。相反,如上所述,如果不对银行进行反垄断,反而可能会导致更大的经济金融风险。另外,具有垄断势力的银行,一方面自身存在提升贷款利率的动机,另一方面会造成信贷市场供不应求,也将间接地刺激民间借贷利息上升,进而加剧金融系统性风险。实际上,2017年7月全国金融工作会议对我国当今的金融形势做了权威的预判,指出我国守住不发生系统性金融风险底线的能力得到了增强,当前要实行严格监管问责和地方举债终身责任制。显然,我国的金融风险主要来源于监管不严和举债责任松弛,与反垄断会加强竞争无关。当前稳定的金融发展形势,并没有出现可以采用"豁免禁止限制竞争协议的条款"的紧急情况。

此外,有人担心反垄断后,银行竞争加剧会导致存款利率、贷款利率上升,不利于降低实体经济成本。实际上,这恰恰只可能发生在银行垄断的情况下,因为银行只有垄断,才有能力维持较高的存贷差。① 如果进行反垄断,存贷差只能任由市场决定,倒逼银行创新盈利模式,不仅有利于降低银行自身的经营风险,还将促进实体企业融

---

① Walter J R, Wescott P. "Antitrust in banking: goals, methods, and justifications in a charged environment". *Economic Quarterly*,2008,94(1):45-72.

资难、融资贵的问题得到真正的解决。

四、加快对金融业实施反垄断的若干建议

当前,银行业反垄断执法关系到了实体经济振兴,关系到了国家金融的长期稳定发展,关系到了国民经济整体的长期健康有序发展,因此只有抓住反垄断这个"牛鼻子",才能把银行业的改革引向深入,才能使金融"回归本源,服从服务于经济社会发展"。为此我们提出以下建议。

一,国家相关反垄断机构应该理直气壮地出来向大众宣传:银行业(包括国有银行主体)、银行利率的协商定价行为都适用于《反垄断法》的管辖。相关部门要坚决地打响《反垄断法》生效9年以来,对银行、保险业、证券业出现过的违法案例处置的第一枪。在反垄断执法领域,不仅要杜绝对不同所有制的违法者的选择性执法现象,还应该杜绝对不同行业违法者的选择性执法问题。这是向世界宣告坚定不移地走新时代中国特色社会主义市场经济道路的决心和意志。

二,确立竞争政策在商业银行竞争中的优先地位,促进银行业提升效率、防止金融风险,更好地服务于实体经济。发达国家的经验表明,国家在市场经济中管理商业银行的主要政策工具是竞争政策。我国《反垄断法》如何在具有行政垄断特征的商业银行中得到有效的实施?这是一个需要认真研究的问题。目前法案规定行政垄断的法律后果,是由违法机关的上级机关责令改正,《反垄断法》执法机关没有管辖权,这将约束反垄断法在具有行政垄断特性的金融业进行反垄断。另外一个问题是,我国银行反垄断执法案例相对缺乏,不利于维护《反垄断法》在社会主义市场经济中的权威性。因此,一方面,我国应该推动《反垄断法》的修订,加强《反垄断法》对行政垄断的管辖,将实施行政垄断的行政主体作为管辖重点;另一方面,应该在国务院反垄断委员会主管下,通过整合分散在国家发改委、国家商务部、国家工商总局等国家部委中的反垄断职能机构,成立专门的、独立统一的《反垄断法》执行机构,由此确立竞争政策在社会主义市场经济中的优先地位,促进银行业更好地服务于实体经济。

三,对负面清单管理在商业银行业中的功能和定位需要进一步明确,促使我国商

业银行业市场准入体系更加契合市场经济主体发展。负面清单管理的本质是通过将禁止或限制企业从事的项目明确列出且平等适用于国有和非国有、内资与外资企业。全面推进负面清单管理,有利于民营资本更加公平地参与到中国商业银行业的市场竞争中来,从而打破银行业的垄断局面。倘若负面清单管理在我国商业银行业中的功能和定位得到进一步明确,将有利于我国商业银行业大量引入民营资本,促进金融市场创新。

四,对一些具体的反垄断措施和中央银行行使宏观调控职能之间可能出现的冲突问题,要仔细研究,拿出有效的办法。例如,放开利率管制之后,央行调控市场利率的机制仍不健全,但如果让商业银行牵头协商,就会出现以限制利率、固定利率为目的的垄断行为,这一行为涉嫌价格串谋,违反我国的《反垄断法》,会使央行调控面临两难境地。为此,有关部门必须要多管齐下研究出有效的、可执行的办法。央行应进一步深化利率市场化改革,加快培育市场基准利率,增强金融机构对市场基准利率的敏感性,加快完善利率调控机制,更多依靠公开市场操作进行调控。只有建立了市场化的基准利率及其调控机制,央行才能摆脱通过自律机制对涉嫌违法进行调控的困境。在建立市场化调控机制之前,商业银行应严格遵守《反垄断法》第十一条,在法律允许的范围内,发挥行业自律在利率调控中的积极作用;在建立市场化调控机制之后,银行竞争加剧,金融管理部门应该加大对银行内部恶性竞争、价格合谋等违法行为的惩罚力度,避免过度恶性竞争或形成垄断。

(与凌永辉合作,原载于《南京审计大学学报》2018 年第 1 期)

现代服务业发展与供给侧结构改革

摘要：我们从服务业发展的内涵方面论证了它在供给侧结构改革中的主体地位和核心内容。认为以服务经济为主，并不意味着产业空心化时代的来临，更不意味着从此泡沫经济一统天下。推进以去产能、去库存、去杠杆等为主要任务的供给侧结构改革，其实就是在消除产业发展中的泡沫经济现象，是在大力回归实体经济。要把浪费在"僵尸企业"、过剩产能中的实物资源、信贷资源和市场空间，通过供给侧结构改革的行动，逐步转移到目前还处于短缺状态的生活性服务业和社会公共服务业上来。适当对服务业实施"减税提费"政策。尽快实施不影响国家安全的服务行业的准入自由化的政策，推进服务业的开放发展和外资利用。

关键词：现代服务业；供给侧结构改革；产业空心化；泡沫经济

2016年，在李克强总理所做的政府工作报告中，"服务业"是被高频率使用的经济学词汇，总计达到14次，而其他的经济学词汇使用频率都没有它高，如"城镇化"10次、"小康社会"9次、"改革开放"8次、"国有企业"8次、"市场化"7次、"创业创新"6次等。"服务业"这个范畴在本次政府工作报告中高频化的出现，主要反映了我国经济发展方式的某些显著和重要的结构变化，具有重要的发展战略含义和偏向于供给侧结构改革的政策指向性，主要体现为下列几个方面。

一是标志着我国经济结构调整取得了突破性进展。2015年，服务业已占据我国经济总量的半壁江山，成为我国第一大产业，达到50.50%，远超制造业的比重。

二是包括创业服务业在内的服务业，已经成为国民经济中就业的主要来源。在经济增长不断下行的背景下，我国就业形势总体稳定，2015年我国城镇新增就业

1 312万人，这与服务业的高速发展有着直接的、密切的关系。

三是现代服务业与先进制造、战略性新兴产业一起，成为我国经济发展迈向中高端的重要标志。通过创业服务业发展，大众创业和万众创新，以及养老服务业、现代服务业产业集群等的发展，服务业加快了经济新旧动能的转换，未来将成为"稳增长"的主要动力来源。

四是要通过启动新一轮国家服务业综合改革试点，发展高技术服务业和数字创意产业，同时通过放宽市场准入，提高生产性服务业专业化、生活性服务业精细化水平。

五是服务业是未来国家开放的主战场，在制造业发展取得世界瞩目的奇迹之后，我国需要大力鼓励服务业开放发展，充分利用服务业存在的巨大的市场需求空间，去大规模地利用外资。外资进入服务业，有利于增强服务业竞争，带来崭新的管理技术和发展理念。

但是，我们也应该看到，服务业首次占据国民经济的"半壁江山"，这是"结构调整取得积极进展"的重要表现之一，但是这也引起了一些人的忧虑，他们主要担心：供给侧结构改革主要针对的是制造业，是制造业要去产能、去杠杆、降成本、补短板，服务业发展与这一经济工作和政策的主线有什么关系？服务业成了我国第一位的大产业，制造业从此不行了，中国经济是不是有可能会重蹈西方国家服务业过度发展的覆辙，进入所谓"产业空心化"时代？

应该说，上述这些认识和看法具有一定的代表性和普遍性。如果我们不对其做出明确的回答，中国服务业的快速发展将受到巨大的压力，未来服务业发展的舆论和政策环境也将会比较恶劣，轻则会影响服务业进一步发展的潜力，重则将影响我国供给侧结构改革的成效，因此完全有必要给予正面的回答。

一、服务业发展是供给侧结构改革的核心内容

如果从推进供给侧结构改革的五项重点任务（即"三去一降一补"）的角度看，说供给侧结构改革针对的主要是制造业，是有一定道理的。因为我国现在相当多的过

剩产能发生在制造业领域,尤其是建材、钢材、煤炭等产能的过剩更为严重。这些过剩产能形成的背景,一是在世界经济增长的黄金期,面向外需出口导向形成;二是国内需求在地产、汽车高速成长的基础上被拉起,由此带动产能过剩;三是2008年在应对国际金融危机冲击中,因4万亿人民币的量化宽松,一些产能又有所扩大。在国际市场增长放慢的情况下,由于仅仅靠刺激国内需求难以解决产能过剩问题,所以形成了许多的"僵尸企业"。

但是我们能不能撇开服务业发展去谈供给侧结构改革,去研究怎么在制造业中推进"三去一降一补"?显然不行。按照中央权威人士的说法,供给侧结构改革是从提高供给质量出发,用改革的办法推进结构调整,矫正要素配置扭曲,扩大有效供给,提高供给结构对需求变化的适应性和灵活性,提高全要素生产率,更好地满足广大人民群众的需要,促进社会经济持续健康发展。[①] 按照这一理解,我觉得如果我们撇开服务业发展去谈供给侧结构改革,单纯在制造业中研究怎样实现"三去一降一补",不仅无助于制造业转型升级,而且会影响这项战略性改革任务的完成,同时还会有碍未来中国经济的持续稳健增长。原因主要体现在以下六个方面。

第一,随着经济发展水平提高,服务业产出总量逐步构成供给侧或者需求侧的主体内容,因此谈供给侧结构改革离不开研究服务业供给或需求。目前发达国家服务业多数达到"4个70%"的水平,即服务业增加值占GDP的70%左右,服务业从业人员占社会就业人口的70%以上,经济增长的70%来自服务业增长,生产性服务业占服务业的比重达到70%。这说明,经济进入了服务化或后工业社会后,如果我们撇开服务业发展去谈供给侧管理,无疑是不完整的。

第二,服务业也要提高供给质量,扩大有效供给,提高其供给结构对需求变化的适应性和灵活性。与制造业产出不同,服务产出具有无形性和高度差异性的特点,尤其是生产性服务业,还有着中间投入性、知识技术密集性、报酬递增性和高进入壁垒性等显著特征[②]。此类特性决定了提高服务业供给质量问题,其及时性、重要性和有

---

① 人民日报独家专访:《七问供给侧结构改革——权威人士谈当前经济怎么看怎么干》,人民出版社2016年版,第6页。
② 刘志彪,江静,刘丹鹭:《现代服务经济学》,北京:中国人民大学出版社2015年版,第9—12页。

效性一点都不比制造业弱;某些高档的、体验性的服务业产出,其质量要比一般制造品的要求更为苛刻。此外,服务业供给结构如果对需求的变化缺少适应性和灵活性,同样也会产生严重的产能过剩,会引起企业倒闭、从业人员失业,并引起更为严重的社会问题。

第三,大力发展现代服务业,是为了更好地实现供给侧结构改革所要求的"矫正要素配置扭曲"目标。我国服务业发展中的要素配置扭曲,主要表现为:一是一般制造业供给严重过剩,与对现代服务业的投资不足和产出瓶颈现象同时并存,表现为"总需求向服务业集中而总供给向制造业倾斜"的结构性矛盾,在某种程度上可以说,如今制造业的产能严重过剩,是因为对服务业投入不足所导致的配置扭曲现象而已;二是传统现代服务业进入过度与现代服务业进入不足同时并存,表现为传统服务企业的低利润甚至大量的亏损倒闭,与一些垄断性的现代服务企业获取暴利的现象同时并存。进入过度的是那些与城市和农村的剩余劳动力就业有关的低技能的劳动密集型行业,而进入不足的是那些技术资本密集的现代服务业,这些行业普遍与政府管制和行政垄断密切相关。①

第四,从现代服务业作为中间投入的作用看,它是创新要素密集度最高的产业,是提高供给侧质量和效益的"聪明的脑袋"和"起飞的翅膀",具有一个经济体的"心脏"功能。因此首先大力发展现代服务业,有利于供给侧创新发展。其一是现代服务业尤其是生产性服务业是产业价值链中增值最大、最具竞争优势、也是最具战略性的高级环节;其二是在现代服务业尤其是现代生产性服务业中,密集地隐含着巨大的技术资本、知识资本和人力资本的投入,因而其产出也是一种差异化极强的无形产品,这直接决定了使用这些产出的企业的市场竞争力;其三是现代服务业尤其是现代生产性服务业是把日益专业化的知识技术引入商品和服务生产过程中的飞轮,同时也是这些资本进入生产过程的重要通道。服务形式的投入占生产总投入的比例,反映了产业结构的软化,以及产业结构升级和竞争力水平的上升。

第五,从产业升级的内容看,现代服务业的发展会从供给侧提升产业结构水平和

---

① 刘志彪:《发展战略、转型升级与"长三角"转变服务业发展方式》,《学术月刊》,2011年第11期。

效益,加快工艺升级、产品升级、功能升级、产业链升级和产业集群升级。过去经济学家认为"服务业生产率增长滞后"①,是由于制造部门的要素生产率相对快速增长,导致停滞的服务部门出现相对成本的不断上升,因此服务业容易得"成本病"。而事实上,现代服务业具有更高的要素生产率,主要表现为现代服务业的增加值比重不断增加。我们所说的"功能升级",就是"攀升微笑曲线",发展非实体性的服务经济活动,如研发、设计、品牌、网络、营销、金融、物流等。而产业集群升级,则往往是指提升集群中的现代服务水平,如研发设计、公共检测、技术维修、管理咨询和金融法律服务等。

第六,从现代服务业的特性看,它不仅是制度供给的载体,也是对制度依赖性很强和对制度极为敏感的产业,因此大力发展现代服务业,有利于推动体制和机制的全面深化改革和创新。无论是现代企业的产权体系和治理结构,还是现代市场体系的秩序和运作规则,或者是政府公共服务职能的法制化和现代化,其实都是一个现代服务业的发展问题。如创新驱动型经济赖以有效运作的知识产权制度、各类人才、技术、知识和产权等中介市场、财富驱动创新的金融制度安排等,无一不是属于现代生产性服务业要发展的基本内容,而政府的公共服务职能则属于公共服务业的主要组成部分。因此制度供给的载体和制度密集的特征,决定了发展现代服务业对经济转型具有直接的决定性作用。另一方面,服务业对制度供给和供给质量的高度依赖的特性②,也决定了现代服务业的发展有利于通过制度创新,进一步释放我国的经济增长的潜能。

---

① W. J. Baumol, "Macroeconomics of Unbalanced Growth: The Anatomy of Urban Crisis", *American Economic Review*, vol. 57 (June 1967), pp. 415 – 426; V. Fuchs, *The Service Economy*, National Bureau of Economic Research, 1968.

② 例如,投资者只要掌握了一定的技术,在哪里举办钢铁企业主要取决于制造成本,而在哪里投资技术、知识高度密集的服务企业,投资者则要考虑人才可得性、知识产权的保护程度和法制环境等一系列更为复杂的交易成本(即制度因素),而不仅仅是人工成本。

二、服务经济为主：产业空心化时代来临？

应该指出，发展现代服务业必须坚决避免产业空心化，提出这一警示是完全正确的。上世纪末本世纪初，某些发达国家在服务经济发展中，因为过度侧重于金融产业和房地产业发展，出现了产业空心化的倾向和趋势，主要表现为服务业脱离了制造业发展的基础，离开了服务于实体经济和民众生活的根本点，进入了自我扩张和自我循环的非良性发展轨道，从而导致了经济结构严重失衡和金融危机。我国如果构建以服务经济为主的产业结构，是不是可能会重蹈其覆辙呢？

我认为，断言中国经济增长中现代服务业的崛起和高速发展，就暗含着一定与产业空心化趋势相对应，就会出现金融和经济危机，这种看法不仅是不对的，也是相当危险的，会影响服务业在中国的健康发展。

服务经济为主的产业结构，指的是随着经济的发展，服务业在资源分配和产出结构上占有越来越大的份额的趋势。这一趋势在空间上也表现为制造业的转移和搬迁。有人把这一现象称为"产业空心化"倾向和趋势，更严重地称其为"去工业化"。其实，"产业空心化"是一个有争议的概念。一般认为，它是指在服务业发展过程中，过去的那种以制造业为中心的物质生产和资本，大量地、迅速地转移到国外，使物质生产在国民经济中的地位明显下降，造成国内物质生产部门与非物质生产部门之间严重失衡。

据此来看，判断是否出现产业空心化，应该同时满足三个标准：一是制造业等物质生产部门地位降低，产出比重降到服务业之后；二是制造业迅速地转移到了国外；三是服务部门与物质生产部门之间结构失衡、失调。显然，这三个标准与世界各国经济发展中，现代服务业持续蓬勃发展壮大的基本趋势和倾向并不相符。事实说明，工业化和后工业化进程的到来，并不意味着制造业地位的衰落，也不代表着"去工业化"现象的发生，更不等于国民经济从此进入了所谓的"产业空心化"时代。

第一，制造业比重持续降低、服务业为主的产业结构的形成，是受经济发展的内在逻辑所驱使的自组织现象，是人均收入水平提高后，需求结构提升导致的必然结果。同时,制造业的技术进步和生产率的不断上升,是服务业的门类扩大、规模增长和效率提升的决定性因素。主要体现在:一是它的技术进步加速,是现代服务部门实现技术进步和提升服务品质的基础;二是其生产率的上升,必然会释放出大量的生产要素加速流向现代服务业部门;三是制造业是国民经济中创造效益的主要部门,其从扩大国民收入的角度,为服务业的发展提供需求支撑条件。因此我们可以形象地说,制造业是服务业的"生身父母",离开制造业基础的支撑,服务业就只能建立在"沙滩"上。

第二,制造业产出比重的持续降低、服务业为主的产业结构的形成,其实是"产业结构软化"现象,并不是制造业地位的降低,而是其关联作用的增强和地位的提升,我们不能把它与"产业空心化"混同起来。产业结构软化表示人力资本、技术资本和知识资本通过服务业这个中介,源源不断地进入现代商品生产,是驱动制造业和农业发生技术变革的决定性因素。另外也应该看到,当代服务业与其他产业正在发生产业融合,制造业中的流程设计本身就是服务业,现代农业里也有农业科技服务,服务业已经通过信息、互联网技术,深入地融合到物质生产产业之中。

第三,对于一个国家来说,服务业为主的产业结构的形成,只要它是建立在生产力发展和技术进步基础上的,产业间的关系自然就是良性循环的,就不能说是"去工业化"和"产业空心化"。因为在这个前提下,结构的变化代表着进步,并没有破坏其供给与需求的均衡关系,它标志着从工业社会转入"后工业社会"或"信息社会"。而产业空心化的实质,在于它破坏了部门间的比例关系,造成供给力与需求力的不平衡,进而表现为国内需求日益依赖国外进口,表现为贸易和投资的逆差加剧。

第四,要更加动态地看待产业的转移和外移。转移一般性制造业,发展更具生产率优势的高技术产业和现代服务业,是市场和竞争机制自我选择的结果,代表着产业集聚的新趋势,以及产业的知识技术密集化。发达国家在产业升级过程中,往往把价值链的高端环节留在本国,而把缺乏比较优势的制造环节外包给外国公司,这相当于自己留住发展的动力系统和中枢神经系统,而把大量的具有"傻大笨粗"性质的低附加值生产、加工和装配过程外移出去。显然,这种制造业的转移和外移倾向,不是去工业化,也不是产业空洞化,而是提升制造业发展质量和效益的重要措施。

在实践中,强调制造业的重要性,与建立以服务经济为主导的产业结构并不矛盾。各产业之间谁也离不开谁,离开制造业基础的支撑,服务业自身发展的道路也走不长。打一个形象的比喻,如果我们把制造业看作一棵大树的树干,那么服务业就是其进行光合作用的枝叶和树枝,农业是其树根,在这棵大树上,没有哪个部件不重要,离开了谁树都会死亡。

在推动产业迈向中高端水平的过程中,中央要求从供给侧调整产业结构。李克强总理指出,到2020年,我国先进制造业、现代服务业、战略性新兴产业这三个驱动经济增长的新动能产业还要得到大幅度的提升。其中,服务业中的生产性服务业要实现专业化发展,同时要提升生活性服务业的精细化发展水平。这是把它们作为促进转向现代服务业发展的动力产业,是为制造业起飞提供"坚实的翅膀"和"聪明的脑袋",为人民生活幸福提供更多的"获得感"。

必须指出,加快发展服务业,制造业绝不能空心化,这是一个政策底线。中国巨大的人口规模决定了衣食住行不能都靠国外解决,所以农业要保持一定比重,要加快实现制造强国的目标。当前,要坚决控制社会资本"脱实向虚、以钱炒钱"现象,防止以金融和地产为主的虚拟经济过度自我循环与膨胀,防止其毁坏实体经济的产业基础。为此,必须紧扣服务于实体经济发展的宗旨,对服务业中某些具有虚拟经济特征、容易被作为资产增值手段炒作的部门,如银行、证券、保险和房地产部门,采取有效的政策监控手段予以抑制。

目前,我国沿海发达地区出现了因要素成本上升,某些传统产业外迁和外移的搬迁情况,人们不得不担心产业空心化问题。为此,这些地区在发展战略上可以选择在价值链上向高端攀升和产业延伸的办法。一是向研发、设计这个上游发展,即进行产品创新;二是向下游延伸,发展营销、物流、网络、品牌、融资等国际总部业务,即组织架构创新和业态改造;三是在中游截取加工制造中价值增值大的环节,即进行工艺创新;四是多元同心化拓展,拉长产业链,进入关键零部件和关键设备制造业。

三、服务经济为主＝经济泡沫化？

大力发展服务业,会不会变相地鼓励制造泡沫经济？其实,认为服务业是虚拟经济,容易导致经济泡沫,所以需要对它进行抑制,同时需要大力发展实体经济的观点,表面上看起来正确,实际上是对服务业的特性认识有误解,对产业与泡沫经济的关系认识有误解。这种认识不仅不利于调整产业结构,也可能会进一步加剧制造业的产能过剩、加大经济泡沫的程度,从而可能影响供给侧结构改革战略实施,以及"十三五"期间我国建设制造强国战略目标的实现。

从理论上看,区分实体经济与虚拟经济的标准,主要是看经济活动是不是属于"以钱生钱",而不是看它是否具有实物形态。以资产为交易媒介的增值活动,是虚拟经济;而以商品和服务这种具有使用价值的生产为媒介的增值活动,叫实体经济。据此,当服务业为消费者生产无形产品满足其消费需求时,它就不是虚拟经济而是实体经济;当房地产业作为为人类提供住宅消费品的活动时,它就是实体经济,但是如果把其作为资产升值的炒作标的,那就是虚拟经济,就容易出现泡沫。[1]

显然,服务业既可能是属于虚拟经济部门,如银行、证券、保险等金融部门,以及房地产业;也可能是属于实体经济部门,如研究开发、产品设计、技术维修、教育培训等。制造业、农业也是如此,如旧式照相机、大蒜、生姜、兰花等,都有可能被当作增值性资产来炒作,从而具备了泡沫经济的特征。因此,发展什么产业,与是否鼓励泡沫经济无关,通常认为的物质生产部门,也有可能被当作虚拟经济炒作,从而出现经济泡沫。

另外,无论是发展现代服务业,还是推进制造业强国战略,在市场运作中都需要在合理范围内使用信用杠杆。一般认为,服务业中属于虚拟经济部门的商业银行业,如果利用不超过10倍的杠杆是合理的,在此范围内的活动是真实经济;但是如果超过这个界限,超过的部分就是泡沫经济。由此也不难发现,实体经济部门的供求协调和均衡,是真实经济活动,但是如果其产能严重过剩,超过了一定的限度,那么也可能

---

[1] 刘志彪:《实体经济与虚拟经济互动关系的再思考》,《学习与探索》,2015年第9期。

就是泡沫经济。因为，产能过剩往往都是企业扩张信贷杠杆的结果，一旦这种扩张的产能因销售堵塞而不能正常进行资本循环，这种矛盾累积到一定的程度，就会引起信贷危机，并最终爆发金融危机和经济危机。

综上所述，以服务经济为主，并不必然等于经济泡沫化。无论是服务业还是制造业，形成经济泡沫都有两个基本的前提条件：一是产能严重过剩；二是杠杆水平利用过度。这两个条件往往联系在一起。以此来判断，当前在我国的经济运行中，存在着比较严重的、以房地产等为主要内容的经济泡沫。这些泡沫的存在，拉高了实体企业的生产活动的机会成本，导致了实体经济与虚拟经济之间严重的利益失衡。这是我国经济陷入高位下行困境的重要原因。

因此，现在中央在供给侧改革战略中，要求大力推进以去产能、去库存、去杠杆为主要任务的结构改革，其实是在消除产业发展中的泡沫经济现象，是在大力回归实体经济。这也意味着，发展服务业与发展制造业一样，只要在适当限度内利用杠杆，只要始终保持最大限度地满足消费者需求，就不可能出现危及经济健康的、严重的泡沫经济现象。

四、以供给侧结构改革推进现代服务业发展

事实上，在目前的人均 GDP 水平上，中国制造业的比重已经在全球处于高水平。过去中国制造业的高比重现象，是在出口导向型经济中发生和消化的，现在发达国家也遇到了经济周期的困扰，不仅市场萎缩，而且还要求制造业回归和再工业化。如果我们继续沿用之前的发展模式，必然会加剧制造业的产能过剩。

利用国内市场发展中国经济，首先，必须用市场的方式，调整已经严重过剩的制造产能；其次，要把资源倾斜投入于我国目前仍处于严重短缺状态的服务业，大力发展具有本地化属性的现代服务经济；最后，与出口导向下只能发展国际"代工型经济"不同，利用内需可以大力发展自主品牌和自主技术，建立以我为主导的全球价值链，攀升以现代服务业为主要内容的产业链高峰。

"十三五"时期，大力发展现代服务业是我国迈向全面小康社会和开启基本实现

现代化新进程的重要内容之一。服务业的改革开放将加速这一趋势的形成和早日到来。当前,服务业发展还存在着诸多的制约因素和障碍,如政策实践中有人还把服务业视为泡沫经济产业,存在制造业发展偏好,轻视服务业发展倾向;服务业虽然是就业的"蓄水池",但是对其的税赋还存在过重的现象;制造业已经充分开放了,但是服务业还存在着许多开放的壁垒等。为了优化现代服务业发展的制度环境,在此提出三条主要的政策取向性建议。

一、要把浪费在"僵尸企业"、过剩产能中的实物资源、信贷资源和市场空间,通过供给侧结构改革、消灭"僵尸企业"、去过剩产能的实质性行动逐步市场化地转移到现代服务业,尤其是要转到目前还处于短缺状态的生活性服务业和社会公共服务业上来。具体办法就是要让从事生活性服务业的企业有利可图,获得社会平均利润;要打破社会公共服务业的行政垄断,放松管制、降低进入壁垒。

二、适当对服务业实施"减税提费"政策。与制造业不同,服务业属于轻资产行业,可以抵扣所得税的固定资本折旧少,因此即使与制造业的税收水平一样,它的税赋事实上也相对较高。同时,现代服务业属于人力资本、技术资本和知识资本密集行业,它的消耗强度大、"折旧"周期短,因此提升这个产业部门的劳动力服务水平,需要比制造业提取更多的用于人力资本培训的费用。

三、尽快实施不影响国家安全的服务行业准入自由化的政策,推进服务业的开放发展。尤其要注意通过利用外资实现开放发展。现在有人可能会质疑服务业开放,其实只要我们回顾一下我国的制造业是怎样在开放中逐步增强竞争力的,就不难发现开放发展的意义和作用。也有一些人可能会质疑服务业利用外资,那还是让我们一起来回顾一下今年年初中央权威人士答人民日报记者问时的经典回答吧:"要吸引更多的外资。现在,美欧等发达国家都在吸引我国的投资,我们有什么理由认为我国的外资多了!"

(原载于《南京社会科学》2016年第5期)

为什么我国发达地区的服务业比重反而较低？

——兼论我国现代服务业发展的新思路

摘要：我国人均收入较高、经济发展领先的地区其服务业比重反而较低，这是一个理论上长期都没有给予清晰解释的重要问题。其实，服务业比重的演变规律，只适合于国家层面或大都市经济区的分析，它并不适用、也不能用于指导一个经济体系并不完整的、缺少相对独立性的非大都市经济区的结构调整，尤其不适合用来指导一个省内某些行政区域的结构调整。我国经济发达地区服务业比重长期难以较大幅度上升的原因，除了受收入水平等因素影响外，还主要与其深度地参与全球产品内分工的特性有关，也即大量承接国际制造业外包使全球制造业市场成为支持这些地区制造业比重持续上升的因素，而这些地区服务业并没有实现全球化，支撑其发展的只是本地化为主的市场容量。用第三产业占比水平来衡量一个地区经济的现代化程度，这一逻辑并不成立。未来我国经济发达地区发展现代服务业的战略和政策，必须基于加入全球产品内分工的特征和扩大内需的国家战略，去寻求全新的发展理念和手段。

关键词：现代服务业；区域经济；全球化；扩大内需

一、问题的提出

在中国区域经济发展中,始终存在着这么一个令人感到迷惑的经济现象,就是那些人均收入较高、经济发展领先地区的服务业比重反而较低[①]。例如,作为我国经济发展排头兵的江苏,2010 年人均 GDP 达到了 7 700 美元左右(苏南地区人均 GDP 将远超这一标准,像苏州人均 GDP 已经达到 1.5 万美元,而昆山将超过 3 万美元,与香港地区相当),接近世界银行规定的中等偏上收入国家发展水平的标准,但是改革开放以来,江苏的服务业比重始终低于全国的平均水平而处于"滞后"状态。理论上也难以解释的是,诸如工业增加值、GDP 增长速度等指标往往是超额完成计划,但是第三产业比重的计划指标却经常拖后腿。2000 年,江苏第三产业增加值占 GDP 的比重是 36.30%;第三产业从业人员占社会总劳动力的比重为 27.50%。全省"十五"计划纲要提出前一指标要调整到 40%,后一指标要调整到 33%。但实际结果是到了 2005 年,第三产业增加值占比仅为 35.80%,不仅没有增加,反而出现了实质性的倒退;第三产业从业人员占比为 32%,也没有完成计划。在"十一五"规划纲要中,江苏提出服务业增加值比重和从业人员比重分别要提高 5 个百分点,实际情况是勉强过关。

上述现象与各地区制造业的发达程度有密切的关系,即制造业发达地区服务业比重长期难以提高,因此这一现象并不仅仅是江苏的特有现象。据浙江省改革与发展研究所所长卓勇良研究员的分析,同样是制造业为主的浙江省也存在着服务业比重长期过低的现象。浙江全省"九五"计划纲要提出第三产业年均增长 13%,比第二产业高出 2 个百分点,实际年均增长 11%,比第二产业低 1.4 个百分点。"十五"计

---

① 其实这个现象在国家间的层面也存在,例如,中国 2008 年人均国民总收入已达 2 940 美元,而同年印度为 1 070 美元,但是印度第三产业对国内生产总值的贡献率已经达到 75.6%,而中国只有 44.0%(参见国家统计局网站资料:http://www.stats.gov.cn/tjsj/qtsj/gjsj/2009/t20100407402632616.htm)。我认为这个问题除了体制差异外,还主要与两国参与国际分工的模式差异有关,即中国自 20 世纪 80 年代以来抓住了世界制造业外包的机遇,成为世界加工厂,而印度则主要抓住了国际服务外包的机遇。

划纲要提出第三产业比重达到41%,实际只达到40%。"十一五"规划纲要提出第三产业比重达到45%,但2009年第三产业比重也只达到43%。① 由此看来,第三产业发展"滞后"现象可能是我国制造业发达地区的通病。

对于这个本身并不是问题的"问题",当很多地区在用第三产业比重指标反映一个地区的现代化程度和经济社会发展水平时,就产生了严重的理论和政策偏向。主要表现在以下几个方面:第一,在理论上把根据市场选择而长期偏向于制造业专业化、集聚化发展的倾向,称为"制造业偏好",明显带有贬义,在产业形态上鼓励厚此薄彼的选择;第二,在实践上把发展服务业作为人为地调整产业结构的手段,甚至认为发展制造业就是发展高消耗、高占用、高污染和低附加价值的产业,是粗放发展的"代名词",是发展方式转换的对象,因而必然使经济政策脱离我国的发展阶段、比较优势和国情制约;第三,在政策取向上急于求成,对第三产业发展速度往往有过高的预期。我们把地方政府在制定五年计划时倾向于提出一个较高的第三产业占比目标的行为,称为具有"第三产业发展滞后的情结"。如江浙两省都对"十二五"规划时期发展第三产业提出了更高的目标、任务和要求。江苏要求第三产业比重从目前的41%左右,在5年内达到48%,每年平均要上升1.4个百分点,这是江苏历史上第三产业从来没有过的发展速度。

最近长三角地区很多发达地区的地级市、县级市在制定"十二五"规划时,都在担心目前迅猛增长的第二产业可能会压制第三产业比重提高的问题,担心完不成省一级政府所提出的"十二五"期间"加快形成以服务经济为主的产业结构"的目标和任务。江苏省政府最近明确提出要"将服务业增速、投资增速、占GDP比重、从业人员比重等重要指标列入各级政府考核体系,确保各项工作部署真正落到实处",在此压力下目前各地出现了一种不良的行政倾向,就是层层向下分解指标、分摊压力。有的地区县、甚至镇级政府都明确要求在"十二五"期间形成"三二一"的产业结构形态,这不能不引起我们的注意。

长三角各地区的"十二五"规划提出的产业结构调整任务,依据是国务院2010年

---

① 参见卓勇良先生的博客(http://blog.caing.com/zhuoyongliang),本文某些观点受其启发。

5月批复的《长江三角洲地区区域规划》,中央从战略高度把长三角地区的产业结构定位为"全球重要的现代服务业和先进制造业中心",要求长三角地区"围绕培育区域性综合服务功能,加快发展金融、物流、信息、研发等面向生产的服务业,努力形成以服务业为主的产业结构"。显然,国家提出的"形成以服务经济为主的产业结构"的要求,针对的是长三角地区的整体,针对的是以上海为核心的江浙沪大都市经济区,而非某个具体的行政区域,更不是县市层面的行政区域。如果要求各市县甚至各乡镇在"十二五"期间都要形成这种产业结构的态势,不仅不可能完成,而且会助长统计数据的造假,甚至会因为违反产业分工合作原理而失去动态比较优势,不利于长三角地区把千载难逢的战略机遇期转化为黄金发展期的选择,因此迫切需要从理论上厘清,从实践上给予纠正。

二、"以服务经济为主的产业结构"主要适用于大都市经济区

众所周知,三大产业结构演化的规律,是美国经济学家库兹涅茨在继承"配第—克拉克"定理的基础上,收集和整理了20多个发达国家100多年的统计数据,从国民收入和劳动力两方面在产业间的配置和转移特征概括出来的[1]。这一规律在分析具有较为完整的相对独立的国民经济体系的演化趋势,尤其是一个国家或一个相对独立的大都市经济区(如长三角、珠三角等)的结构演化趋势时,具有充分的理论依据和实证支持。

但是,这一规律并不适用、也不能用于指导一个经济体系并不完整的、缺少相对独立性的非大都市经济区的结构调整,尤其不适合用来指导一个省内某些行政区域的结构调整。主要有以下几个原因。

第一,大都市经济区发展模型与非大都市经济区的发展模型有着根本的差异和不可比性。总的来看,大都市经济区的产业结构主要受人均收入水平决定的需求结构升级的规律驱动,在"追求温饱—追求便利和机能—追求时尚和个性"的需求结构

---

[1] 杨治:《产业经济学导论》,北京:中国人民大学出版社,1985年,第40-42页。

的阶段性演进中,收入需求弹性较高的服务部门会在产业结构中占有越来越大的比例。因此,经济学家一般把大都市经济区的发展过程和形式,主要描述为是一种以现代服务业为主导的国民经济各部门的协调发展历程。与此不同的是,非大都市经济区的产业资源配置主要受制于分工和竞争等因素,产业选择必须服从于专业化、集聚化所产生的低成本因素。在正常态势下,非大都市经济区的经济发展不可能也无必要形成门类齐全的国民经济体系,产业结构往往偏斜地集中于某个或某几个优势部门。这些地区主要应该按照比较优势原理选择和组织安排具体的产业和项目,紧紧围绕特定的产业在特定的地区集中的规律,就可能在这些区域产生动态的竞争优势。

第二,现代服务业与制造业在空间上具有协同定位的要求,决定了大都市经济区适宜发展现代高端服务业,而其"周边地区"比较适合发展先进制造业。一方面,特定的产业在特定的地区集中(或集聚),是一种世界性现象;另一方面,因现代服务业是制造业的"脑袋"和"灵魂",所以在特定的地区集中的制造业产业集群,又受到在特定地区集聚的现代服务业的集中指挥和高度的协调。大都市区主要发展现代服务经济,一方面可以有效地降低周边地区所配置的制造业的交易成本,另一方面,这也是由大都市地区较高的收入水平和生活成本所决定的,即该区域只能发展对成本比较不敏感而对制度特性比较敏感的现代服务业。对直接生产成本比较敏感的制造业,总是倾向于配置在大城市的周边地区,这种配置格局往往起因于微观上公司总部与制造工厂之间"面对面"频繁交流的需要。这一产业配置规律使许多处于大城市周边地区的经济区域,尤其是一些县市经济区,如苏州的昆山等地,其产业结构的特性处于第二次产业比重"始终过高"的状态。其实这才是一种很正常的产业发展格局。

第三,我国很多的非大都市经济区,其产业结构的特性处于第二产业比重"始终过高"的状态,这与它们参与当今经济全球化分工模式直接相关。如江苏由于较早、较深入地加入了产品内国际分工,尤其是苏南地区较早地融入全球经济,其制造业进入全球价值链低端的制造、加工、装配环节,其市场也早已处于"两头在外"的格局,也即江苏的制造业早已在国际大买家的驱使下进行了全球化的运作,面对的是巨大规模的、迅速成长的全球市场;而另一方面,江苏的服务业市场并没有全球化,其供需主要局限于本地经济,是一种典型的、市场容量有限的"非国际贸易型"的本地化产业。

由此我们不难发现，中国服务业比重长期难以较大幅度地上升，除了收入水平低这一根本原因外，主要与我国深度地参与全球产业分工的特性有密切的关系，也即其迅速成长的全球制造业市场支持了我国第二产业比重的持续上升，而没有与制造业同步全球化的服务业市场，则长期局限于本地化的市场及其容量，这在很大的程度上限制了服务业比重的提升。

现在各地都把第三产业占比作为行政考核的主要指标，主要理论依据是第三产业占比是反映一个地区发达程度和现代化程度的标准之一。其实这一逻辑并不成立。在国家经济系统中或者大都市经济区，存在着三产比重随经济发达程度（以人均收入表示）上升而上升的规律，但是反过来并不一定成立，即在非大都市经济区域，三产占比水平高低与人均收入高低并无必然的联系，"以服务经济为主的产业结构"并不一定就是经济发达程度和现代化程度的代名词，恰恰相反，在现实中，存在着许多三产占比很高但是经济却欠发达的地区，这些地区的共同特性是工业欠发达，人均收入低。我国中西部的某些地区，由于人口稀少，服务半径内的物流费用高，因此三产的增加值占比也很高。因此，用三产占比来衡量一个地区的发达程度和现代化程度是有缺陷的。

综上，如果我们把适合于全国经济或大都市经济圈（如珠三角、长三角等）的经济结构调整规律，不加分析机械地套用到经济体系并不独立的非大都市经济区中，或者误以为第三产业占比是一个能正确反映一个地区发达程度的标准，要求各行政区甚至镇一级都实现"三二一"的产业结构形态，等于是取消了社会的专业化分工和合作，取消了中心城市的功能，回到了各地"独立自主、自我封闭"的旧式生产次序。如果我们把偏离这种结构演化的趋势，界定为经济结构不合理或发展方式的粗放性，更是违反了区域生产力配置的基本规律。

三、发达地区服务业发展并不是真的"滞后"，更不是落后

从实践上看，在"十二五"期间要使我国制造业发达地区的服务业在统计数据上都像北京、上海和广州那样成为支撑经济增长的主力，是一个很艰巨的任务，甚至是

一个"不可能完成的任务"。如对江苏省来说，暂且不说处于工业化加速期的苏北，即使是面临经济国际化日益深入的苏中地区，要在"十二五"期间完成第三产业的产值和就业量分别达到接近经济总量和总社会劳动力一半左右的份额，显然也十分困难。如扬州市虽然属于苏中地区经济发展的排头兵，但是三产占比 2010 年也只达到 37%，要达到全省平均的结构调整任务，扬州必须每年使三产份额上升 2.2 个百分点以上，即使是 2015 年达到其计划要求的 45%，也需要平均每年上升 1.6 个百分点。考虑到苏中地区所处的经济发展阶段，考虑到该地区现在所面临的必须主动接受国内外制造业转移的客观现实，扬州市"十二五"规划为第三产业的占比问题而烦恼，就不难理解了。

再如，处于江苏省经济发展水平顶峰的苏州，"十二五"期间所安排的三次产业结构调整，也仅仅是要求第三产业占比达到 48%，这个 48% 是全省"十二五"规划中的平均水平。因此，如果规模占全省经济总量如此之大的苏州经过不懈的努力，尚且只能达到全省的平均水平，而苏中地区发达的扬州即使勉强也达不到全省的平均水平，考虑到工业化加速发展的苏北制造业占全省的比重还会不断上升，那么全省"十二五"规划的结构调整目标如何能完成呢？

其实，说到底造成这个"令人苦恼"的问题，还是因为这些地区的资本和劳动要素都在加速进入全球价值链中由国际大买家所主导的制造生产环节，它们充当的是国际制造业外包订单的承包者，而不是发包者的角色，不是充当全球生产性服务供应商的角色，仅仅是制造商的角色，因而其制造业市场是全球性的，但是其相应的服务业尤其是其现代生产性服务业是游离于制造过程之外的，服务是发达国家提供的，因而其附加值也是由发达国家分享的和统计的，并不会自动地随着中国发达地区制造业比重的上升而以更快的速度上升。同时，在制造业全球化的条件下，这些地区的服务业并没有能够同步地或更快地走向全球市场，而是限于服务本地的消费需求并以正常的速率发展，成为本地化的供应商[①]。另外还需要看到，制造业的全球化进程不仅

---

① 至于为什么制造业市场可以全球化而服务业市场没有能够全球化，这只能用中国发展中的那一阶段的比较优势来解释。

没有能够推动这些区域现代服务业的全球化发展，相反还极有可能受到来自发达国家具有比较优势的先进服务业的某种"挤出效应"的排斥。

由此看来，我国经济领先地区第三产业发展的"滞后"问题，与我国内需不足条件下的制造业出口导向战略有直接的关系。也就是说，如果我们把制造业发达地区的出口因素扣除，在现阶段发展水平下，这些地区的产业结构其实已经达到了很高的发展水平，服务经济也不存在什么"滞后"现象。

我们不妨在大致相同的人均 GDP 水平下观察江苏与日本的差异。我们的发现与浙江省发展与改革研究所所长卓勇良先生对浙江产业结构特征的解析基本一致，江苏第三产业比重其实并不比日本低太多。江苏目前的发展水平总体上应该大致与日本 20 世纪 70 年代中后期的年人均 GDP 相当，该时期日本人均 GDP 不到 7 000 美元，同时它的第三产业比重在 50% 以上，表面上看比江苏 2010 年的第三产业比重高大约 10 个百分点。但是有三个方面需要说明。

第一，统计制度差异因素。日本的统计制度把电气水的供应作为第三产业统计，而我国是作为工业统计，扣除由此导致的大约 2 个百分点，那么江苏 2010 年第三产业占 GDP 比重，只比日本 20 世纪 70 年代中后期低 8 个百分点。

第二，出口贸易规模因素。日本 20 世纪 70 年代中后期的出口占 GDP 比重在 13% 左右，2008 年也只有 16%。江苏 2010 年出口占 GDP 比重高达 43% 以上，假定江苏出口占 GDP 比重也和日本当年一样，GDP 中就有多出日本将近 30% 的产出份额可以用于消费，如果考虑到许多投资都是为了出口这个实际情况，那么缩减出口的比重转而扩大内需，江苏第三产业占比就已经大大地超过第二产业了。

第三，非大都市区域因素。非大都市的经济发达区域，其第三产业比重较低是一种全球性现象。典型的如日本制造业发达的爱知县，2006 年人均 GDP 居日本第二，第三产业比重为 63%，比日本全国平均水平低将近 13 个百分点。江苏靠近国际大都市上海，而上海这些年实施"四个中心"的战略，不断加大发展现代服务业的力度，对处于其周边地区的江浙的服务业产生了巨大的虹吸效应和抑制作用，但是同时也加快了它的制造业转移的力度。

显然，江苏发展较快的第二产业压低了第三产业份额，而过去一直贯彻的出口导向型经济发展战略和经济地理因素,在某种程度上导致了江苏(也包括浙江)的服务业发展"被抑制",这些都不应该看作是江苏第三产业发展的"滞后",更不应该看成是江浙两省发展服务经济的"落后"。其实,改革开放以来,江苏第三产业发展及其增加值占 GDP 比重的上升都是比较快的。日本经济成长最快的黄金期,即 1955—1985 年,第三产业比重上升了大约 20 个百分点;1980—2010 年,即江苏改革开放迅速成长的时期,第三产业比重上升了 22.8 个百分点。同为迅速成长的 30 年,江苏第三产业比重上升的速度并不低。"十一五"时期以来,江苏全省服务业(第三产业加农林牧渔服务业)发展提速、比重提高、结构提升,其增加值从 2005 年的 6 683.5 亿元提高到 2009 年的 13 741.3 亿元,年均增速达到 14.60%,高于同期 GDP 增幅 0.9 个百分点。

  江苏南部历史上就以制造业见长,在上一轮外向型经济发展的机遇中由于较多地接受发达国家的产业转移,因此经济发展在国内拔得头筹;苏中和苏北地区在"十二五"规划期间将会继续延续接纳国内外产业转移的势头,尤其是制造业转移,由此决定了江苏第二产业增长速度不可能低。可以预见的是,在江浙以制造业为主、欧美日以服务业为主的全球产业分工难以改变的情况下,江浙两省在相当一个时期内是很难达到欧美日那种第三产业比重的。至少在"十二五"头几年,我国制造业发达地区的第三产业比重不一定会以较快的速度上升。

四、发达地区要利用全球化和扩大内需的机遇加快服务业发展

  "制造业是服务业的生身父母",离开发达的制造业,服务业就是无根的"空心化"产业。继具有广泛影响的《美国制造》一书指出"美国除了继续在世界市场参与制造业的竞争外,别无选择"后,奥巴马政府又提出"再工业化"的口号。有着"日本经营之神"称号的盛田昭夫则认为制造业作为国家工业核心基础这一重要性,即使到了 21 世纪也不会下降。在我国的经济实践中,正是得益于早期工业化的发展基础和积累,我们现在可以从容地提出在中国东部沿海地区可以而且必须扬弃"世界加工厂"发展

模式,在发展"世界花园工厂"(先进制造业)的基础上还要建设"世界办公室"(现代服务业)和"世界公园"(环境友好社会)。就此意义上来说,我国绝大多数地区不可能一步跳出工业强市的发展路径,即不可能直接从"农转工"阶段进入"农转服"阶段。

我们提出的这个观点,包括我们在上文中指出的我国经济领先区域的第三产业发展水平其实并不"滞后"的结论,并不是要否认这些地区未来必须从总体上形成以服务经济为主的产业结构,而只是为了说明实现这一目标是一项艰巨的、长期的任务。无论是从利用服务业加快发展方式的转型、实现可持续发展的角度,还是从东部发达地区率先基本实现现代化的角度,经济率先发展地区都必须要求那些经济发展阶段处于更高级的地区、更有利于服务业发展的中心城市和大城市,如长三角地区、珠三角地区和渤海湾地区,在"十二五"期间承担更多的发展现代服务业的任务。根据我们对现代服务业特性的分析和对我国经济发展阶段的判断,我们认为,经济发达地区发展服务经济的战略和政策,必须基于这些区域加入全球产品内分工的特征以及我国实施扩大内需的战略背景,进而寻求全新的发展观。

第一,要像过去我们推进工业化一样,按照规模化和集聚化的要求去推进服务经济的发展。过去我们局限于传统服务业的视角,因为不能突破其生产与消费难以分离、服务供给不能储备、服务产品无形性等产业的技术特征,所以只能在狭小的区域市场范围内发展传统服务业,由此决定了我们的服务业发展缺少规模经济和范围经济。而现代服务业在信息技术等高科技的融合和改造下,已经出现了极其显著的"物化"倾向,人力资本、知识资本和技术资本在现代生产性服务的作用下,被不断地引入商品生产过程中。由于其往往运用现代的组织方式和管理方式运作,完全可以把我们过去发展制造业的政策和措施,运用到发展现代服务业上来。如运用物流园区集中和集聚的思路发展大物流产业,运用创意要素集聚的思路发展文化创意产业、服务外包产业等。

第二,要像过去我们发展制造业出口导向经济一样,按照全球化的思路去推动服务业的市场发展。中国东部地区在下一轮发展中,让服务业深度参与全球产业高端分工,逐步使其市场突破区域性的限制而融入全球化,逐步使其进入全球价值链的研发设计和品牌网络营销环节,是通过新的全球化战略实现产业转型升级的最重要的任务。为此，要求我们像过去推进制造业市场"两头在外"一样，去形成良好的基础设施吸引服务业外资，去大力开发国际服务外包市场，去大力引进外国人才和智力。服务业市场的全球化，是继制造业全球化之后，我国把发展的战略机遇期转化为一个崭新的黄金发展期的重要体现。

第三，要利用我国庞大制造业的"市场需求"优势，在现有制造业转型升级的基础上，实现现代服务业与制造业协调发展。制造业的规模和升级要求的优势，是我国在发展现代服务业上有别于印度等国的优势所在，也是我国目前最大市场潜力。为此，一方面要利用制造业的市场需求，制定特殊政策吸引那些目前仍处于国外的服务业尽早进入我国境内；另一方面，要鼓励企业摆脱"自我服务"的低效率方式集中发展第三方服务。

第四，要利用我国在空间上客观存在的东中西三元结构特性，有次序地实现东部地区"退二进三"和制造业的产业转移，从经济区域总体上，而不是各个行政区域形成以服务经济为主的产业结构。这除了要求如"北上广"地区率先形成服务经济为主体的产业结构外，还要求一些有条件的地区，如杭州湾经济区、苏南经济区、南京都市圈等在全国率先形成"三二一"的产业发展格局。从发展水平和所处的发展阶段看，我国绝大多数地区经济都属于工业化领先于城市化，工业经济正处于加速或正待转型（即向先进制造业发展）的阶段。这种发展格局一方面会对大城市中心地区的现代服务业提出巨大的需求，是大城市中心地区扬弃一般制造业、加速发展现代服务业的最佳机遇；另一方面也是我国东部地区千载难逢的调整过去作为"世界加工厂"的粗放发展方式、向广大的中西部地区"转移产业、留下公司"的战略性机遇。

第五，要利用"十二五"期间我国城乡一体化发展战略加速实施的机遇以及各地加紧实施的民生发展战略的良机，在扩大内需中内生地发展服务业。现有的研究表明，对于任何一个国家或地区而言，城市化水平与第三产业比重都呈正相关关系。随着城市化水平的不断提高，居民服务消费支出会较快增长，第三产业也随之较快发展，第三产业比重也会逐步提高。从我国各地区经济横向比较看，也可以看出存在着"城市化水平越高，居民对服务消费需求越大，第三产业比重越高"的规律性现象。城市化促进三产占比水平提高的机制，说到底是城市化提高了居民的消费需求和消费能力,而"十二五"规划期间实施的提升居民消费为经济增长第一动力的扩大内需计划,将使我国从一个生产能力过剩的大国逐步转化为国内市场总体规模位居世界前列的消费大国,消费经济为主的驱动增长模式将为我国服务业比重的上升提供现实的基础。

第六,要在承接国际服务外包市场所形成的基础设施和所积累的经验的基础上,利用内需市场日益扩大的机遇,大力促进服务外包市场国内化的发展。服务外包是一种新兴的生产方式,过去由发达国家的跨国公司基于全球战略性动机和节约成本的要求而发动。在我国"十二五"规划期间转为扩大内需战略后,国内市场的高度竞争,将引发企业出于节约成本的动机而外包其缺乏比较优势的服务业的行为,由此导致国内服务市场规模和容量的扩大,因而这种内需市场将成为未来我国重要的经济增长点。现在由于在市场认可度、标准和诚信体系的建立、信息畅通性等方面还存在一些问题,还需要有一个市场培育期。

参考文献

格鲁伯·G.赫伯特,沃克·A.迈克尔:《服务业的增长:原因与影响》,上海:生活·读书·新知三联书店,1993年。

江波户哲夫:《盛田昭夫》,北京:东方出版社,2010年。

江静,刘志彪:《商务成本:长三角产业分布新格局的决定因素考察》,《上海经济研究》,2006年第11期。

杰里·贾西诺斯基,罗伯特·哈姆林:《美国制造》,北京:华夏出版社,2006年。

[原载于《南京大学学报》(哲学·人文科学·社会科学)2011年第3期]

重化工业调整:保护和修复长江生态环境的治本之策

摘要:推动长江经济带发展,必须把保护和修复长江生态环境摆在优先位置。在这一过程中要妥善处理能源重化工发展与保护长江生态环境的两难问题。发展能源重化工业是中国这样的大国经济无法回避的选择,但它并不必然是污染天堂的代名词。当前在长江流域的环境保护工作中,仍然受到地方政府增长偏好、财税体制和生态补偿机制不完善等因素的强烈约束。保护和修复长江经济带,必须加大供给侧结构性改革的推进力度,用最严厉的环保标准控制企业准入,同时加快推进高排放的企业彻底退出,逐步使环境友好型产业占据主导地位。其中,最重要的问题是如何用新型工业化的理念、思路和方法,对沿江沿海地区的能源重化工业进行包括布局在内的结构调整。

关键词:能源重化工业;生态保护;结构调整;长江经济带开发

习近平总书记强调,推动长江经济带发展,必须牢固树立和贯彻新发展理念,把保护和修复长江生态环境摆在优先位置。2016年9月,国务院正式印发的《长江经济带发展规划纲要》(以下简称《规划纲要》),有一个十分重要且非常显著的特点,就是坚持"生态是压倒一切的任务"的基本原则,把修复长江生态环境摆在首要位置,要求所有推进长江经济带开发的政策,必须首先约束于保护生态这个根本的前提条件。不满足生态保护的任何项目,都必须给予一票否决,以此来实现经济发展与资源环境的相互适应性。显然,长江经济带开发规划并不鼓励新一轮的大干快上和肆意开发,这是这个战略规划区别于其他规划的最主要的要点,也是制定这个规划的出发点和立足点。

《规划纲要》中的这个显著和重要的特点,一方面凸显了中央政府对长江流域环保问题的高度重视;另一方面,也客观地反映了在目前格局下,长江流域的污染问题已经十分严重,生态自我洁净和自我修复的能力已经下降到极限位置,到了不能再容忍的地步。从严格意义上说,它已经威胁到了中国的可持续发展能力,危及了整个中华民族根本的、长远的利益和基本要求。

《规划纲要》对长江经济带总共有四大战略定位:生态文明建设的先行示范带、引领全国转型发展的创新驱动带、具有全球影响力的内河经济带、东中西互动合作的协调发展带。这四大战略定位构成了未来对长江经济带以保护和修复为主导的开发战略的总体框架结构。这些定位的具体落实、落地,必须通过实施具体的产业政策来实现,否则就会变成空中楼阁。具体来看,建成生态文明建设的先行示范带,不仅要求有关严厉的生态环保产业政策先行,而且需要对既有布局的重化工业进行调整和改造;发展引领全国转型发展的创新驱动带,除了需要更新改造现有传统的落后产能外,还需要大力发展环境友好型的高科技产业、战略性新兴产业和现代服务业;开发具有全球影响力的内河经济带,必然会要求发展对运输成本敏感的重化工业,这会对长江经济带的生态文明建设提出更加严厉的要求;建设东中西互动合作的协调发展带,则要求拓展产品内的区域分工关系,发展国内绿色价值链贸易以及绿色金融,决不能把位处长江中上游的中西部地区,作为落后产业转移的"污染大堂"。

这决定了产业政策,尤其是产业结构政策在实现《规划纲要》中的主导性地位和作用。保护和修复长江经济带,在某种程度上说,首先取决于供给侧结构性改革的推进力度,取决于产业结构调整的力度。只有用最严厉的环保标准控制企业进入,同时使高排放产业彻底退出,环境友好型的产业逐步占据主导性地位,对环保产业才会产生更大的需求,才能使长江经济带处于正常的自洁和修复之中,生态型经济的战略目标才能真正实现。从产业政策操作的角度看,其中最重要的问题是如何用新型工业化的理念、思路和方法,正确处理环境保护和发展重化工业的两难关系,把两难变为一难,这就要对沿江沿海地区的能源重化工业进行包括空间布局在内的结构调整。本文将对此做一个初步的经济分析。

一、关于长江流域发展重化工业的三个基本判断

目前,整个长江经济带的能源重化工业的密集度很高。例如江苏的能源重化产业80%集中在长江沿岸,而其中的80%又集中在苏南这一先行的发达地区。沿长江的其他省份,能源重化产业的布局也相差无几,尤其是在过去的一些年中,这些省市一直在加快速度和力度上马各类重化工项目。近年来,长江中上游的一些地区,也借助沿海地区产业转型升级之机,普遍吸收向内陆地区转移的重化工业项目,建设了许多化工产业园区,如宜昌、长寿、万州、涪陵等,加之长江中下游南京、仪征、安庆、九江、武汉、岳阳等地是我国传统石化产业聚集区,长江沿线已逐步形成了覆盖上中下游的石化工业走廊。目前长江沿线共有化工园区62个,生产企业约2 100家,沿线化工产量约占全国的46%[1]。如今,国家的《规划纲要》已经把生态环境问题上升为长江经济带开发的前提性问题,这些已经建成的能源重化工业究竟应该何去何从[2]?

在长江经济带合理地重新配置和调整重化工业,涉及对流域内各政区不同利益主体的协调,是一个需要在国家层面上统一考虑和有效协调的大问题。如果仅仅受分散决策的利益主体支配,因为外部性问题的困扰,必然会使环境污染问题在封闭的系统中自我循环和增强,变得越来越严重。这就是传统工业化走"先污染后治理"道路的基本特征。在长江经济带沿线省市从贫困到温饱,再走向全面小康的发展过程中,一方面重化工业得到了长足的发展,另一方面却在生态环境保护方面走了上述的老路。以GDP为标的进行地方政府之间竞争、竞赛的经济社会背景和体制特征,很大程度上助推了重化工业化阶段的提前到来和成熟。

党的十八大提出了新的发展理念,使各地没有任何可能再继续走这条传统工业化的道路。随着社会和普通民众环保意识的高涨,现有的重化工业如过街老鼠般面临一片喊打声。很多民众竭力抗争那些被怀疑有污染的项目落入本地,由此导致对

---

[1] 王海平:《重化产量占全国46%,长江经济带急需转型》,《21世纪经济报道》,2016年1月18日。
[2] 段学军、虞孝感、邹辉:《长江经济带开发构想与发展态势》,《长江流域资源与环境》,2015年第10期。

这些产业的国内需求得不到满足，不得不依赖高价进口。

对长江经济带现有的重化工业，我们需要有以下三个冷静客观的判断。

大国经济特征决定了我国在经济发展的某个阶段上，可能无法回避能源重化工业的加速发展。这是历史的、不能给予假设的现实选择。国际上大国经济的发展规律表明，像中国这类有着巨大人口基数、巨大市场需求的国家，不可能把自己对重化工业产品的需求，完全寄希望于外国，不可能跳跃或者回避客观存在的发展重化工业的阶段，不可能从以重工业为主导的工业经济形态，一下子全面进入以服务经济、生态经济主导的后工业化社会，而只能是把这两个过程压缩在一起，通过相互融合、相互渗透，在较短的时间内、以较小的代价进入生态型经济协调发展的轨道。

这是因为，一是能源重化工业代表了一国资本密集和技术密集工业的发展水平；二是它也是像中国这种发展中的大国经济全面进入中等收入社会的必经阶段。从贫困、温饱社会发展格局向全面实现小康社会的转变，中国民众的基本需求结构和演化着的消费模式，也必然会从以农产品、轻工业品为主的发展阶段，转向以重化工业为主的"小康产品"阶段。以满足民众机能性和便利性需求的、具有规模经济性质的"小康型"耐用消费品，大多涉及房地产、建筑、汽车和家用电器等"住、行、用"类的行业，以及与之相关联的钢铁、建材、化工、石化、重型机械等行业，所以，随着我国全面小康社会的迅速来临，产业发展上对这些行业和产品具有巨大的现实市场需求和潜在扩张的能量。当然，它也可能同时对应着"环境保护和粗放发展"的问题。

同时，考虑到大国经济的安全性，以及国际运输成本的制约条件，中国不可能像自由贸易理论所说的那样，完全仰仗于国际分工，完全仰仗于产品的进口，或者把国内巨大的内需、发展能源重化工业的历史使命放手甩给国外。在任何时候，我国都必须坚持立足于自己的内需，开放地、独立自主地发展自己的重化工业体系，这是中国现代产业体系的重要构成部分，也是中国经济长期增长的动力部门，是保持国民经济体系长期稳定发展的基本要求。

能源重化工业并不天然地等于传统的、粗放的发展方式，也不意味着它就必然是"污染天堂"的代名词。从德国、日本等能源重化工国家的发展历史可以看出，这些国家在这些产业高度发展的同时，仍然保持着处处蓝天白云和碧水青山的状态。这说明重化工业发展也完全可以走科学发展的道路,走技术进步之路,走环境保护之路,并不一定非要走传统的、损害环境的发展老路。发展重化工业与环境损害之间,有可能有联系,但是没有必然的、逻辑的联系。

石油化工工业是能源重化工业的典型代表,但是两者不能画等号,重化工业不是简单地等同于石化工业。在当今经济发展中,重化工业的主要构成内容和基本要素已经不是石油化工工业,而是其中的机械电子工业,尤其是其中若干有限种类的耐用消费品。例如,战后日本经济的快速成长就是以重化工业为中心而实现的。在当代,重化工业已经不是生产资料工业的同义语。发达国家的机械和电子工业所生产的家用电器和汽车产业,已经是这些国家工业化的主题内容,占据了工业的主导地位。国际经验表明,正是家用电器和汽车产业的迅速发展,支撑了德国和日本重化工业的高速崛起和成长,从而支撑了它们经济的高速成长。

这充分说明,中国开发长江流域经济,甚至发展海洋经济,也可以选择对原材料、资源能源依赖较重的资本技术密集型产业;对石化类产业的布局和发展,则应该在严厉的环境保护法令下,进行高起点的社会和法治控制。同时,即使重化工业主要是由石化工业构成,在某种程度上它也可以成为"清洁工业"的同义语。问题的关键在于,我们要在产业政策精准化的实践中,把全面的环境保护与安全条件、产品质量和商业效益这三个因素等量齐观、同等对待,把轻度的重化工业污染,控制在自然可以自我清洁消化的范围内。

二、制约长江流域环保工作的五个现实问题

推动长江经济带发展,是党中央、国务院科学谋划中国经济增长新格局所做出的既惠当代又谋长远的重大战略部署。虽然我们已可以看到,在过去的十多年里,沿江一些发达地区对长江流域的环保意识开始觉醒和增强,某些地区已经在招商引资中自觉地抵制各种污染项目,有的则积极采取腾笼换鸟、凤凰涅槃战略,搬迁各类污染

产业①，但是在这些措施的背后，始终解决不了一个普遍性的问题，即那些拥有丰富的生态资源优势的长江中上游流域，大都是因为地理位置、交通条件的劣势，而在我国上一轮的工业化中处于落后状态的地区，现在它们在改变贫困面貌的目标下，具有强烈的发展重化工业项目的内在冲动，这是因为，一是能源重化工业代表了一国资本密集和技术密集工业的发展水平；二是它也是像中国这种发展中的大国经济全面进入中等收入水平的必经阶段。虽然从某种程度上说，这些地区现在的"不发展"，有时也意味着全局范围内更高、更深层次的发展，金山银山不如绿水青山，但是无需讳言，我们在当前长江流域的环境保护工作中，仍然需要考虑来自下列五个因素的强烈约束，这是未来我国长江经济带的环保态势不容盲目乐观的重要理由。

一是转轨时期增长主义导向的经济体制和地方政府职能。虽然中央一再提出，不能以发展 GDP 业绩论英雄，要全面兼顾经济增长、社会管理、文化建设、环境保护等业绩，但是长期来看，经济业绩导向的晋升制度，在转轨时期并没有彻底退出历史的舞台，而是改换了形式继续发挥作用。对地方政府来说，重点发展那些投资大、产值大、利税高、发展带动效应强的能源重化工业，尤其是那些前向关联度高的石化产业，既能完成地方政府稳增长、增税收的目标，也有利于形成大企业集聚和产业集群发展的基本态势。

二是基于成本考虑的产业布局倾向。从经济学原理看，能源重化产业对运输成本的变化极其敏感。因为在它的成本结构中，运输成本占据了很高的比重，能否选择一种更加节约运输成本的方式，直接关系到这个产业的市场竞争力。因此，如果能够选择既靠近市场，又能够大幅度地降低生产成本的运输方式，一直是这个产业提升竞争力的主要措施。水运因为运量大、运输成本低，且重化工业的市场往往靠近人口密集的水资源地区，所以在产业布局上，重化工业企业选择沿长江流域进行布局就是必然的趋势。

三是生态补偿机制并不完善的现实。像水资源交易补偿、基于单位 GDP 的能源消耗和排放的交易补偿机制，都是买断生态资源丰富的地区不开发、维系绿水青山的

---

① 秋缬滢：《关于对长江经济带生态环境保护的哲学思考》，《环境保护》，2016 年第 16 期。

必要代价。在现阶段，要促进这些地区的发展和人民的脱贫致富，仅仅依靠少量的财政转移支付，无法实现富民强市的目标。因此地方政府主动去搞那些可能影响环境保护的重化工业大项目，就是一个可以理解的体制行为。

四是与地方政府职能相关的中央与地方的财税收入分权体制模式。即使地方政府的职能已经由发展主义转向了专注于公共事务，转向了调节区域内的民生、进步和公正，但是如果没有相应的解决与承担公共事务相匹配的财政收入机制，地方政府就必须继续主动推进各种可能影响环境保护的重化工业大项目。现阶段中国地方政府收入的主要来源，一方面是从中央财政分成中拿到的仅占1/4的产业活动的增值税，另一方面是土地使用权出让金。这种激励机制结构决定了地方政府专注于房地产市场的热情，决定了它们必须大力扶持发展那些可能影响环境保护的重化工业大项目。如果哪一天，中国地方政府可以从辖区内居民财产的保有、继承中征税，可以自主发行地方政府债券，那么它们就自然会弱化强烈的发展重化工大项目的动机，而把营造区域内安全、生态、宜居的城市环境作为重要任务，以吸引广大市民前来居住，从而增大财产的税基。

五是在长江流域环保过程中，盛行着日益高涨的"邻避主义"倾向。这一倾向早期是指民众出于环境和安全的考虑，反对将诸如发电厂、PX项目、核电站等有着巨大安全风险的基础设施和重化工业建设在自家门口和周边地区的一种心理效应。"邻避主义"这一概念现在适用的范围比较大，不仅指反对那些有潜在的环境、安全风险及有危害的生产和建设项目，而且也从抵制"危害性"风险为主转变为抵制所有可能改变现状的生产建设项目。所有可能具有一定环境和安全风险的项目（如PX、二甲苯），都可以成为"邻避主义"的对象①。本质上，邻避主义者并不抵制自己对具有潜在风险的项目产品或服务的使用，而只是反对在自己家门口和周边地区生产它们。收益内化、成本外化是"邻避主义"的本质特征，这在长江流域环保工作中比比皆是。

在上述因素的综合作用下可以发现，长江中上游省份近几年来的经济增长异常快速。例如，2014年，重庆的钢材产量较2010年增长了89%，达到1 323万吨，差不

---

① 杨瑾、朱竑：《"邻避主义"的特征及影响因素研究》，《世界地理研究》，2013年第1期。

多翻了一番;水泥产量则较 2010 年升幅达 45%,上升到 6 667 万吨;铝材产量升幅 30%,达到 133 万吨。众所周知,钢材、水泥和铝材,是我国产能过剩最严重的三个领域。更为严重的是,这些年长江中上游先后上马了很多的巨型临港石化工业项目。其实这些项目的背后推手,是地方政府与迅猛扩张的中央所属国有企业。地方政府出于追求政绩的动机,具有想获得大项目、迅速地实现大发展的内在冲动,央企也具有掌控了大量资源后的扩张冲动,两者在石化工业的大项目启动方面得到了完美的结合。在这样的体制机制和现实情况下,要求长江流域开发转型为环境保护下的发展,当然不易。

三、关于调整长江流域重化工业格局的对策建议

推动长江经济带的发展,要加快推进供给侧结构性改革,理顺和协调政府与市场、地区间竞争等体制机制方面的关系,目标是让长江永葆生机和活力,真正使黄金水道产生环境效益。因此必须下大决心解决重工业污染问题,对长江流域重化工格局进行合理调整。①

一,制定符合发展阶段的新型工业化发展战略。国家现在将保护放在第一位,沿江地区能源重化产业该如何转型? 如上所述,在这一过程中,我们既不能人为地排斥重工业化过程,也不能盲目要求服务业化和生态化,而是要把全面小康社会的建设、工业化与信息化、生态型社会的建设压缩在一起进行。具体来说就是要利用信息技术改造和提升我们的传统工业,运用"智能化+"大力推进战略性新兴产业的崛起,同时以最严格的环保制度制约能源重化工业的无序扩张。② 这种战略选择既可以促进技术水平的提高,加快产业升级,又可以给信息化和生态化提供巨大的国民经济需求和市场基础。

二,要全面认识、利用和发挥长江经济带的功能。原有的战略和政策把长江经济

---

① 《长江经济带确定重化工业将迎来大调整》,《中国建材资讯》,2016 年第 3 期。
② 姚瑞华、赵越、杨文杰,等:《长江经济带生态环境保护规划研究初探》,《环境保护科学》,2015 年第 6 期。

带看成一个运输带有局限性。其实,要全面开发长江流域的经济功能,决不能把长江流域的开发,简单看成是对其运输功能的充分利用,不能仅仅依此制定长江经济带的开发战略和产业政策。如果我们的认识仅仅停留在这一浅表性层面,那么未来对长江经济带的开发必然会加大对重化工大项目的投资,由此长江流域的生态环境污染就是必然的。因为,作为运输带,在产业配置上,必然倾向于那些大耗水、大用电、大消耗的,对运输成本敏感的、可能影响环境保护的重化工业大项目,可能就不会主动去配置那些环境友好型的现代产业体系。我们要充分地开发和利用长江流域的经济功能,就需要利用长江流域资源集中、人口集中、市场集中、产业集中、城市集中等发展优势,在沿江城市基础设施超前一体化的基础上,通过地区间的竞相开放、撤除政策壁垒和统一市场的建设,实现合理的产业竞争和分工格局,发挥长江经济带的规模经济和范围经济效应,使之成为中国经济的黄金经济带。这就是说,在长江经济带的开发开放中,建设黄金运输带只是其中的一个基础性的功能而已。如果在战略上完全将它们等同起来,其实是贬低了长江经济带的真正价值,也会毁了这条中华民族的母亲河。

三,要对长江流域实行最严格的环保制度。面对目前因发展中的地方相互竞争而可能导致的污染程度加剧的不良格局,要建立起国家层面的长江生态环境保护机构,以便在管理督查上使用同一个标准进行管理监督,避免环保问题由各个地方自行决断、自说其事的现象。同时,要尽快建立上下游之间的环境补偿机制,用市场手段解决发展与保护、发展与公平的内在矛盾。根据经验,可以探索实施两类交易补偿制度:一是建立以单位GDP能耗为基础的节能交易制度。在这样一种节能交易平台上,单位GDP能耗低于区域平均水平的地区,可以卖出相应的节能量;而单位GDP能耗高于区域平均水平的地区,则必须买进相应的额度。实行这一交易制度,肯定有助于促进各省区能耗量的降低。二是建立以水环境质量为基础的长江流域生态环境补偿机制。对水质达到一类水标准的省区,达到程度比例越高,则给予奖励越多,反之,对三类尤其是四类水质比例高的省区,实施惩罚性罚款。这种制度安排,显然比较适用于长江经济带这类具有上下游关系的区域生态补偿关系的建立。

四,要高度重视沿江能源重化工产业向沿海适度转移的战略和有效实施问题。

这是一种可行的战略选择和处理方案。我国从"十二五"规划开始,就要求把那些主要利用进口资源的重大项目优先布局在沿海沿边地区,要求推进城市钢铁、有色、化工企业环保搬迁。本次国家颁布的《规划纲要》也指出,长江下游地区要积极引导资源加工型、劳动密集型产业和以内需为主的资金、技术密集型产业加快向中上游地区转移。在实践中,产业搬迁和转移往往具有资本和劳动方面的障碍,经济成本和社会成本巨大,因此如果没有钢铁般的意志和决心,不容易取得实质性成效。但是无论是从世界各国产业布局的一般规律看,还是从中央对优化产业布局的基本要求看,在广大的沿海地区集中布局"大运输量、大用水量、大耗电量、大消耗量"的临港型重化工业,是时不我待、必须坚决贯彻落实的战略行动。目前中国钢铁、石化等所需基本原材料,如石油、铁矿石等,大多数要从海外进口。早在2004年,中国就累计进口石油1.2亿吨,石油对外依存度已达到40%。按现在的消耗速度,研究者认为,到2020年中国石油消费量将增至5亿吨,其中3亿吨需要进口,即对外依存度高达60%,超过美国目前水平的50%。如果这成为事实,那么把与石化工业以及与此直接关联的加工类产业基本上全部集聚在沿海地区,就有充分的事实依据。更重要的是,这种产业布局有利于在形成块状的现代产业集群的基础上,通过集中建设环保设施,对这些产业固有的污染物进行集中处理,彻底改变目前长江流域经济带中各地分散发展重化工项目的不良格局。但是这需要税收制度、污染补偿制度等经济机制的支持,否则很难得到切实的实施。

(原载于《南京社会科学》2017年第2期)

第四章

长三角一体化与区域协调发展研究

长三角区域高质量一体化发展的制度基石

摘要:在所有可能影响区域经济一体化发展的因素中,真正可能长期地、持续地扭曲其进程的主要力量,是制度方面的阻碍因素。因而,消除制度扭曲阻碍区域经济发展一体化的因素,既可以进行行政权力调整,合并行政体或让渡部分行政权力,也可以放开市场进行充分竞争,从而形成经济发展一体化的微观基础,或者在放开市场的同时规范竞争,以建设统一竞争规则来协调长三角地区经济一体化的过程。我们应该主要以国家的《竞争法》为准绳,逐步修订和废除与经济一体化发展相冲突的过时的法规和政策,统一协调和规划各地产业政策和经济发展战略,加速经济政策扩散的一体化。

关键词:长三角区域;一体化发展;制度创新;竞争政策

区域一体化发展是党的十八大以来区域经济学高频率研讨的现实问题之一。2018年下半年,习近平总书记宣布长三角区域一体化发展上升为国家战略,把对这个问题的讨论推向了高潮。当前学界对此研究的焦点,不是集中在要不要一体化发展、哪些内容需要协调等问题上,而是集中在对利益边界相对独立和清晰的不同行政主体之间如何能有效地实现一体化协调发展等问题上。

众所周知,现有的行政体制机制由于介入市场活动比较深入,背后的利益机制使其具有天然的、内在的"反"区域一体化发展的特性。在体制机制转轨时期,以更务实的态度讨论区域一体化发展的问题,除了必须要把注意力更多地集中在交通、通信等硬件基础设施的对接和链接方面外,也需要考虑各地区行政权力的协调问题。[①] 因

---

① 洪银兴,王振等:《长三角一体化新趋势》,《上海经济》,2018年第3期。

为,长三角各地发展客观上存在不平衡、不充分的问题,这种客观的差异决定了其内在的利益并不完全一致。如果分散的行政权力没有协调发展的制度机制作支撑,那么在决定长三角一体化的公共事务上必然发生各种或明或暗的冲突,高质量一体化发展也就会随之落空。

正因为如此,对于区域一体化协调机制的探讨,长期贯穿于长三角一体化的推进历程中。无论是国务院2008年出台的《关于进一步推进长江三角洲地区改革开放和经济社会发展的指导意见》,还是2010年颁布的《长江三角洲地区区域规划(2011—2020)》,或是2016年提出的《长江三角洲城市群发展规划》,都从宏观上提出了一些比较抽象的解决问题的思路,如要求各地区努力实现差异化发展、分工合作共赢、包容性、可持续等。同时,经济理论和政策研究界也在寻求这方面的有效解决方案,提出了诸多有价值的、可以深入讨论的观点。其中比较典型的论点有:要求成立一个超越于"三省一市"政府之上的综合事务协调机构来统一规划和运作各地在一体化中具有交集性质的事务;更多的是就某一一体化事务提出建立协调组织,如长三角旅游线路一体化、医疗结算体系一体化、G60科技走廊[①]等;更为干脆的是提倡区域行政隶属关系的调整或行政单元的撤并,认为只有这样,才能真正实现长三角区域高质量一体化发展。

一个主权国家内部究竟如何实现区域高质量一体化发展?中国作为转轨经济国家,缺乏这方面的经历和经验。在国际经验上,不能完全类比的例子是欧盟共同市场的形成。欧共体可供我们借鉴的是,其通过竞争政策协调推进经济一体化的经验和具体做法。不能比较的是,欧盟是国家之间的经济一体化,而长三角地区是主权国家

---

① 上海松江于2016年年初发起并率先启动1.0版G60上海松江科创走廊建设。2017年7月,松江与杭州、嘉兴签订《沪嘉杭G60科创走廊建设战略合作协议》,标志着2.0时代的正式开启。2018年,松江提出以沪苏湖合高铁建设为契机,拓展G60科创走廊从"高速公路时代的2.0版"迈向"高铁时代的3.0版",将G60科创走廊拓至上海、嘉兴、杭州、金华、苏州、湖州、宣城、芜湖、合肥等9个城市,覆盖面积约7.62万平方公里。

内部各区域之间的经济一体化问题。① 不过本文的分析将揭示,竞争政策在长三角区域高质量一体化发展中的协调作用和制度的基石功能,应该是未来长三角地区真正推动经济一体化的试金石。

一、区域经济发展一体化的障碍以及来源分析

现在很多讨论一体化发展的言论,往往把"一体化"等同于"一样化"或者"一起化"。在"一样化"的语境下,"一体化"往往要求各地朝某个既定的模式发展演化,发展现实与这个理想模式之间所具有的偏差,被认为是"非一体化"的表现,如长三角各地区之间发展水平和模式的差异、产业分工脱离某种理想格局布局;在"一起化"的语境下,"一体化"往往被当作某种共同的行动,行动不一致就被认为是"非一体化"的表现,如各地对财税的竞争、对某大项目的争夺等因动机、利益不同和行动不一致。其实,"一体化"发展的真正含义,既不是要求存在一种理想分工格局和发展模式,更不是指各主体之间利益无冲突的一致性行动,而是指在一个尺度较大的区域经济范围中,各个边界清晰的行政单元之间,通过改革和开放,逐步清除各种人为地阻碍资源和要素自由流动的体制障碍,②通过相互合作、竞相开放和充分竞争的过程,实现区域高质量发展。在这个关于"一体化"发展的定义下,"非一样化"或者"非一起化"通常并不是"非一体化",而恰恰可能是"一体化"的具体实现形式,是竞争无序走向市场有序的过程和必要阶段,如通过充分竞争这种表面上的"乱象",可能会达到某种符合比较利益的产业分工格局,而不是事先计划安排好长三角地区的分工结构。长三角地区高质量发展为什么需要通过一体化机制来协调?因为现在边界明确、范围较小、分散的行政决策单元和决策机制难以发挥范围经济和规模经济效应,如行政分割阻

---

① 刘志彪:《协调竞争规则:长三角地区经济一体化的重要基石》,《南京政治学院学报》,2002年第4期。有一种比较有意思的观点认为,欧盟国家经济一体化过程中货币政策虽然统一了,但是财政政策还是相互独立的。这是欧盟国家目前财政债台高筑的基本原因。与此相比较,在中国各省级政府与国家的财政关系上,各省市也有竞相举债、搞财政透支的基本动因。

② 刘志彪:《区域一体化发展的再思考——兼论促进长三角地区一体化发展的政策与手段》,《南京师大学报》,2014年第6期。

碍以上海为中心的"极化—扩散"功能发挥；对统一市场的分割难以使各地享受基础设施投资建设和使用上的外部性；缺乏规模性的统一市场，也会使长三角地区在新一轮全球化趋势中，可能缺乏促进国际贸易的本土效应。长三角地区高质量发展为什么可以通过一体化机制来协调？因为一体化、分工和合作可以实现各地区的共赢共荣，如果不是这样，是你赢我输，或损失大于收益，那么这种一体化机制是无法正常运作的。但是，一体化可以实现各地区的共赢共荣，并不意味着一体化可以无摩擦成本地顺畅运行。在绝大多数情况下，尤其在转轨时期的中国大国经济中，即使大家都能够察觉到一体化的共赢关系，一体化的协调进程也不一定能顺利展开。

综合来看，自然因素、文化传统和习俗、制度因素等都可能是真正影响区域经济发展一体化的因素。其中，文化传统和习俗的长期性和稳定性，决定了区域发展一体化更容易在习俗相近、文化相同的区域间进行，如长三角地区就是地缘相近、血缘相亲、文脉相连，非常便于搭建文化交流合作、协同创新、共谋发展的新平台。自然因素，如地形地貌、气候条件、资源矿产等，虽然也会极大地影响区域一体化发展的成本，但是它们都是可以通过基础设施的投资建设来改善和利用的因素。其实，交通、通信等基础设施的链接和联通，也是一体化发展的基础内容之一。真正可能长期地、持续地扭曲一体化进程的主要力量，可以归结为制度方面的阻碍因素。

制度扭曲区域经济发展一体化的因素可以分为两类：一类是政府行政管理方面的，另一类是企业和市场运行方面的。就前一类因素来说，又有两种格局不同的政府力量：一是中央政府的地区政策所形成的地区差异，以及产业政策实施直接导致的不同市场主体之间的差异；二是地方发展政策创造出来的差异，如为了在整体投资环境欠佳的条件下吸收外来生产要素，各地区会纷纷创造局部优化的发展环境，以各种优惠政策举办各种形式的经济技术开发区。这种创造政策"洼地"的行为，其实也是对非开发区内企业的政策歧视。显然，上述现象是现实的转轨经济中政府常常使用的手段，它们的核心是区分对象、制造差别、形成政策重点，其实就是制造政策歧视，它们是时下中国市场分割或非一体化的主要力量。

企业也有可能会成为分割统一市场的力量。这主要是指企业的垄断行为。垄断行为分割市场，危害市场公平竞争秩序，既会危害创新、损害行业整体利益，也会损害消费者的利益,如针对不同市场主体的价格歧视行为,就会割裂统一市场信号并降低市场调节效率。因此,一体化发展内在地要求反垄断行为。企业形式的垄断也有两种:一种是依附行政权力的国有企业对市场所采取的行政垄断,另一种是依靠市场势力创造的市场垄断。国有企业的行政垄断主要是垄断市场准入并制定高价,这对非国有企业的进入起到排斥作用,是市场非一体化典型的表现;依靠市场势力进行的市场垄断是否对一体化有实质性影响,需要区分市场势力的来源,如果企业依靠技术创新和专利产生市场垄断,那么这在一定时期内要给予保护。否则,只要是依靠市场势力产生攻击和损害竞争对手的行为,都应当且必须受到竞争法的制裁。

二、消除区域经济一体化发展的障碍:主要思路和办法

建设和完善长三角地区一体化高质量发展的协调机制,消除制度扭曲阻碍区域经济发展一体化的因素,主要采用如下办法。

行政权力调整:从合并行政体到让渡部分行政权力。很多人至今都认为,为了有效地推进长三角发展一体化,中央有必要通过行政权力的调整、让渡和集中使用,实现高质量一体化发展的整体目标。这种行政权力的调整,从最激烈的合并行政体要求,到通过某些协议让渡部分行政权力,体现的都是要在既有的体制惯性中解决一体化的协调机制问题。

在合并行政体的要求方面,有过一些有重要影响的方案,如扩大上海行政版图、建设"江北上海"方案等①。这些方案的出发点是,由此解决上海的发展空间,同时根据历史和现实的联系,打破行政区划的束缚,使上海这个一体化的核心地区发挥更大的辐射作用。通过协议让渡部分行政权力来集中实现一体化协调的方案,是一种较为激进的一体化方案选择,如要求上海代管某地,以及按行业建立具有一定约束力的长三角地区管理机构。后者大多数属于具有双赢性质的一体化事务,如旅游、交通、

---

① 具体是建议将邻近的江苏昆山、浙江嵊泗等市县纳入上海行政区划,实现长江三角洲龙头扩容;还有中国社会科学院倪鹏飞课题组的激进方案,建议通过行政区划调整将南通划入上海。

通信等行业的一体化协议。未来在高质量一体化发展的国家战略指导下,很多服务行业将产生新的一体化形式,如长三角地区上学、看病、养老等一体化。

从合并行政体到让渡部分行政权力,这些指望通过行政区划和行政权力的调整来实现一体化的办法,不能说是无效的,但是其具体效果需要仔细认真评估,需要限定它的作用领域和作用范围。总的来看,通过政府间协议让渡部分行政权力集中使用,对于公共类服务发挥规模经济和范围经济效应是很有必要的,绝大多数情况下也是有效的①。但是动辄要求通过合并行政体来建设协调机制的办法则是不可取的。

这是因为这种看法和做法把区域非一体化的原因归结为行政区划的存在,认为"过小的"行政单元设置,直接导致了市场被割裂、产业结构趋同,以及基础设施外部性功能不能正常发挥。这种观点是有逻辑错误的。虽然以行政边界分割市场是市场碎片化的显著特征,但这并不等于说"行政区划设置=市场割裂"。这是因为在当今世界,由于管理成本和文化习俗等原因,管理国家,尤其是幅员辽阔、人口众多的大国,都必须按行政区划来进行。有行政区划,就有独立的利益边界,就有相对独立的财政体系,但财政独立和利益独立,并不意味着行政割据。其实恰恰相反,独立的利益要通过高水平的对外开放,而不是相互封锁、相互排斥就能实现利益最大化。众所周知,发达的国家也有各种行政管理体制和行政边界,但是为什么它们没有出现行政权力和行政边界严重妨碍统一市场的情况呢?由此可见,行政权力和行政边界并不是造成市场分割的充分条件,政府权力过多地、过深地插手市场经济,运用行政手段干预企业的微观营利性活动,才真正会导致市场的非一体化②。

因此,在转轨经济中建设区域一体化发展的协调机制,重要的问题是要在放开市场的同时,转变政府行政职能,建设法治型、服务型政府,即让其与市场利益脱钩,专司公共事务,唯此才能消除其干预市场的动机和行为,才能解决统一市场被行政权力割裂的非一体化问题,否则只能落入计划经济体制下行政关系调整的怪圈。在实践中,我们并不能因为某一地区行政割据现象严重,就撤并现行的行政地区。不彻底解

---

① 举例来说,治理环太湖生态问题,因涉及跨省市的政府协调问题,所以就需要各地政府让渡一些相关权力,成立环太湖生态环境保护执法机构。这些方面的例子很多。

② 刘志彪:《长三角区域合作建设国际制造中心的制度设计》,《南京大学学报》,2005年第1期。

决造成行政权力过于深入地干预市场活动的深层次问题,那么合并行政区域只会把原本小范围的摩擦放大,使摩擦力度加倍,破坏程度更高。即使我们把整个长江以南地区都归并为一个"南方行政区",又能怎么样?一体化问题能解决吗?肯定不能,而只是把小尺度区域的协调问题,上升为更高行政级别的协调问题。因此,如果地方政府的职能不转换,深度干预企业和市场活动的问题不解决,即使让整个国家变成一个计划经济体制下的工厂单位,也难以提高经济效率,相反还会带来新的低效率问题。据此来看,我们有些人的计划经济思维实在是太根深蒂固了,一说要搞区域一体化发展,马上想到的方案就是调整行政区划。这其实是不相信市场,过分迷信行政手段的力量罢了①。放开市场、充分竞争是经济发展一体化的微观基础。充分的市场竞争是形成长三角地区经济一体化高质量发展的微观机制。如果这个机制不建立或者不完善,就不可能形成合理的产业合作和分工,也不可能形成高质量发展。

很多人通过列举长三角地区这些年来产业更加趋同、分工减弱等现象,来论证充分的市场竞争会加大这些非一体化倾向。其实,这些现象往往并不是因为市场竞争,而恰恰是地方政府干预企业经营过于深入,导致市场竞争不足所致。分散决策的投资者在依据不完全、不充分的信息进行决策时,出现产能过剩和重复建设、趋同发展格局是必然的趋势。可怕的不是重复和由此导致的产业结构趋同,而是趋同后因为地方政府干扰,不让企业选择竞争性退出,即因为地方政府狭隘的保护机制,在竞争失利中的企业缺乏收购兼并和破产倒闭机制,无法正常退出,被迫长期在行业中忍受煎熬、亏损和补贴,这才真正出现了我们所反对的非一体化发展的混乱趋势。如果市场竞争是充分的,竞争优势不足的企业、失败的企业将自动退出市场,不会以亏损的方式继续提供产出,从而出现市场的自动出清效应,供求和价格也会自动回归均衡。

国内外的实践证明,放开市场,由企业主体去进行充分竞争,建立经济发展一体化的微观基础,最需要鼓励的是市场主体之间的收购兼并活动。理论和实践都证明,激励企业间的收购兼并活动,必然会把外部经济性转化为内部经济性,"搞对了的激

---

① 刘志彪:《区域一体化发展的再思考——兼论促进长三角地区一体化发展的政策与手段》,《南京师大学报》,2014年第6期。

励"将产生巨大的市场和经济的一体化效应。在目前中国的经济发展阶段,我们有如下建议。

第一,长三角地区要学习欧共体市场一体化建设的经验,认真研究、仔细设计区域内以市场为导向的联合机制,其中一个重要内容,就是如何大力鼓励跨地区的企业兼并活动。① 跨地区的企业兼并活动,可以以微观治理结构弥补宏观政策的不足和缺陷,诸如产能严重过剩等宏观经济问题,往往只需要在兼并后的企业董事会主动做出一项收缩产能的战略决策就可以顺利化解。考虑到鼓励收购兼并具有内在的促进经济一体化发展的机制效应,欧共体成员国在1957年签订《罗马协议》以及后来的《欧共体条约》时,都没有专门对收购兼并提出具体的限制或控制的办法,而控制兼并则是美国《反垄断法》的核心内容之一。这是欧盟竞争法与美国反垄断法的巨大差别。为什么欧盟要容忍兼并可能带来的垄断及其非效率问题呢? 其实就是想要利用它的特殊功能解决欧洲国家规模小、市场容量窄的先天不足问题,是为了快速形成规模经济和范围经济,为了能够有实力与美国、日本等经济体进行有效的竞争。②

第二,中国是产能严重过剩的国家,长三角是产能最严重过剩的地区之一,消除产能过剩是供给侧结构性改革的首要任务之一。因此,我们目前还不能抽象地谈论要不要反兼并重组,而是要从实际出发,鼓励企业在资本市场上实现跨区域的兼并活动,以产生市场结构的自我清洁效应。长三角内部的兼并重组活动,是经济一体化发展的最有效的微观机制。过去,我们在分散主义发展的导向下,经历了许多大规模的重复投资建设活动,也留下了许多低效甚至已经"僵尸化"的企业。在新一轮全球市场竞争中,中国企业面临着跨国公司的强力排斥和竞争,利用自身的大市场容量建设巨型跨国企业,是下一个阶段发展政策的重要取向。为此,长三角地区要以中国不断增长的、庞大的内需为基础,推进企业的兼并重组活动,以此作为发展一体化的重要工具和手段,重塑市场,利用好市场的结构效应和竞争协调效应。

第三,为消除过去大规模"铁公基"盲目重复建设的低效项目,防止出现大规模金

---

① 刘志彪:《建立长江三角洲区域共同市场》,《社会科学报》,2002年8月15日。
② 刘志彪:《欧共体一体化对长三角的启示》,《今日浙江》,2007年第3期。

融风险,我们应该运用过去行之有效的行政手段,坚决打破行政关系造就的地域壁垒,在此基础上,再模拟市场机制的方法,有效地整合过去各地的基础设施投资项目。解铃还须系铃人。具体来说,就是要以资产重组这个系统化的市场化工具,由政府出面牵头各地联合构建巨型控股资本集团。例如,长江流域有很多的港口码头设施,过去在"以港兴城"的口号下投入了巨额的资本,但是在各自为政的体制下,这些基础设施因缺乏一体化的规模效应,能够发挥的效能很低,造成巨额浪费或闲置。如果可以在更高层级政府的推动下,由更高管理水平的港口码头公司出面组建港口股份公司,则不仅可以改善甚至解决这些存量基础设施的不良效应继续发酵的问题,而且可以推动区域内经济发展的一体化水平,提高各地区的竞争能力。①

第四,在新一轮经济全球化趋势和高水平开放的前提下,我们不仅要鼓励企业在长三角地区的兼并收购活动,而且要鼓励企业沿"一带一路"建设全球价值链和国内价值链,在"走出去、走进去、走上去"的过程中,让长三角地区的企业自主地联合起来,集中资源到国外建设各类经济技术开发区,联合收购国外的优质资源为我所用。在这个过程中必然会产生市场集中和产业集聚现象,形成新的适应全球化竞争的新优势。

放统结合:放开市场,同时规范竞争,以建设统一竞争规则来协调长三角区域一体化进程。从根本上解决区域经济发展一体化的协调问题,不能仅从行政体制的调整来考虑,也不能仅把市场一放了之,而是要从建立统一、协调、有序、开放市场的角度来综合考虑,这就是要以建设统一竞争规则来协调长三角区域一体化进程。

建设统一竞争规则,不能不谈竞争政策。竞争政策是为了维持和发展竞争性市场机制所必须采取的各种公共措施,包括各种规范、实现和增进竞争的制度体系和政策措施。② 它是规范市场主体竞争行为方式的基本法律,以创造公平竞争环境为基本宗旨和取向;是规范现代市场经济运行的"宪法"或者根本性大法。竞争政策要为企业有活力腾出空间,为市场有效率加强监管,为调控有力度尽责到位,只有有效地

---

① 刘志彪:《区域一体化发展的再思考——兼论促进长三角地区一体化发展的政策与手段》,《南京师大学报》,2014年第6期。

② 吴敬琏:《确立竞争政策基础性地位的关键一步》,《人民日报》,2016年6月22日。

发挥竞争政策的基础性作用,我们才有可能真正实现市场在资源配置中起决定性作用和更好地发挥政府的作用。让竞争政策协调各项经济政策及法律法规,是全球市场经济国家的通行惯例。

至于竞争政策为何能在经济一体化发展中起到有效的协调作用,其实道理也很简单:一方面,竞争政策可以避免政府对贸易投资以及要素流动的人为限制,在统一、开放、竞争、有序的制度平台下,为跨区域的生产、贸易、投资和公共设施活动创造联合的条件;另一方面,竞争政策的平等性也决定了它可以校正竞争秩序,从而有效地防止具有市场势力或行政垄断权的企业和地方政府扭曲竞争,推动市场一体化进程。如果各地区的市场主体都行使垄断行为、打击竞争对手,各地方政府都按其利益边界制定竞争规则,那么市场竞争必然会导致大量的经济歧视和进入障碍问题,根本不可能产生具有经济理性的利益边界。①

为此,要在国家《竞争法》的指导下,约束政府的行政垄断能力,限制政府权力通过国有企业行使区域市场垄断的行为,限制企业通过市场势力分割市场的行为。这就需要逐步修正和废除各地与一体化发展有冲突的地区性政策和法规,协调好各地产业政策和经济发展战略,加速经济政策扩散的一体化,复制已经成功的国家政策试点经验,如各种自贸区试点政策、科创中心建设试点政策等,以有意识地适应区域经济一体化发展的需要。

三、以竞争政策主导区域一体化发展的两个重点问题

以建设统一竞争规则来协调长三角区域一体化进程,首先需要把过去以产业政策为中心的发展,转向以竞争政策为基础的发展,确立竞争政策在经济政策体系中的基础性地位。竞争政策之所以在经济政策体系中处于基础性地位,是因为只要竞争条件公平和公正了,对于企业而言,需要比拼的就是经营效率了,只有高效率的企业才可以生存下来,因此这将使经济高速地走向创新驱动的路径。这是所有经济政策

---

① 刘志彪:《现代产业经济学》(第 2 版),北京:高等教育出版社,2009 年,第 53-55 页。

都想要达到的基本目标。

我国在从计划经济向市场经济转轨的过程中,由于市场机制调节功能差,大量投资项目的运作需要由政府出面,因此产业政策在推动发展中起着举足轻重的作用,而竞争政策往往只起着微弱的、次要的作用。产业政策与其说是明确重点扶持对象倾斜发展,倒不如说是创造不公平和歧视。未列入产业政策支持的企业、地区和项目,将在竞争中处于十分不利的地位,但是随着我国进入高质量发展阶段,发展问题的主要矛盾和矛盾的主要方面,已经从追求"有无"转向追求"好坏"。优化资源配置和提高投资效率,需要减轻政府对市场的行政干预,减少产业政策的倾斜力度,更多地发挥市场主体的自我扩展、自我收缩和自我选择功能,从而更好地满足人民对美好生活的需要。在高质量发展的背景下,产业政策转向以竞争政策为主,就成为历史发展的必然选择。

转向以竞争政策为基础的发展,需要讨论的地方很多,如政府功能和机构改革、市场机制和机构的建设、宏观调控职能形式的转变和功能发挥、《竞争法》如何完善等一系列问题。限于议题和篇幅,我挑选了以下两个与长三角一体化协调机制建立有直接关系的方面进行论述,但这并不意味着其他的方面不重要。

第一,长三角各地区要尽快启动对各地过去出台的规章制度、政策文件的审查。主要问题涉及两个方面:一是要在现有的司法制度架构下,加快建立和健全长三角各地区竞争政策的执法机构,或者各地把这种执法权委托让渡给某个独立于本地利益的机构,明确其主要职能是开展公平竞争审查;二是长三角各地区政府和执法机构需要以国家的《竞争法》为依据,尽快启动对地方性法规的审查行动,大规模地清理和整理反一体化的规章、文件和其他政策措施,废除、修订与国家《反垄断法》相抵触的条款内容。①

这就是:(1)要把目前分散在司法系统、发改委系统、工商市场总局系统、商务部系统的反不正当竞争和反垄断职能进行必要的梳理和归类,成立综合协调机构统一行使竞争政策的执法功能;(2)要以法律形式规定,从现在起,今后地方新颁布的法

---

① 杨光普,陈昌盛:《加快确立竞争政策的基础性地位》,《经济日报》,2018年11月29日。

规和政策措施,都必须通过反垄断部门的公平竞争审查。凡可能会导致排除、限制市场竞争效果的,都应发回重新审理。要加速废除过去那些陈旧的、以限制竞争为目的的各种内部文件,如授权某些特定企业尤其国有企业独家垄断的或明或暗的规定。为推进公平竞争,要大幅度减少地方政府产业政策的运用规模和范围,大幅度减少政府对企业的补贴基金,把保留的各种优惠政策降低在关系到国计民生的、必须紧迫地发展的极少数幼稚产业范围内。①

第二,以"竞争中立"原则为准绳,对不同行业、不同规模、不同所有制企业,采取一视同仁政策,创造平等竞争的市场环境。② 各种针对民营经济的歧视现象,是市场非一体化发展的主要表现。我国过去长期对企业实施的按所有制原则进行分类管理的办法,其出发点是为了突出政策的重点,倾斜使用匮缺的资源支持国有企业。这种管理方法从一开始就是"非中性"的,就意味着严重的所有制歧视。

经过40年的改革开放,我国面临的发展问题,不是没有竞争,而是缺少平等竞争,缺少最基本的公平竞争的条件。这是中国经济结构存在严重的失衡问题的主因。在党的十八届三中全会报告和十九大报告的精神指导下,未来我国的高质量发展要基于建设统一市场的要求,调整产业政策的行使方式,推进经济从"发展竞争"转向"平等竞争",在行业进入、税收征收、财政补贴、行政监管、政府采购等方面给予不同所有制企业平等竞争的政策环境。③

(原载于《学术前沿》2019年第2期)

---

① 杨光普,陈昌盛:《加快确立竞争政策的基础性地位》,《经济日报》,2018年11月29日。
② OECD,Competitive Neutrality:Maintaining a level playing field between public and private business,OECD Publishing,2012.
③ 刘志彪:《从发展竞争转向平等竞争》,《北京日报》,2018年11月26日。

长三角区域市场一体化与治理机制创新

摘要：市场一体化是长三角区域高质量一体化发展的基础和关键。实施这一项国家战略规划应该首先从长三角区域市场一体化开始。区域市场一体化有助于形成一体化发展的统一大市场,依据于强大国内市场可以转换中国经济全球化的模式,也有助于进入创新发展轨道。从过去鼓励地方政府间的竞争,转向提倡地方政府间的合作治理,建设、完善和创新区域治理机制,是在现有的行政体制中推进长三角区域高质量一体化发展的最有效途径。为此需要我们把竞争政策作为推进一体化发展的"一盘棋"的手段和机制,要以竞争政策为基础协调其他经济政策,为市场一体化创造政策协同的环境。

关键词：区域市场一体化;治理机制;竞争政策;长三角地区;案例分析

长三角区域高质量一体化发展的国家战略,聚焦的是"高质量"和"一体化"两个关键的发展问题。这个国家战略的目标是要通过转变发展方式和重塑经济地理格局,使长三角地区成为全国发展强劲活跃的增长极,成为全国高质量发展的样板区,成为率先基本实现现代化的引领区,成为区域一体化发展的示范区,成为新时代改革开放的新高地。

对这个经过了三十多年的努力才上升为国家层面的战略规划,问题的核心早已不是"怎么看",而在于"怎么办"和"怎么干"。也就是说,现在长三角区域一体化发展问题的焦点,主要集中在过去一直没有顺利解决的操作上的老问题:利益边界相对独立、行政权力相对完整、发展水平和结构上各有千秋的三省一市之间,如何根据"高质量"和"一体化"的要求,打破一亩三分地的思维方式和地方保护主义的传统做派,通过建设有效的区域治理机制,提高区域资源配置效率和全球资源吸纳能力,实现协同、协调和协商的发展?

过去的实践经验证明,长三角区域高质量一体化发展的内涵十分丰富,其中至少包括"战略一盘棋、规划一张图、交通一张网、环保一根线、市场一体化、治理一个章、民生一卡通、居民一家亲"等若干方面的要求和内容。高质量一体化发展首先从哪里着手和率先突破?这是一个很重要的操作次序选择问题,直接决定一体化过程的成败。毫无疑问,在经济体制转轨时期,市场一体化是长三角区域高质量一体化发展的"牛鼻子",是所有问题的基础和关键。因为只有以市场导向的发展为龙头、以市场一体化发展为基础,才有可能在这个过程中充分调动一体化的主体,即企业的积极性,才可以据此界定政府与市场的边界、职能和任务,才能驱动长三角地区资源配置体制机制的根本转型,才可以在此基础上实现这个国家战略所承担的宏伟目标和艰巨使命。

有鉴于此,本文将在分析以市场一体化为核心推进长三角区域一体化发展这个重要命题的基础上,指出长三角高质量一体化发展需要建设、完善和创新与市场一体化发展相适应的区域治理机制。未来我们应该根据深化社会主义市场经济体制的要求,把竞争政策作为推进长三角区域市场高质量一体化发展"一盘棋"的手段和机制。最后,我们以区域股权交易市场为例,对长三角区域金融市场一体化发展问题进行案例分析,进一步指出中国在市场取向的改革进程中,必须以竞争政策为基础协调其他经济政策,为市场一体化创造政策的协同环境。

一、以市场一体化为核心推进长三角区域一体化

长三角区域一体化三十多年来的实践说明,在中央政府向地方政府放权让利、塑造出分散竞争主体的转轨经济体制中,中国经济的市场化程度虽然有了巨大的提升,地方保护主义有所缓解,省间市场一体化水平有所提高,但正如许多国内外研究者所观察到的那样,作为转轨经济体制的固有顽疾——"行政区经济"即经济运行中的市场行政分割和市场碎片化竞争的问题,在中国经济运行中并没有得到彻底的解决,甚

至在有些方面出现了新的市场分割形式。①

"行政区经济"中的碎片化竞争最有损于资源配置的经济效率,既无法通过强大的市场形成对资源吸纳的能力,也无法用统一市场促进企业达到规模经济状态从而增强国际竞争力。党的十八届三中全会指出,建设统一开放、竞争有序的市场体系,是使市场在资源配置中起决定性作用的基础。党的十九大报告进一步强调要清理废除妨碍统一市场和公平竞争的各种规定和做法,指出经济体制改革必须以完善产权制度和要素市场化配置为重点,实现产权有效激励、要素自由流动、价格反应灵活、竞争公平有序、企业优胜劣汰。建设统一市场、要素市场化配置从哪里开始做起比较好?在大国经济中,当然首推区域市场一体化发展。因为区域市场一体化发展就是消除区域分割,就是拆除要素流动的各种壁垒实施相互开放,让产品和要素可以按照市场规律去高效率地配置。这正是全国统一市场建设的核心内容和基础机制。另外,从发展阶段看,像中国经济这种处于发展中的大国经济,各地情况复杂,区域发展差异很大,全国统一市场建设、要素市场化配置的任务不可能一蹴而就,而必须分区域、分步骤和分阶段推进,比如,要首先从长三角这样的文化相通、地域相近、经济发达的区域做起。在推进区域市场一体化的基础上,如果再强调各个一体化经济区之间的相互开放,以此推进全国统一市场的建设,可能就是最优的改革次序选择和工作步骤。②

长三角地区是中国经济最发达的区域,党中央决定首先把其高质量一体化发展上升为国家战略,这是中央对长三角过去三十多年来一体化发展努力和探索的充分肯定,是在中美贸易摩擦的大背景下,国家借助于区域协调机制来完善中国改革开放总布局、发掘经济发展新动能、发挥中国经济韧性的具体行动。当然,更意味着中国已经准备好了在区域市场一体化的基础上,开始了建设统一、竞争、开放、有序的强大国内市场的行动。

---

① 邓慧慧,杨露鑫:《高质量发展目标下市场分割的效率损失与优化路径》,《浙江社会科学》,2019年第6期;林丽花,张军涛,黎晓峰:《市场分割研究综述与展望》,《生产力研究》,2018年第9期。
② 刘朝明:《经济一体化进程中的区域发展与政策模型》,《数量经济技术经济研究》,2002年第11期。

如果说建设统一市场、要素市场化配置要从区域市场一体化开始,那么长三角区域高质量一体化发展应该首先从哪里做起呢?答案是也应该从鼓励和支持长三角区域市场一体化开始。主要理由如下。

第一,长三角区域一体化发展只有以市场一体化为核心,才可以逐步把处于分割状态的"行政区经济"聚合为开放型区域经济,把区域狭小的规模市场演变为区域巨大的规模市场。长三角地区的加总经济规模虽然在全国各区域处于首位,而且由区域内人均收入水平决定的购买力也不能算小,但是就企业发挥规模经济效应所需要的现实市场规模来看,不能算大。这是因为,长三角与全国其他地区一样,因省际行政关系的分割,该区域市场并不是统一市场,也不是一个可以被企业高质量利用的一体化的市场。不要说长三角三省一市间,即使在一个省的内部,也存在着大量的市场非一体化现象。例如,存在着大量的实际产出远低于设计产能的制造企业、港口码头等。如果市场是一体化的,这些产能严重过剩的企业将被并购,从而生存下来的企业达到最佳规模,实现合理的产业分工。① 但实际情况是各自为战,竞争性项目缺乏市场协调,省际企业收购兼并阻力重重。显然,如果打破市场分割实施区域间相互开放,放手让区域内有效率的企业收购兼并低效率的企业,让企业成为微观一体化的决策主体,就有可能真正形成一体化统一的大市场,实现以市场一体化为核心的区域一体化发展。

第二,长三角区域一体化发展只有以市场一体化为核心,才可以据此转换经济全球化的发展模式和机制。在过去以出口导向为特征的经济全球化中,长三角地区对全球市场的利用是十分积极而且充分的,但是对区域的、国内的市场利用,却是非常不够的,尤其是江浙地区的制造业,借助于全面实施外向型经济发展战略,把大量的过剩产能都销售到了海外市场。在当今逆全球化趋势下,国际市场不可能再像过去那样为长三角的经济发展提供增长动力,未来必须主要利用国内市场,因而培育和形成一个国内强大市场规模的问题显得越来越迫切和重要。只有通过区域市场一体化

---

① 过去的几十年中,国内产能严重过剩条件下还能生存下来那么多企业,主要是一方面我们大量利用了国外的市场进行出口导向,另一方面政府补贴也起到了相当大的作用。

的手段和工具聚合起强大的区域市场,以及在此基础上逐步形成国内超级市场规模,才有可能构建起类似于美国那种基于大国经济强大内需的经济全球化模式,并在超级规模的内需支撑下,通过企业间的竞争形成合理的产业分工和企业规模,才能为实现基本现代化而需要的、持续的经济增长提供动力机制。

第三,长三角区域一体化发展只有以市场一体化为核心,才可以据此虹吸全球先进的创新要素,发展中国的创新经济,实现产业链向中高端攀升,实现高质量发展。长三角过去的比较优势是物美价廉的生产要素,利用其加工制造出口长期获取低附加值收入。进行国际代工的产品都是由跨国公司事先已经研发和设计好的,代工厂家只需要按图纸生产制造就可以了,因此代工企业并不掌握创新的技术和诀窍。现在长三角低价要素这个优势,随着国内生产成本的提高和外国企业的进入正在逐步地衰减。新的比较优势正在崛起,它就是随着区域市场一体化进程加快而日益壮大的国内市场规模。这种强大的区域统一市场或国内强大市场,既有利于促进中国企业取得规模经济效应和国际产业竞争力,又有利于中国企业走出去投资办企业,还有利于中国企业利用自己的巨大需求把研发、设计等知识密集环节向国外企业发包,在这个过程中学习外国企业的知识和技术。总之,可以有利于中国企业广泛吸收东道国的知识资本、技术资本和人力资本,形成新的全球分工或产品内分工格局,使中国企业从全球价值链低端的成员,成为全球创新链中的 个有机组成部分。

第四,长三角区域一体化发展只有以市场一体化为核心,才可以使长三角地区突破分割治理的传统模式,进入经济一体化协同治理的新阶段。生产要素市场化配置,即在更广范围内实现自由流动与组合,尤其是劳动力的自由流动与竞争性配置,是市场一体化的核心和重要内容。只有以劳动力为中心的生产要素实现了市场化配置,区域经济一体化才能真正实现,否则任何所谓的一体化都是不完整的,都没有摆脱"分割式治理"的基本特征和属性。而且,所谓的"分割治理",其实主要就是对生产要素市场化配置进行行政限制。在此基础上所展开的区域发展竞争,也主要体现在要素流动不充分条件下的高速度、高投入、低质量的经济发展。基于市场一体化基础上的区域间协同式治理,就是要求各地以区域开放性市场建设为目标,坚决破除本位主义的思维定式,在统一规划管理、统筹土地管理、制定促进要素自由流动的制度、创新财税分享机制、推动基础设施共建共享、统筹协调公共服务、联防共治生态环境等方面,合力探索有利于长三角一体化发展的治理结构和治理机制。

根据阻碍区域市场一体化的因素,推进长三角区域一体化高质量发展最重要的问题可能有如下几个方面。

第一,过去提倡和鼓励地方政府间的竞争发展,现在实施一体化国家战略要提倡和鼓励地方政府间的合作协调发展。地方政府间的竞争是中国过去经济发展的重要动力,但它却是导致市场分割和市场碎片化问题的关键因素。解决"行政区经济"这个问题的关键还在于:一是要改革地方政府官员的业绩考核评价体系,把实现一体化发展而不仅仅是生产总值、财政收入等作为区域内官员的主要业绩,以此扭转其行为准则和外在的压力机制;二是要限制地方政府参与市场活动、干预市场的权力边界,这个权力应该主要局限于对市场的公共利益调节,而不能成为市场营利活动的追求者;三是可以根据一些具体的一体化发展协议,通过各地政府协商方式,让渡某些公共权力给相应的长三角一体化机构,把竞争转化为合作。

第二,推进市场的一体化,要从区域内具体的项目做起,要学习欧洲人搞欧共体时的那种务实精神,避免在范围广泛的领域中进行抽象的议论,避免议而不决。欧共体当年就是从煤钢、原子能利用委员会的协调功能开始的,一直发展到成功建设欧元体系。① 长三角地区市场一体化需要协调的领域非常广泛,可以本着先易后难的原则,从破除政府公共项目的合作障碍开始,如消除断头路,区域轻轨建设,港口码头的委托管理或股权一体化等,逐步往消除户籍障碍、教育等民生一体化这些难点方面努力。等长三角区域内的民众都逐步得到了市场一体化的好处后,自然都会衷心拥护这个国家战略,这个战略推进起来力度就会更大且更容易成功。

第三,在推进区域市场一体化中,要注意发挥企业尤其是企业集团的主体作用。一是要鼓励区域内企业的收购兼并活动。微观层面的收购兼并活动,把区域间企业的市场协调方式,转化为企业内部的协调方式,会导致强烈的一体化效应,因而是长三角区域市场一体化的最有效的工具。二是要发挥大企业或企业集团在建设产业集

---

① 梁琦:《欧盟一体化过程给我们哪些启示》,《学术研究》,2009年第8期。

群中的一体化作用。产业集群模糊了行政区域的界限,是市场一体化的空间载体。产业集群也可以实现按经济区域"极化—扩散"增长的现代生产力配置方式。例如,如果我们在长三角宁杭沿线建设基于生态走廊的科技创新产业集群,那么沿线一体化发展的高技术产业将会覆盖苏浙皖三省。三是要依据国内企业之间的产品内分工,构建链接各区域的一体化的价值链。如基于市场公平交易的价值链,半紧密型的被俘获的价值链,以及紧密型纵向一体化的企业集团等。依据这些价值链,可以把长江经济带开发战略与"一带一路"倡议结合起来,在企业抱团走出去的过程中,共同投资"一带一路"国家,转移中国丰富的、有竞争力的产能。

二、把竞争政策作为推进长三角市场一体化的主要治理机制

推进长三角区域市场一体化,难点在于实现市场一体化的治理机制创新和建设。在这方面的认识差异很大,有些观点甚至是完全相反的。例如,对具有独立利益边界的长三角"行政区经济"的市场一体化问题,一种较为流行的观点是,必须加强对各行政主体一体化国家战略"一盘棋"意识的教育,必须通过设置高一级的行政机构,或者通过行政机构的撤并,或者通过强化政府协调职能才能进一步推进。也有观点认为,只有通过竞争政策破除行政主体设置的各种有形和无形的行政壁垒,才能强化市场主体的活力,才能进一步完善竞争关系,才能在开放中实现竞争协调的一体化。同时,有更多的人认为,只有建设、完善和创新长三角区域治理机制,才是在现有的行政体制中实现市场高质量一体化发展的最有效途径。

这个治理机制究竟是什么?是不是就应该围绕长三角区域"一盘棋"要求,建立各种相关的行政机制去协调?中国经济从计划经济体制脱胎而来,遇到市场机制发育不良所导致的问题时,很容易重新陷入计划经济的思维方式和运作习惯。针对过去分散化治理中出现的市场混乱和无序现象,有些人不是去尽快放开市场竞争和完善市场秩序,而是归咎于转轨经济体制的缺陷,认为还是应该树立"一盘棋"的思想,把分散的事务"收回去再想办法统一管起来"。在这样一种理念下,推进市场一体化遇到了障碍和利益冲突。首先提出的主张就是合并行政区,或者要求中央在长三角

三省一市之上成立某个级别更高的行政协调机构。其实,以行政手段解决"行政区经济"体制中遇到的行政问题是没有出路的。如果行政手段真的如此有效,那么过去的计划经济体制为何要向市场经济体制转型呢?如果行政合并总是有效的,那么把沪苏浙皖合并起来,恢复原华东区的建制不就完了吗,国家何必大费周章去搞什么长三角一体化发展战略呢?因此,重点是要寻求与市场一体化发展相适应的区域治理机制,想回到旧体制肯定是错误的,是没有前途的。①

很明显的是,市场一体化发展的最终结果之一,必定是长三角区域经济实现"一盘棋"的发展格局。但是,显然我们不应该把统一的行政机制作为长三角区域市场一体化发展的"一盘棋"手段,而应该根据社会主义市场经济体制发展的要求,把内生于发达市场经济体制的竞争政策作为推进长三角区域市场高质量一体化发展"一盘棋"的手段和机制。②

第一,竞争政策是保护竞争的法治化、强制性的治理机制,它保护竞争而不保护竞争者,有利于实现由市场竞争协调的市场一体化。在统一的竞争政策协调下,各种针对市场主体的歧视性约束都取消了,竞争条件也公平和均等了,对各种所有制、技术水平、企业规模、各个地区的企业都是一视同仁的,这样市场留下的就是关于效率的竞争。谁效率低,谁就被无情地淘汰;谁效率高,谁就在市场上留下。这样生存下来的企业就是真正能为社会创造价值和财富的优秀企业,也就真实地展现了高质量发展的进程。

第二,竞争政策是限定政府在市场中职能的法治化、强制性的治理机制,它不仅反对行政垄断,从而有利于破除各种反市场一体化的行政力量,而且,竞争政策主张清理和废除一切妨碍统一市场和公平竞争的各种规定和做法,限制政府干预市场的空间和领域,从而有利于界定政府在市场中的职能和权力边界。政府干预导致市场

---

① 刘志彪:《长三角区域高质量一体化发展的制度基石》,《人民论坛·学术前沿》,2019年第4期。
② 一些研究认为,中国现在已经具备了以市场化推进区域协同发展的基础。参见洪涛,马涛:《区域间协调发展具备市场基础了吗?——基于国内市场整合视角的研究》,《南京大学学报》,2017年第1期。

非一体化的一个重要力量,就是政府授予市场中的企业尤其是国有企业的行政垄断权力。行政垄断排斥其他企业进入市场,强制对所服务的企业收取高额费用,指定客户购买它们的产品或服务,这一系列的垄断行为都会有损于社会福利,有损于市场效率,因而反行政垄断就是鼓励市场一体化发展。在国际市场上,中国正从过去遵守执行世界规则向参与制定和执行世界规则的地位转变,更要首先在国内实施严厉的竞争政策。如果真正能够做到,那么政府的行政权力对市场的干预空间和领域是非常有限的,而且,由于任何其他经济政策的出台都必须以竞争政策为基础进行矫正和校对,任何违反竞争法的经济政策都会被打回去重新审理和制定,因此,一切来自政府的这种超经济强制的力量,都会受到竞争法的制约。

第三,竞争政策是限制企业运用市场势力垄断市场的法治化、强制性的治理机制,它反对企业运用各种攻击性、掠夺性的手段获取垄断地位,从而有利于破除各种反市场一体化的市场势力。企业可以在市场竞争中通过创新、管理、广告、收购兼并等行为形成市场势力。市场势力体现为垄断,但是不一定具有垄断能力就要被起诉。只有具有市场势力且运用这种势力攻击竞争对手、对竞争对手和客户造成实质性危害的企业,才会受到竞争法的指控。允许企业形成市场势力是鼓励企业进行基于效率的竞争,不允许企业运用市场势力损害竞争者,是保护市场公平竞争。竞争政策的这种协调效应,表明它是市场一体化发展的制度基石。

第四,竞争政策是鼓励企业运用收购兼并实现市场一体化的法治化、强制性的治理机制,它可以作为宏观经济一体化的微观基础手段和方法。很多通过政府强力干预的非一体化事务或者低效率现象,通过企业的市场化运作,就可以轻松实现。如严重的产能过剩问题,政府冒着刺破金融泡沫和引起经济波动的风险强力去干预,强制去产能,费力不讨好、成本高昂暂且不论,其实际效果也是值得重新评估的。但是如果放开和鼓励行业内的优势企业去进行收购兼并,那么不仅可以很快消除产能过剩问题,而且可以借势成长起超大规模企业,从而在竞争中塑造出中国的跨国公司。有时候,一个行业内的产能过剩问题,只需要行业内高效率企业并购后,开几个产业调整布局的董事会就可以解决。正是因为收购兼并具有实现市场一体化的巨大功能,所以我们主张,长三角区域市场一体化要大力推进兼并收购活动,国家的竞争政策也要为今后全国各地实施一体化战略留下一定的灵活操作的空间。①

在现有的行政体制中实现市场高质量一体化发展,有效的途径除了要建设、完善和创新竞争政策的治理机制外,还可以提倡和鼓励政府间的协调与合作性治理。尤其是在涉及规划、交通、环保、治理、民生等领域,不是市场机制可以通过竞争自动解决的,而是政府必须承担的天然职能,因此,必须加强政府间的合作协商治理。这对解决市场的外部性、提高市场效率尤为重要。进行这种协商和合作,有时往往需要根据"成本共担、利益共享"的原则,相互之间通过协商签订一定的协议,或者约定一定的章程,也需要把所涉及的某些政府权力,让渡给或委托给某个龙头部门去运作。操作的龙头部门必须接受参与者的集体监督。长三角区域市场一体化,要把这种让渡部分治理权作为政府协调与合作的重要方法。

三、长三角区域股权交易市场一体化发展:案例分析②

长三角区域市场一体化发展的主要障碍,除了与长三角行政分割的体制有关外,还与国家主管部门的行政管理格局和机制有关。这是过去对"行政区经济"研究所忽视的重要问题。过去一般认为,破除"行政区经济"的难点,就在于权力分散的地方政府干预市场活动。现在看来,破除"行政区经济"也需要有中央政府及其主管部门的作为。现阶段对长三角区域股权交易市场的跨区域经营的政策限制,就是一个关于在国家主管部门的行政管理格局下,中国"行政区经济"形成的很有趣的故事。从这个案例中,我们可以看到长三角金融市场一体化发展的主要问题的症结所在,也可以深刻理解为什么要以竞争政策为基础协调其他经济政策制定的必要性。

目前,不单是长三角区域,全国各省市股权交易市场的跨区域经营都是受到严格限制的,每个省市都有一个股权交易市场,都只能接受本地企业来市场挂牌交易,不

---

① 刘志彪:《论中国统一市场建设的重点和突破口——兼析"场外交易"市场竞争环境均等化问题》,《江苏行政学院学报》,2015年第4期。

② 本案例分析依据的调研活动,得到了上海股权托管交易中心张云峰总经理和韩梅梅女士的大力帮助,为笔者提供了十分有用的情况和资料信息,特此感谢。

能接受外地企业来本地交易市场挂牌。这对地方市场尤其是高经营水平地区的业务拓展和服务功能发挥造成了巨大障碍。阻碍这个市场一体化的因素,不是地方政府,也不是金融企业,而是金融主管部门限制金融企业跨地区经营的政策。做出这种严格限制的最初目的,是防止区域股权市场野蛮生长、缺乏有效监管可能由此带来的金融风险和发生投资者群体性事件。《关于规范发展区域性股权市场的通知》(国办发〔2017〕11号)和《区域性股权市场监督管理试行办法》(证监会令第132号)这两个文件,把限制区域性股权市场跨区域经营明确写入其中,主要是为了解决因对异地挂牌企业的"监管责任主体不明"而导致的"非法发行股票和非法集资问题"。

我们的一线调研发现,这些规定不仅没能强化来自资本市场的监管能力,反而滋生了监管缺位问题。如果以区域市场一体化发展的思路,允许符合条件的股权交易市场开展跨区域经营,如允许上海股权交易市场与江浙皖股权交易所在长三角区域率先实施一体化挂牌交易,这将除了有利于缓解中小微企业的融资难融资贵难题,还有利于在区域金融市场一体化中,通过促进资本市场化配置,来协调地区间发展差距和发展的不均衡问题。

调研发现,目前主管部门用上述文件限制股权交易市场跨区域经营,这种非一体化的管理思路,并不能真正能解决相关的金融风险问题。

第一,非法集资案件不降反升。根据最高人民检察院公开的数据,2016—2018年,全国检察机关办理非法吸收公众存款罪、集资诈骗罪的案件数量呈逐年上升态势,其中2018年,起诉涉嫌非法吸收公众存款犯罪案件被告人15 302人,起诉涉嫌集资诈骗犯罪案件被告人1 962人。客观数据表明,此项限制跨区域经营的政策,并未扭转此类案件的上升态势,非法集资犯罪行为的发生,与企业选择在何地挂牌两者之间并没有直接的相关关系。

第二,投资者群体性事件未能有效预防。2017年粤股交"侨兴债事件"导致约上万投资人陷入兑付危机,2018年P2P集中爆雷,大量投资人维权。由于目前制度规定区域性股权市场对投资者是不设行政区划限制的,是面向全国开放的,因此无论市场是否跨区域经营,都必须同样面对跨区域的投资者,面对他们的权益受损的风险,以及面对投资者群体性风险的挑战。由此担心地方市场跨区域展业后,一定会出现投资者群体性事件是缺乏根据的。

第三,混淆了"市场监管"和"行政监管"概念。这容易滋生监管缺位,出现市场管不到、行政不作为的真空地带。将区域性股权市场服务的企业限于所在地省级行政区划内,是将市场监管与行政监管概念以及权力边界混为一谈。其实,"市场监管"的内容主要指挂牌企业信息披露和投资者的交易行为,监管针对的是包括挂牌企业在内的市场主体,与挂牌企业注册地和企业运营管理无关。对于属地行政区划外的挂牌或上市企业,区域股权交易市场仍然能够在信息披露等方面很好地发挥监管效力,保护投资者利益。而对治安、工商、纳税等"行政监管",中国实行的是属地化管理,司法裁决等遵循双方的约定。"市场监管"和"行政监管"两者监管的内容和角度不同,中国沪深交易所及新三板从未强调"市场覆盖范围应与监管覆盖范围相匹配",并不表示交易所可以发挥地方政府行政监管作用,也不表示地方政府因为企业挂牌或上市后就发挥不了监管作用。

限制股权交易市场跨区域经营,这种反一体化的政策措施引发的问题主要体现在以下三方面。

第一,使一些区域性股权市场生存困难,一些经营较好的市场作用发挥不佳,造成浪费资源。限制跨区域和开展异地企业清理后,根据行业统计数据,2018 年,全国区域股权市场整体净利润降幅 28.49%,超过三分之一的区域性股权市场亏损,多数市场依靠政府行政力量支撑经营。其中的缘由是,一方面,大多数区域性股权市场经营管理水平不高,尚未建立可持续的盈利模式;另一方面,部分过去以发行私募债,尤其是地方政府债收取佣金来维持生存的区域股权市场,在证监会 132 号令出台,要求只能发行和转让公司股票、发行公司可转债后,陷入严重困境。

第二,不通过统一市场的竞争,就无法优化行业结构,促进股权交易市场发展。限制股权交易市场跨区域经营,通过行政权力来限定企业只能选择本地区域股权市场,不仅忽视了企业的自身意愿,影响了公司自主做出经营决策的合法权益,有失公平原则,而且限制了市场间的良性竞争,无法改善服务,促进整个行业的持续健康发展。实践证明,只有经过统一市场的充分竞争,才有利于改善交易市场的服务,实现市场的优胜劣汰和社会资源的合理配置。

第三,无法通过发展直接融资来支持实体经济发展和新动能形成。区域股权市场每省一家,但每个省的金融环境差异很大,特别是经济相对落后地区,在专业化人才、运营经验和手段、市场公信力、地缘优势、投资者数量等方面资源不足,也就造成了其融资功能发挥不佳。在本地市场融资难,去外地市场又不允许的境况下,对实体经济发展、新动能形成难以带来增量和促进作用,反而产生阻滞和减量效应。另外,限制资源禀赋良好的市场的服务范围,就无法实现资本的跨区域自由流动,也无法有利于区域协调发展。

其实,建设一体化发展的区域股权交易市场,其发展效应将是十分显著的,可以极大地促进中小企业快速成长,同时促进挂牌企业所在地的经济发展。目前长三角地区的股权交易市场完全有能力开展跨区域经营,尤其上海股权交易所在专业化人才、运营经验和手段、市场公信力、地缘优势、投资者数量等方面均具备优势。2017年有关区域化限制政策发布之时,全国约有1 500家跨区域挂牌企业,主要分布于上海、天津、重庆等股权交易市场,这些企业的挂牌得到当地政府的认可和大力支持,且融到了企业亟需的发展资金。许多中小科技企业在获得了挂牌后的直接融资资金支持后,企业的经营业绩迅速增长,对当地就业、财税、技术创新等方面做出了突出贡献,成为当地的名牌企业。因此,根据长三角区域高质量一体化发展的国家战略要求,我们提出解决当前股权交易市场非一体化问题的对策和建议。

1. 取消按行政区域的经营限制,在区域一体化发展中提高资源配置效率。应清理和废除妨碍统一市场,公平竞争的各种规定和做法,优化配置和节约资源,鼓励良性竞争,打破行政性垄断,让市场检验股权市场的价值,决定市场的取舍。经过竞争筛选出来的市场,规范程度更高,将更利于监管。更为重要的是,通过资源的配置,能够让企业获得来自金融要素丰富市场的资金支持,实现引入外来资金促进当地经济发展的目的。建议这个措施可以首先从长三角一体化发展国家战略中开始试行,以积累经验进行示范。试行这个措施必须以竞争政策为基础协调其他经济政策,国家部门出台的所有经济政策都要经过竞争政策的校验和矫正,才能为市场一体化创造政策协同的优良环境。

2. 施行"三统一"。为了推动各地区域性股权交易市场进入规范发展轨道,在现行证监会"统一监管"的基础上,重新建设统一的后台系统,包括证券托管登记、交易撮合、代理买卖系统、证券资金结算等;"统一基础制度",制定统一的市场自律监管规则,重点是设定统一的投资者利益保护标准,设定统一的挂牌企业审核原则和信息披露规则等,保证市场的公平、公正、公开。实现"三统一"有利于创造公平竞争环境,也将有利于实现企业多地挂牌,满足企业的多样化融资需要,也为各层级资本市场间的互联互通奠定基础。

3. 鼓励大胆探索和制度创新。党的十九大报告提出,要推动金融创新增强服务实体经济能力。在股权交易市场实施先行先试、开展探索,将有利于提升区域一体化的市场功能,助力更多科技创新企业成长壮大,为上海证券交易所的科创板孵化更多的科技企业储备资源。为此建议在监管统一的基础上,允许具备条件的长三角区域股权市场大胆创新,如在长三角区域打破行政区域经营限制,试行长三角区域股交所联合挂牌制度等。

(原载于《学术月刊》2019 年第 10 期)

我国区域经济协调发展的基本路径与长效机制

摘要：我们在我国区域经济协调发展的研究中,引入了国际贸易的因素,强调了出口导向贸易、全球价值链和国内价值链在形成地区发展差异中的决定性作用。据此我们认为,中国地区间经济发展差异的形成具有较强的内生性。同时,我们根据中国新一轮以扩大内需为基点的经济全球化趋势,分析新形势下区域经济协调发展的基本路径是从全球价值链逐步走向国内价值链,区域经济协调发展的长效机制是创新体制机制,塑造"强政府+强市场"的调节机制。根据我国体制变迁趋势和政策选择的依据,我们对政府和市场在协调区域发展中的具体作用领域做了归类分析。

关键词：协调发展；全球价值链；国内价值链；中国区域经济

在党的"十八大"报告中,转变经济发展方式的主攻方向是经济结构战略性调整,而促进区域协调发展又是经济结构战略性调整的主要内容之一。区域协调发展之所以是经济结构战略性调整的主体内容之一,是因为经济结构的调整活动,总是发生在特定的空间结构中,如果没有在特定空间中形成符合中国国情的现代产业体系,没有形成有利于全球经济竞争的专业化分工格局,就不可能奠定全面小康和基本实现现代化的物质基础。在这方面,中国独特的东中西产业梯度体系,为经济结构的调整和长期的经济增长留下了巨大的空间和回旋余地,但是也是经济不平衡发展的主要体现。

当今世界,提高密度、缩短距离以及减少分割是通过重组经济地理格局促进发展的三大基本手段①。在过去三十多年的经济发展中,我国经济发展的空间特征,就是遵循这种经济地理的变迁规律和方式,使东中西尤其是自然禀赋、经济发展条件较好的东部地区得到了迅猛的发展:不断推进的城市化提高了经济密度;人口、劳动力和企业活动向高密度区的东部地区集聚和迁移,大大缩短了经济距离并降低了交易成本;中国加入全球产品内分工,根据全球价值链贸易的方式进入世界市场,充分发挥我国的比较优势、规模经济和专业化的作用,减少了分割,加快了经济一体化进程。正在走向繁荣的发展中的中国区域经济,由于密度、距离和分割这三大因素的作用,拉开了区域间的发展差距且迅速极化,在生产、财富增长和集中的同时,也带来了一些协调发展方面问题。

目前中国区域经济发展的格局,突出地表现为沿海化、城市化、城市群化三种倾向。生产主要集中在沿海地区、大城市和发达省份。如目前沿海三大城市群(环渤海湾、长三角、珠三角)已经成为中国经济的三驾马车和增长极,面积只占全国3.40%,创造了全国近40.60%的GDP,全国70%左右的货物出口,吸引了一半以上的外国直接投资。我国的沿海地区、大城市和发达省份正处于走向全面小康和启动基本实现现代化的阶段,经济集聚状态将会进一步显现,而同时"过密效应"下所显示的大规模的产业扩散效应还没有真正到来。应该看到,这种生产要素和经济活动的区域集中趋势,虽然导致了区域间居民生活和福利的不均衡,但是这一结果并不完全是政府的政策所引起的,而是在市场的基础上由市场与政策的双重作用所形成。但是出于对那些生活在贫困地区的弱势群体的关注,这时候区域经济协调发展的政策建议很自然就是:中国经济增长必须在空间上确保均衡。回归均衡趋势从表面上看,似乎可能有损于直接的经济效率,但是这种政策要求不仅从政治社会稳定的角度是可以理解的,而且从间接的经济效率看,可以直接起到扩大内需、促进可持续增长的重要作

---

① 参见《2009年世界发展报告:重塑世界经济地理》,北京:清华大学出版社,2009年。

用,因此它是应该在市场调节基础上逐步得到有效实施的政策①。

随着2008年后宏观经济进入较低的增长平台,以及随之而来的迅速上升的生产成本,中国沿海地区传统产业的比较优势正在发生变化,由此启动了沿海地区大规模的产业升级和产业转移活动。在这次金融危机中,中国中西部地区经济增长速度远高于沿海地区的事实说明,波澜壮阔的产业转移方兴未艾,它是缩小地区发展差异的主要力量。"十八大"之后我国在区域经济发展方面的新政,将"继续实施区域发展总体战略,充分发挥各地区比较优势,加大对革命老区、民族地区、边疆地区、贫困地区扶持力度"。也就是说,在我国区域发展总体战略的制约下,促进各地区协调发展的主要机制是基于比较优势的市场调节机制;但是另一方面,对市场驱动型增长难以惠及的老少边穷地区,充分发挥政府有形的手进行强有力的调节,也是必不可少的。即利用市场的力量"发挥比较优势",以及利用政府的力量"加大扶持力度",将是我国未来实施区域协调发展战略的主要原则。这是"十八大"报告对建立与完善我国区域经济协调发展长效机制的最重要的概括,也是我国制定未来区域经济协调发展政策的基本出发点。

本文将从我国区域发展的历史经验的描述中,概括我国区域经济协调发展的基本路径与长效机制。本文的理论创新价值主要在于:在区域经济协调发展的研究中,引入了国际贸易的因素,强调了出口导向贸易、全球价值链和国内价值链在形成地区发展差异中的决定性作用。同时,根据中国新一轮以扩大内需为基点的经济全球化趋势,分析了在新形势下区域经济协调发展的趋势和政策选择的依据。

一、地区经济发展差距:仅仅是政策原因导致的吗?

当我们试图去寻找中国区域协调发展的基本路径与长效机制时,一个基本的出

---

① 经济增长在空间的均衡,直接提升落后地区民众的收入水平,从而起到扩大消费的作用。类似的研究很多,代表性的如Daniel Aaronson、Sumit Agarwal、Eric French三人的研究发现,最低工资增加而导致的收入增加,对消费有3倍的乘数效应。参见"The Consumption Response to Minimum Wage Increase",Federal Reserve Bank of Chicago,2008。

发点是我们必须首先回答这么一个本质性问题:引起中国区域经济发展差异不断扩大的根本原因是什么？高度的区域发展不平衡问题,究竟是什么原因造成的？不回答这个基本问题,就无法真正为缩减地区经济差距这一重要的政策目标提供有效的政策建议,更不能据此设计有效的政策工具。

现在有些人把中国地区经济增长与收入分配差距持续扩大的原因,有意或者无意地归结为中央政府的区域经济政策,大致上是说:改革开放以来,我国的发展战略指向沿海地区,对外开放偏向沿海地区,财政分权有利于东部沿海地区等,从而导致了沿海地区的发展优势。我并不认同这种观点,因为它把表面现象作为解释问题的深层原因。如果我们认同这种观点,好像寻求中国区域经济协调发展的根本路径与长效机制,就在于在争取优惠政策方面与中央讨价还价的能力大小。如果真是这样,复杂的区域发展协调问题也就变得十分简单:只要中央给中西部地区或其他相对后进地区更加优惠的政策,就可以使其经济顺利起飞了。

其实,中央的经济政策只有在顺应经济趋势和规律的前提下,才会对经济系统产生决定性的作用,否则其力量也是非常有限的,即使一时的作用力度较大,也不可能长久。也就是说,中国东中西发展差距的问题,只能从中国经济系统的内生性方面去找,而不能仅仅用外部强行植入的经济政策来解释。从根本上说,偏向沿海发展的经济政策,也是由沿海自身的发展优势所内生的,否则我们理解不了中国经济发展的现实。例如,自 2000 年 1 月国务院正式实施西部大开发战略以来,采取了一系列有效的措施,中央政府和全国各地政府也帮助当地投入了巨大的资源,西部发展面貌虽然有了很大的起色,但是由于极化效应的作用,东部发展得相对更快,东中西经济发展的差距在全球经济危机出现之前,不是出现了非常明显的缩小趋势,而是有日益扩大的趋势。只是由于最近几年,沿海地区劳动密集型产业受成本上升的影响,一部分向投资环境有所改善的中西部地区转移,因此这些地区出现了发展加速的势头。但是这进一步说明了主要是市场机制而不完全是政府的作用。

区域发展理论早就告诉我们,一个区域的发展主要取决于两个因素:一是制度创新能力,二是区位优势。在不考虑制度创新能力因素的前提下,区位优势的作用主要表现在:它会极大地降低区内企业和其他成员的与交通运输有关的交易成本。一个国家之所以要从战略上首先选择沿海地区进行开放,主要是因为沿海地区的区位条件和它对降低交易成本的效应,可以在早期容易更多地吸收来自国内外的投资,尤其是FDI。同时,优越的地理位置、适宜的生活居住条件等,诱使国内外生产要素尤其是高级人才和技术的频繁的、双向的流动,这种高度开放的经济体系往往会促进该地区不断进行制度创新,从而助推发展进程。

从新经济地理理论来看,上述这两个因素会产生所谓的"国际贸易的经济地理效应",即因为对那种依赖交易成本降低的国际贸易来说,区位条件优越能够直接降低运输成本,制度创新能力相对较强,可以直接降低国内外企业的营运成本和风险,所以贸易就会通常发生在一个国家的"冰山成本"最低的沿海地区,或者有巨大市场交易机会的边界地区。而那些远离海岸线的内陆省份,由于"冰山成本"较高而缺少国际贸易的机会,因此会导致经济增长的相对低速或者停顿,以及使收入分配处于相对不利的地位。

由此可见,中国地区之间经济发展差距的扩大,与中央的区域经济政策表面上有直接的关系,但实际上更为深刻的内在因素是由区位优势、创新能力决定的国际贸易的经济地理效应的作用所致。中央区域经济政策首选沿海地区、倾斜沿海地区,实际上是对经济规律的尊重和运用。从根本上说,是沿海地区较低的"冰山成本"直接导致了包括外国资本在内的经济活动在沿海地区大规模集聚,从而使东部沿海与内陆地区在经济增长与收入分配方面产生巨大的差距。由此可见,中国地区之间增长与收入分配差距的扩大,既与政策因素无关,也与中国对外贸易的性质无关。只要中国经济对外开放,那么在国际贸易的经济地理效应的作用之下,一定会导致产业与人口在沿海地区的规模集聚,从而造成东部沿海与内陆地区在经济增长与收入分配方面的巨大差距。

为了说明上述理论,我们不妨以长三角地区南京经济地位相对下降的历史为例进行说明。南京作为长三角地区西北部的重要经济节点,其在经济发展的总量与核心指标上,近20年来与区内领先城市相比较,表现出"总量较小、整体发展水平偏低,经济开放程度较弱"的特征。对长三角中南京的经济地位被"边缘化"、出现"塌陷"现象的原因,理论界的解释一是"阴影论",即南京与上海的距离太近,在与上海的竞争中受上海发展的覆盖;二是"结构论",即南京周边城市都比较弱,不像上海和杭州那样,周边都是发达城市。前一解释把自身落后的原因归结于强者,后一解释则把原因归结为弱者,都没有从经济运行的自身规律和发生作用的条件去寻找。

其实,南京发展滞后的真正原因,与它没有把握江苏发展的两次重要机遇有直接的因果关系。第一次是1984年左右乡镇经济的异军突起,第二次是1992年后迅猛发展外向型经济。在这两次机遇中,南京作为省会城市虽然在政治上天然是受益者,但是由于发展竞争客观上偏向于临近上海的苏锡常经济,因此南京与长三角的其他城市尤其是苏锡常之间增长的差距不断扩大。具体原因如下。

第一次机遇是基于制度的竞争:苏锡常是活力四射的乡镇经济,南京都市圈则是衰退的国有经济。至于乡镇经济为什么在苏锡常出现,而没有按逻辑出现在南京都市圈?这既与苏锡常的历史文化有关,也与它们靠近上海、接收上海的辐射有关。这个差异决定了后来发展基础的不同。苏锡常地区的集体经济后来顺利地改制为民营企业,既抓住了1997年后民营经济发展的黄金期,又为上市融资和吸收外资创造了很好的条件。

第二次机遇是基于技术的竞争(主要是指距离、运输技术和成本)。苏锡常是外向型经济,而南京都市圈则偏内向型经济。如上文所述,苏锡常经济高速成长的原因,是利用了国际贸易中的经济地理效应,而南京都市圈在这一轮竞争中,因地理位置相对远离上海国际化大都市,经济距离缺乏大幅度吸纳FDI的成本优势,所以没有明显分享到这一效应,其在长三角中的位置逐步陷入"塌陷"。

第三次发展机遇是基于创新经济的竞争。创新经济是当代中国发展的基本动力。在这一场新的区域竞争中,很可能扭转南京在长三角地区发展的颓势,重新崛起"宁镇扬"经济增长极,并与苏锡常一起,成为支持整个苏南现代化示范区建设中的"哑铃型结构"。这是因为,这一阶段的区域发展能力,从根本上说更多地取决于依托于内需的创新体系,因而科教资源丰富、区域创新体系相对健全的南京都市圈,就完全有条件、有可能在新一轮的区域经济竞争中拔得头筹。需要简要说明的是,第三阶段的创新经济为什么要基于内需市场而发展?自主创新为什么必须基于中国庞大的内需,而基于外需进行国际代工则没有前途?这是因为,基于外需进行国际代工做的是别人早已研发好、设计好的外包订单,自己只能成为别人的零部件供应商,被别人纳入其全球价值链的低端做加工贸易。因此苏锡常经济的特征和指向必须转型升级,把利用国内低端要素进行国际代工的外向型发展模式,转向面向国内外市场的自主创新模式,否则将有可能在"十二五"时期之后出现衰退。

二、中国加入全球价值链:对区域发展有何影响?

在地区经济差异协调的研究中,还有一个分析视角,它与上述国际贸易的地理效应有一定的关系,这就是全球价值链(GVC)对中国东中西三大地带增长和发展的影响问题。在上一轮经济发展中,我国东部沿海地区利用自身的优势,率先加入GVC,专业化于劳动密集型环节的产业集群,迅速成为全球最大的国际制造平台或"国际制造基地",使该地区首先成为中国经济增长的主要引擎。从发达国家跨国公司的角度看,中国接受的是它们主动发出的制造业的国际外包订单,是属于GVC的低端环节。跨国公司全球化战略以全球性城市为节点,其总部或总部分支机构往往配置在沿海大城市,主要是为了利用其生产性服务业发达、交易成本低的优势;它们把其制造过程和工厂设置在沿海基础设施发达的其他省份,如江浙、广东等,一是为了更方便地使总部高级的生产性服务机构和人员能够"面对面"地服务于它们的制造企业;二是为了在节省制造成本的同时,最大限度地享受到邻近大城市的外部经济。

GVC在中国东部沿海地区的建立,直接推动了中国东部地区国际贸易的"爆炸式"增长,加速了这些地区"世界工厂""国际制造基地"的形成。外向化程度高的产业在这些地区的高度集聚,不仅使这些产业享受到了来自GVC高端的技术、知识和技能的溢出,提高了这些地区的技术水平和发展水平,客观上也加大了中国东中西三大地带的发展程度的差异。主要现在以下两点。

第一,我国东部地区定位于GVC中的低端环节,限制了中国中西部地区发展能力的发挥,是形成改革开放以来中国东中西发展差距日益扩大的主要原因之一。东部地区的快速发展,使我国中西部廉价的生产要素和自然资源在本地得不到有效利用的机会,只有源源不断地流向东部,从而一方面中西部地区只能得到低级要素的报酬,沦为低端要素的供应地,另一方面东部地区在加入全球价值链的过程中,自身对"世界加工厂"的低端定位,在某种程度上把中西部地区压制在原材料和劳动力等生产要素供应商的地位,在一定程度上抑制了中西部地区发展劳动密集型产业的空间和可能的选择。集中分布在东部沿海地区的附加值低的外资代工企业,对当地的生产成本尤其敏感。一旦当地的生产成本上升,它们更可能选择的,并不是留在当地进行产业升级,而是进行产业转移。在中国中西部地区的投资环境与其他发展中国家相比不具有优势的情况下,这些产业就会外移而不是内迁。这样又使中西部地区缺少发展机遇。

第二,以国际代工和加工贸易为特征的外向型经济发展模式,一般都是处于产业链下游,低附加值,不掌握核心技术,进多出多,产品往往是给他人所用。加工贸易行业的另一个重要特点是:设备进口也很多,使用别人的设备、别人的技术,给别人做产品。为了满足国外市场消费者的苛刻要求,以及外国政府对产品质量和严格的环境规制要求,在国内设备与国外设备具有较大技术落差的前提下,往往需要动态地引进国外先进设备进行生产和出口。这种发展格局,不仅使研发水平比较落后的中国在设备引进方面付出一次又一次的、周期性的巨大的成本和代价,而且更为重要的是,它使原本对中西部地区的机器设备需求转向对国外的需求,这就打乱了中国东中西三大地带的产业布局和分工,使中国原本配置在中西部地区的重装备工业在技术落后的同时,又失去了据以进行产业升级的市场份额。

需要明确指出的是,在一个国家内部发展差异的不断加大而且长期难以收敛,跟我国要素市场发育的不完全有较大的关系。众所周知,在新古典经济学的世界里,要素的自由流动可以使得地区间的要素报酬趋同,从而缩小地区差距。但是,中国的要素市场由于城市化程度差异和制度创新不足等原因(如户籍制度、公共福利制度等)存在着相当程度的扭曲和分割。我国的生产在向东部地区集中的同时,人口却由于要素市场的分割而没有逻辑地相应向东部集中,而是滞留在原地、闲置在当地。这种生产和人口分布的失衡,是造成中国地区差距的一个重要的原因。可以想象的是,那些由于种种原因没有流出的中西部地区人员,其人均收入水平与东部地区相差更大。

这就提出了重视通过全球价值链与国内价值链的协调发展,来实现区域经济协调发展的重要问题①。通过建立我国本土企业控制的国内价值链,带动关联产业发展,是实现区域经济协调发展,最终完成产业升级的重要途径和对策之一②。国内价值链的区域协调发展效应,主要表现在以下几个方面。

首先,国内价值链中以本土企业为主,会使经营利润更可能留在本国,而不是汇出和外流。同时,国内价值链包含着高附加值的环节,这使得中国可以取得更多的资本利得。这些利润就为继续的投资和缩小地区差距提供了强大的物质基础和先决条件。

其次,建立国内价值链后,中国不仅可以在国内不同地区间整合要素禀赋,协调区域经济发展,也可以通过把订单外包到其他国家,利用他国的禀赋优势。此时,产业转移就成为中国主动在全球整合资源的行为。

最后,可以充分发挥国内外产业特别是国内循环的产业间的关联效应,带动上下游产业的发展,改变全球价值链在国内链条太短的缺陷。同时链条的延伸和完整化,带来了生产的迂回和专业化的加深,不仅可以获得规模经济和范围经济,而且可以积累高端的人力资本和知识资本。

我们知道,过去三十年的发展中,地理区位、市场化和全球化是解读中国东部经济和中西部经济的主要视角。未来在把基于出口导向的经济全球化,转变为基于扩大内需的经济全球化的过程中,"国内价值链"这个重要的范畴将在协调区域发展中起到十分重要的作用。以长三角为例,不难发现,长三角初步形成的国内价值链,价值链上的"链主",即高端的生产性服务功能主要由上海提供,而价值链上的江浙,则作为主要的国际制造基地接收现代生产者服务的投入。这种"生产者服务业—制造业"区域协调发展的模式的形成,既与上海作为全球性城市的全球创新资源配置能力

---

① 参见刘志彪,张杰:《全球代工体系下发展中国家俘获型网络的形成、突破与对策——基于 GVC 与 NVC 的比较视角》,《中国工业经济》,2007 年第 5 期。

② 刘志彪,张少军:《中国地区差距及其纠偏:全球价值链和国内价值链的视角》,《学术月刊》,2008 年第 5 期。

有关,也与江浙雄厚的经济实力和制造业基础,建设优良的基础设施,注重科技教育的传统和优秀劳动力素质,相对规范的政府运作能力等因素有关。长三角由此成为中国经济发展和现代化的领头羊。现在中国区域经济发展总格局中,缺少的就是像长三角这种具有国内价值链特征的协调发展机制。如果中国能够在区域发展战略中,多塑造几个像长三角这种国内价值链机制,我们还有什么理由去怀疑中华民族的经济复兴呢?

三、"强政府＋强市场":区域协调发展的长效机制

政府和市场以及相互间的结合方式,是影响区域经济发展的最主要的资源配置机制之一。中国改革开放三十多年来的发展,得出的一条重要的经验就是要在经济发展和转型中,坚持走"强政府＋弱市场"逐步向"强政府＋强市场"有效结合的道路,即除了发挥政府的有效作用外,还通过经济转轨不断形成以市场为基础的资源配置机制。在市场失灵的地方,不是简单地通过引进政府调节的方式,而是通过不断地完善市场的方式去解决,如放松政府管制,着力完善产品市场和要素市场。只有在市场不能发挥作用的领域,才通过政策解决或者引入政府来提高运行的效率,如基础设施领域和创新驱动的高新技术产业领域。因此中国的发展经验不是简单地由政府代替市场和政府去挤出市场①。

"十八大"报告提出我国经济体制改革的中心问题是处理政府与市场的关系。这意味着现阶段走中国特色的经济发展道路,实施新一轮全面实现小康社会的追赶战略,必须坚持走"强政府＋强市场"有效结合的道路。根据当代中国发展的现实,这一选择所涉及的最重要问题,总的来说就是三个方面:一是要对"强政府"功能的重新定位;二是要变"弱市场"为"强市场";三是要在实现"强市场"的基础上,实施"强政府"

---

① 关于这方面,经济学界主要认为,近十几年来政府规模有所扩大、边界有所扩张,尤其是中央的国有企业占据了太多的市场资源,民营企业战线被收缩。但是也有人通过对国企和私企的统计分析发现,并不存在所谓的"国进民退"现象。国有经济和非国有经济"两条腿走路"的模式是中国经济发展的成功之道。见胡鞍钢:《"国进民退"现象的证伪》,《国家行政学院学报》,2012年第1期。

的有效调节。以这种思路对我国区域协调发展机制进行改革和完善，需要在上文区域发展差异原因揭示的基础上，主动去做那些有可能做好的事情，主要在于这么几个方面。

一是按照客观经济规律的要求，对影响区域间区位条件的基础设施进行大规模的超前投资，具体可以采取以国家为主导带动社会主体多元化投资的体制。通过对原本相对落后的地区进行超前的基础设施建设，时间和空间的压缩自然就改善了这些地区发展的区位条件，改善了企业经营的外部性，降低了企业的交易成本。这是缩小区域发展差距的最根本的路径和机制。

二是通过简政放权，给地方一定的制度创新空间。在不与中央发生根本利益冲突的前提下，给地方更大的、因地制宜的立法权，鼓励地方政府按照自己的域情大胆进行制度创新，降低企业营运的直接、间接成本以及相关的风险。中国发展的重要经验是塑造利益相对独立的地方经济，通过其竞争和竞赛给经济体系注入发展活力。如果地方具有制度创新的空间，必将进一步搞活中国经济。

三是要破除一切不利于要素流动的体制、机制、管制和税制，特别是要破除限制劳动力流动的户籍制度和不均等的公共福利制度，鼓励劳动力在内陆地区与沿海地区之间双向自由流动，由此来促进地区间居民收入分配趋于收敛。这一条是"十八大"报告中关于经济结构调整和城乡一体化发展的最引人瞩目的创新，也是今后贯彻落实过程中的主要困难之一。因为取消这一起源于在二元结构下工业化偏向于城市发展的基本策略的户籍制度，会触及深层的利益矛盾。户籍制度在我国的强化，表现在它与特定城市居民的特定福利紧密挂钩，甚至入学、复转业、交通事故赔偿都与户籍有关，故各地居民基本福利的均等化是取消它的前提。因发展水平的地区差异，此事不仅要求地方投入，而且需要中央政府承担区际基本福利均等化责任。

四是东部地区要在中央产业升级政策的鼓励下，把努力攀升GVC的高端环节作为结构调整的主攻目标，在这个过程中，把自己原本在GVC中属于相对低端的环节，按照梯度产业转移的规律逐步转移到中西部地区。为此要以发展的质量和效益为中心设计针对地方政府的绩效考核体制，彻底淡化单一的GDP目标和税收目标。

否则,东部地区的地方政府出于利益考虑,就会运用各种扭曲价格信号的方式阻挠地产业移出。

五是中国东部地区要利用扩大内需的战略机遇,把自己在 GVC 中进行国际代工而学习到的经验,逐步运用到建立国内价值链(或国家价值链、或区域价值链)的过程中。通过"留下公司,转移工厂"的国内价值链转移产业方式,实现产业在地区间的梯度转移。另外,加工贸易型企业转型升级的一个重要方面的问题是要努力与国内的零售企业合作,奋力开拓内需市场。中国很多加工贸易企业生产的优质商品都是国外的抢手货,但奇怪的是其产品在国内却打不开销路。主要是这些加工贸易企业与国内零售商之间存在很多对接障碍,如在品种批量和配送方式上,零售企业要的是多品种小批量,加工贸易企业做的是少品种大批量。另外,在结算方式上也有差异,国内通常是定期结账,而做外贸则更多采用信用托付类的结算手段,加工贸易企业认为这会影响到企业的资金周转。这时,中介机构如金融部门介入担保保障定期结账很有必要。挖掘内需市场,需政府、行业协会搭建平台来降低企业转型中的外部不经济性,如建高档博览会,培育批发市场,战略联盟等。

上述第一、第二、第三个方面是区域经济协调发展的主要路径和基本机制,这是不存在任何问题的,可能会引发争议的主要是第四和第五条措施。因为,一些人尤其是相对落后地区的学者和官员会认为,如果按照价值链方式进行产业的梯度转移,发达地区转移出去的是相对低端的产业,而自身在经济结构调整和升级过程中,所培育和发展的是技术知识密集型、国际竞争力强的、高附加值的战略型新兴产业和现代服务业,因此被转移的地区只能被动接受相对落后的产业,似乎永远没有机会摆脱落后,更无法赶上发达地区。这种"不公平"的感觉促使人们思考一种叫作"反梯度产业转移"的理论。

其实,从经济理论和实践上来看,反梯度产业转移是一种没有根基的产业发展理论,是一种违反因果累积效应的不切实际的理论。在产业政策实践中,可以把这种理论称之为"左倾盲动"理论,它只有可能在个别产业中找到偶尔成功的案例,绝不应该把其作为落后地区产业全面成长的理论依据。试问,有谁可以举出一个在极其落后的国家或地区,其产业发展不是遵循梯度转移规律和渐进发展规律,而是一步跨进现代产业体系的例子？相反，中国对外开放的实践证明，即使是在国家之间劳动力不完全移动的格局下，国际产业梯度转移也有助于中国的学习和模仿，有利于中国加速成长。虽然在这个过程中，中国吸收了大量的来自发达国家的相对低端的FDI，并付出了一定的代价，但是这种产业的国际转移既给了发达国家结构调整的空间，也给了中国经济崛起和缩小与其差距的黄金机遇。

当然，在产业梯度转移中，我们要注意发挥企业和市场的自我调节作用，注意政府的角色是引导和创造产业梯度转移的氛围和环境，而不是人为干预和限制，更不是违反经济规律的要求强行转移企业。因为，从缩减地区经济差距的影响来说，产业转移的效果取决于我们所用的调节方式。在区域间经济差距上升为潜在的社会矛盾和冲突的情况下，如果我们不是去鼓励人口的自由流动，而是强制要求将东部沿海地区的资本向中西部地区转移，那么就会发生东部地区会变得越来越富、西部地区则会变得越来越穷的事与愿违的结果。其中的道理就在于，来自东部地区的投资所产生的收益迟早是要回流东部地区的，而且，限制人口向东流动，必然造成中西部地区劳动力的闲置，使其提升收入的机会丧失。另外，在目前的教育水平、基础设施、政府管理水平等制约下，中西部地区的综合要素生产率可能在相当时期内要低于整个东部地区，因此鼓励资本向中西部地区流动、同时限制人口向东流动的做法，很可能产生投资效率以及劳动收入的双重的损失。

相反，如果我们按照经济规律的要求鼓励劳动力在广大内陆地区与沿海地区的双向自由流动，同时鼓励企业按照节约成本、提升效率的要求，沿着产业升级、构建国家（或国内、或区域）价值链的方式进行产业梯度转移，那么就能找到一条有效的区域经济协调发展的根本路径，建立起缩减地区经济差距的长效机制。原因其实很简单，企业是一个讲求经济效率的行为主体，只有在其行为的边际收益大于边际成本时，它们才会追加自己的行为。具体来说，如果产业向中西部地区转移后，达不到它们留在东部地区的效率，它们是不会自动转移产业的。而一旦发生了市场驱动的大规模的产业转移现象，一定与下列特性有关，即东部地区因为过度发展产生了"过密效应"，高成本使企业留在东部地区所获得的效益不足以弥补其高昂的开支，或取得的收益远低于转移到中西部地区。近年来在各地政府的推动下，中西部地区总体投资环境得到了根本的改善,一场波澜壮阔的产业转移景象正出现在中国大地上,由此将彻底改变中国经济地理版图。

[原载于《中国地质大学学报》(社会科学版)2013年第1期]

双循环新发展格局视角下推进区域协调发展

——论东北老工业基地振兴

摘要:从"东北现象"到"新东北现象",东北老工业基地"振而不兴"问题,已经严重影响到我国的区域协调发展。需要跳出就东北论东北的方法,在我国实施国际大循环经济发展战略的背景下,探究东北老工业基地的衰退机制。可以认为,正是东部沿海地区深度嵌入全球经济循环链条,弱化了它与国内经济循环的联系,对东北工业形成了替代,造成国内经济循环与东北工业脱钩,进一步导致衰退的恶性循环。形成双循环新发展格局为振兴东北老工业基地提供了新思路。以对内开放为抓手,形成竞争有序的东北区域大市场,充分利用装备制造优势,整合东北工业价值链,培育技术创新生态,重构技术与市场的互促机制,不断深度融入国内经济循环和全球经济循环,这是从双循环视角下振兴东北老工业基地的基本逻辑。

关键词:东北工业衰退;对内开放;国内国际经济循环;东北老工业基地振兴

一、问题提出

十九届五中全会提出要坚持实施区域协调发展战略,构建高质量发展的国土空间布局和支撑体系。现阶段我国区域发展不平衡不充分的问题仍然突出,以长江为界的南北经济差距不断拉大,北方地区"铁锈化"趋势日益蔓延。东北作为我国"铁锈化"发生最早、最为严重的地区,以人口不断外流、工业逐步衰退、经济增速持续下降为主要特征,"东北现象"是中国经济起飞中结构失衡的一个独特问题,引起了学者、产业、政府等各界的普遍关注,是中国经济运行中迫切需要解决的重大现实问题。

自东北经济衰退问题出现以来,学界对这一问题提出了多种理论解释,有制度说①②、文化说③、结构说④⑤⑥、技术水平说⑦⑧、人口外流说和发展环境说等,这些理论从不同的角度解释了东北经济衰退现象的发生机制,都有一定的可以借鉴的合理成分。如轻重工业比例失调、工业技术水平滞后、市场机制不够健全、国有企业占比过高等,确实是东北工业发展存在的真实问题。然而,这些所揭示的原因大多停留在东北工业发展困境的外在表现,缺乏从经济体系的内在关联和产业动态发展角度的分析,难以深刻地剖析东北工业发展的真正困境。

本文认为研究东北工业衰退的问题,应该放到中国加入国际大循环经济发展战略中进行考察,地区间不平衡的改革和开放,导致原来的国内经济循环被打破。沿海发展战略的提出,东部沿海地区实现了率先发展,以"两头在外,大进大出"的加工贸易形式,深度融入全球经济循环,快速实现了经济繁荣。在东部沿海地区加强与世界经济联系的同时,弱化了在国内的经济循环,这一经济循环变动背后,对东北老工业基地产生了深远影响。20世纪90年代"东北现象"的出现,经济增长率显著降低,GDP名义增长率低于全国2.67%⑨,工业企业亏损率为长三角地区的2.1倍,而利润率仅为长三角的1/2左右。2004年以来,国家的"东北振兴"战略,使东北一度获得发展,但东北地区深层次的体制性和结构性矛盾仍没有得到彻底解决。在我国转

---

① 林木西:《振兴东北老工业基地的理性思考与战略抉择》,《经济学动态》,2003年第10期。
② 王胜今:《东北老工业基地振兴与东北亚区域合作》,《东北亚论坛》,2004年第3期。
③ 赵儒煜,杨彬彬:《论东北老工业基地新一轮振兴的几个问题》,《经济纵横》,2018年第8期。
④ 金凤君,陆大道:《东北老工业基地振兴与资源型城市发展》,《科技导报》,2004年第10期。
⑤ 徐充,张志元:《东北地区制造业发展模式转型及路径研究》,《吉林大学社会科学学报》,2011年第5期。
⑥ 赵昌文,李晓华,李政,等:《全面深化改革对话 新一轮东北振兴》,《改革》,2015年第9期。
⑦ 东北亚研究中心"东北老工业基地振兴"课题组:《东北老工业基地振兴与区域经济的协调发展》,《吉林大学社会科学学报》,2004年第1期。
⑧ 衣保中,马伟:《东北老工业基地衰退的历史根源及振兴对策》,《长春金融高等专科学院学报》,2015年第5期。
⑨ 数据来源:《新中国60年》,《新中国五十年统计资料汇编》,下同。

向高质量发展阶段后,东北三省经济增速再次出现明显下降,2015年辽宁、黑龙江、吉林GDP实际增速在全国分别位列倒数第1、3、4名,"新东北现象"再次刺痛人们的神经。东北地区反复出现衰退问题和"振而不兴"的困境,严重影响我国区域协调发展战略的实施。

本节认为经济循环变动背后,可能掩藏着解决东北问题的内在逻辑和政策抓手,是在研究东北老工业基地衰退问题上被忽视的重要角度。研究主要分为三个部分,第一部分为东北工业脱钩国内经济循环及其衰退机制分析;第二部分为以双循环促进东北老工业基地振兴的内在逻辑;第三部分为东北老工业基地的振兴对策。

二、东北工业脱钩国内经济循环及其衰退机制分析

跳出东北问题本身,从国内经济循环角度,考察东北老工业基地的衰退困境,有助于我们看清东北问题的本质,理清东北工业的衰退逻辑。

计划经济时期东北地区形成的国内经济循环,依赖于丰富的资源禀赋和较好的工业基础,以及在国家主导的重工业优先发展战略下,东北地区在计划经济初期快速建立起了门类齐全的重工业体系,并形成了国内工业经济循环。在国家"合理利用、扩建与改建东北、上海及其他城市已有工业基础,发挥它们作用"的战略指导下,国民经济恢复时期,苏联对中国42个援建项目中,布局在东北的项目占比71.40%。"一五"时期,全国安排156个重点建设项目,东北占比34.60%。东北重工业实现了快速发展,产值和工业企业实现的利润、税金一度占到全国的1/5和1/6,东北地区原煤、原油、粗钢、成品钢产量及发电量占到全国35%、50%、70%、60%和50%左右。东北重工业的崛起,为新中国的建设做出了重要贡献,也在国内地区间形成了相对紧密的工业互动。辽宁省1952—1977年全省净调出的机电产品上百种,其中,净调出的冶金和矿山设备、起重设备、发电设备、金属切削机床、变压器、蒸汽和内燃机车等占全省产量的95%以上。向全国各地输送了数十万的工程技术人员和管理人员及1 086套工业设备。黑龙江省1949—1985年,全省共向国家上调粮食3 252万吨,调往国内其他地区的原油、木材和煤炭分别占产量的80%、75%和25%左右。同时,由

于东北存在严重的轻重工业比例失调的问题,需要接受来自东部和内陆地区的轻工业产品等物资调拨,东北与国内其他地区建立相对紧密的工业经济循环,正是这种工业关联,为东北的工业产品提供了广阔的市场空间,支撑了东北的工业繁荣。

我国提出国际大循环经济发展战略之前,国内维持的是计划经济时期形成的经济循环。以1988年沿海发展战略的提出为标志,才真正开启了中国融入全球经济循环的进程,1992年邓小平南方谈话后,中国经济加快融入全球经济秩序,再到2001年,中国加入WTO,迎来了融入国际经济大循环的高潮。在这一过程中,地区间的不平衡开放,导致原有的经济循环被打破。沿海发展战略的实施,东部沿海率先开放,深度融入全球价值链低端环节。[1] "两头在外,大进大出"的加工贸易模式,东部沿海嵌入发达国家主导的全球经济循环,弱化了国内的内生性经济循环。看图1,可以发现自中国加入WTO,深度融入全球价值链以来,东部沿海和南部沿海在国内的工业价值链参与度显著降低。1987—2012年沿海地区的国内工业价值链参与度呈现出"L"形变动趋势,1987年国内价值链参与度处于高位,1987—2002年连续降低,达到低点后,2002—2012年保持低位状态,表明沿海地区的世界经济循环替代了国内经济循环。同时,可以明显发现,其他地区的国内工业经济循环也出现不同程度的弱化,说明中国加入全球经济循环,弱化了国内经济循环。东部沿海不再向东北地区采购工业设备与原材料,而是把订单转向发达国家,原因如下:第一,发达经济体的机器设备更先进,质量稳定,生产效率高;第二,东部沿海要按照发包国的要求生产,进口国外的原材料和机器设备生产出的产品,能更好满足他们消费者的需求偏好;第三,大量引进的跨国企业投资中,也包含了对机器设备的引进。[2] 1987—2012年,东北的国内工业价值链融入度呈现"V"形的变动路径,1987—2002年东北的国内工业价值链融入度逐年降低,主要原因是沿海地区的工业需求转向了发包国,对东北工业形成间接替代。2002—2012年东北的国内工业价值链融入度呈现出缓慢上升趋势,这一阶段,东北振兴战略的实施提升了其在国内的工业价值链参与水平。需要注意

---

[1] 刘志彪,张杰:《全球代工体系下发展中国家俘获型网络的形成、突破与对策——基于GVC与NVC的比较视角》,《中国工业经济》,2007年第5期。

[2] 刘志彪,徐宁:《东北经济"铁锈化"问题的根源与破解》,《中国国情国力》,2019年第12期。

的是,2012年东北的国内工业价值链参与度仍未超过1987年的水平,说明东北工业参与国内循环处于弱化状态。

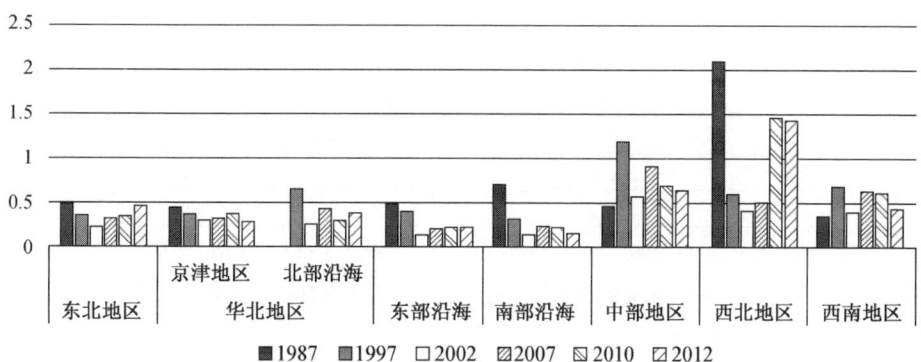

图1 国内各区域工业价值链参与度(1987—2012)

注1:区域划分,东北地区包含辽宁、吉林、黑龙江,京津地区包含北京、天津,北部沿海包含河北、山东,东部沿海包含上海、江苏、浙江,南部沿海包含福建、广东、海南,中部地区包含山西、河南、安徽、江西、湖南、湖北,西北地区包含陕西、甘肃、青海、宁夏、新疆、内蒙古,西南地区包含四川、贵州、重庆、云南、广西、西藏。

注2:由于1987年国内区域间投入产出表的地区划分与其后年份不一致,所以1987年的华北地区包含京津和北部沿海,为图表展示的一致性,将华北地区1987年工业价值链参与度置于京津地区展示。

东部沿海除形成对东北老工业基地的间接替代外,直接替代效应可以从国内经济循环的弱化中发现。东部沿海在嵌入国际经济循环的过程中,通过溢出效应和"干中学"效应,使自身的工业技术水平得到显著提升,对比与世界长期脱轨的东北地区,在国内市场上对东北工业形成直接替代。很容易找到东部沿海对东北工业形成替代的典型事实,以工业之母——机床为例。1987—2017年,东北与东部沿海机床产量国内占比出现此消彼长的变动趋势。1987—2002年,东部沿海的机床产量占比持续增加,而东北的机床产量占比不断降低(见图2上)。2001年以来,东部沿海的机床产量占比快速下降,其原因并不是东北机床产量的替代,而是因为进口机床数量大量增加,如图2下所示,我国加入WTO后,进口加工机床的费用急剧增加,形成对东部沿海机床产量的替代。东北机床产量占比的增加主要因为东北振兴战略的实施。2008年以后东北与东部沿海的机床产量占比差距继续拉大,东北持续降低,东部沿海持续增加,继续形成对东北机床在国内市场的替代。

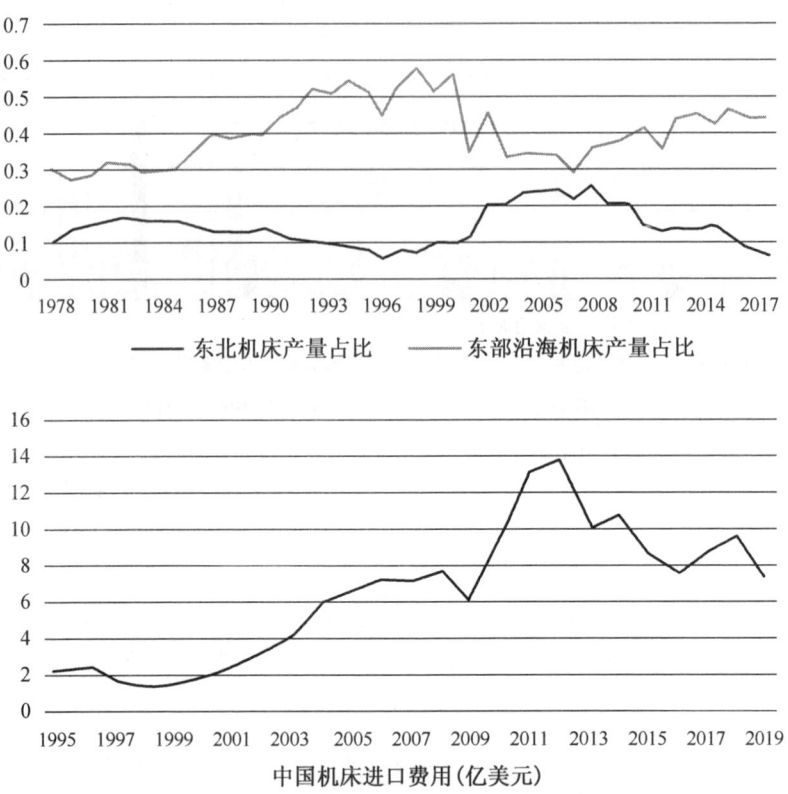

图2 东北与沿海机床产量国内市场占比及中国的机床进口费用

除了东部沿海对东北工业形成的替代效应,东北地区难以融入全球价值链,也是东北老工业基地难以振兴的另一个重要原因。东北地区是我国计划经济执行时间最长、最为成功的地区之一,深受计划经济浸染,对计划经济的路径依赖延续到市场经济时期,地区间行政壁垒高企,"等、靠、要"思想普遍,难以形成吸引外资的营商环境。同时,东北工业又缺乏走出去的能力,只能错失以对外开放倒逼东北地区完善发展环境的历史机遇,使东北老工业基地陷入难以自救的发展困局。

经过分析,我们可以提炼(出)东北老工业基地的衰退机制:东部沿海融入全球经济大循环,强化了与外部的经济关联,这在我国经济处于起步阶段,能够搭上经济全球化的发展快车道,实现我国经济腾飞,是十分明智和幸运的。然而,这种工业发展模式弱化了内生型的国内经济循环,东部沿海对东北工业形成替代,意味着切断了东北地区与国内市场的工业关联,形成东北老工业基地发展的恶性循环,即东北工业产品失去国内市场份额—工业企业盈利能力下降—减少研发投入费用—缺乏创新能力—东北工业产品竞争力减弱—进一步失去市场份额,又开始新一轮恶性循环,如此往复,导致东北形成脱离国内经济循环的趋势。在国内工业产品与发达经济体有较大技术差距,又不断引进国外设备的情况下,即使国家投入大量专项补贴资金,鼓励东北企业进行研发投入,但失去内生增长动力的东北老工业基地,使这种"输血式"的产业补贴难以为继,随着企业破产或迁移,东北老工业基地逐步沦为"铁锈地带"。

三、以双循环促进东北老工业基地振兴的内在逻辑

东北工业反复出现衰退和"振而不兴"的原因在于,东北工业脱钩国内经济循环,又难以融入全球经济循环,使东北工业陷入国内市场份额缩减与技术衰退这两个问题的恶性循环。为提高经济发展质量,应对世界贸易保护主义抬头,以及新冠病毒疫情造成的产业链横向集聚和纵向缩短带来的不确定性[①],中国提出了以国内大循环为主体,国内国际双循环相互促进新格局。国内国际双循环的国家战略契合了东北工业脱钩国内经济循环困局,为振兴东北工业指明了方向。东北地区应积极利用国内国际双循环国家战略的重大转变,以对内开放为抓手,形成竞争有序的东北区域大市场,充分利用装备制造业优势,整合东北工业价值链,培育技术创新生态,重构技术与市场的良性互动,并不断深度融入国内经济循环和全球经济循环。

以双循环促进东北老工业基地振兴的内在逻辑中,开放、市场和技术是三个相互关联的关键环节,以开放形成技术与市场的互促机制,是东北工业融入国内经济循环和全球经济循环的实现路径。开放是破解东北工业在国内市场缩减与技术衰退这两

---

① 刘志彪:《新冠肺炎疫情下经济全球化的新趋势与全球产业链集群重构》,《江苏社会科学》,2020年第4期。

个问题的切入点,开放可以分为对内开放和对外开放,二者是辩证统一的,东北地区对外开放不足的原因是对内开放不足,这可以从两个层面来理解:第一,对内开放不足是东北老工业基地市场发育迟缓的主要原因,市场机制不健全,扭曲资源的配置效率,缺乏激活市场主体创新活力的驱动机制,造成企业缺少"走出去"的竞争力;第二,对内开放不足直接导致东北老工业基地市场容量狭小,如东北的内需潜力仅为长三角地区的 0.31[1],这较大程度上压低了企业发展的天花板,对外资没有足够的吸引力,缺乏"引进来"的条件。因此,东北地区首先要以对内开放破题,以对内开放促进提高对外开放的水平与质量。我们还可以从需求侧和供给侧阐释对内开放于振兴东北老工业基地的意义。从需求侧视角看,对内开放意味着消费者拥有更多的选择空间和消费需求,投资者拥有更大的投资空间和置买设备动机,释放东北强大的内需潜力,以内需驱动东北老工业基地,实现高质量发展。此外,内需市场的扩大能够实现更强大的购买力,吸引外资进入东北,使东北工业融入跨国企业控制的垂直一体化全球价值链。从供给侧视角看,对内开放可以破除本国(地区)内一切行政权力造成的市场分割和行政壁垒,实现自由进入和自由退出[2],构建起东北区域大市场,以效率和创新为导向,增强企业创新动力,提高东北工业产品供给质量和多样性,使东北工业企业有能力走出去,建立以东北优势工业企业为"链主"的国内价值链和全球价值链。

技术和市场是实施区域赶超战略的两条途径,二者互为补充和支撑,以技术创新支撑市场扩张,反过来,市场份额提高又使企业有能力投入更多的创新研发费用,提高企业创新能力和技术水平。目前,东北老工业基地在国内的工业市场份额不断缩减,技术创新停滞不前,二者形成恶性循环。因此,打通东北地区市场扩张和技术创新的堵点,形成技术与市场的良性互动成为振兴东北老工业基地的关键环节。

从东北市场环境和技术创新生态来看,打通堵点并非易事,东北老工业基地是我

---

[1] 采用刘志彪,凌永辉(2020)对内需概念的界定,即来自国内对商品和服务的需求能力。具体公式:潜在内需=居民人数 * 人均可支配收入;实际内需=居民人数 * 人均消费,测算出结果发现,东北内需/长三角内需比值不断降低,同时,东北内需潜力的挖掘率已经达到 72%,比长三角地区高出 6 个百分点。

[2] 刘志彪:《建设优势互补高质量发展的区域经济布局》,《南京社会科学》,2019 年第 10 期。

国执行计划经济时间最长的区域,深受计划经济浸染,形成了条块分割的商品和要素市场,严重的市场分割延续到社会主义市场经济时期。这一时期,政府间激烈的"财政锦标赛",狭隘的地方保护主义,成为各地方政府的理性选择,形成区际高企行政壁垒[1][2]。市场分割和行政壁垒造成东北地区工业重复建设,浪费有限资源,地区间形成恶性竞争,制约了东北工业的规模效应和本地市场效应的发挥。另一方面,东北的技术创新生态不容乐观,计划经济为东北地区留下大量国有企业,经过多轮国企改制,东北仍是我国国企占比最高的地区,"大而全""小而全"的国企模式抑制了东北地区技术创新生态的发育,从配件到成品,全部在企业内部包办,出现两方面影响:一方面,自身由于经营产品过于宽泛,无法聚焦主业,激烈竞争的市场上必然导致技术升级滞后,创新动力缺失;另一方面,工业企业不把副业分离出来,生产性服务业难以形成规模,市场上难以形成成熟的生产性服务业业态,造成产业分工难以深入,生产迂回度不够,中小工企难以将产品和服务做精做细,这使得东北地区工业企业虽有集中,但没有工业集聚,难以培育出良性的技术创新生态。

从东北经济屡振不兴的事实中发现,东北的技术和市场的恶性循环具有较强的路径依赖性,很难通过"输血式"的工业投资和补贴加以振兴。根本上解决东北问题,应该从内部入手,培育东北地区的"造血能力"。借助国家战略层面推进国内国际双循环的时机,东北地区迎来了重要的发展机遇期,以对内开放为突破口,形成对内对外开放的良性互动,分三个阶段:区域内开放、融入国内经济循环及融入全球经济循环,构建起东北地区市场与技术的互促机制。通过对内开放统一东北区域市场,将碎片化的市场整合起来,根据斯密定理,专业的生产者只有市场发育到一定程度才会出现和存在,东北地区市场规模的扩大,分工和专业化会进一步提高,这将有效延伸东北地区工业价值链长度,培育出大量与国有企业有能力竞争和生产配套的大中小民营企业,有效改善工业链内部的技术创新生态,带动东北企业进行技术创新。以创新

---

[1] 周黎安:《晋升博弈中政府官员的激励与合作——兼论我国地方保护主义与重复建设问题长期存在的原因》,《经济研究》,2004年第6期。

[2] Chong-en Bai and Yingjuan Du. "Local Protectionism and Regional Specializing: Evidence from China's Industries". *Journal of International Economics*, 2004, 63: 397-417.

提升产品竞争力,去扩张在国内或全球的市场,形成与技术创新的互促机制。利用比较优势主动融入国内国际双循环,建立与国内外各地区的协同发展机制,降低经济发展的不确定性,实现东北老工业基地全面振兴。

四、以双循环促进东北老工业基地振兴的对策建议

为有效推进区域协调发展战略,面对东北老工业基地的发展困境,在双循环视角下,从产业、技术、市场和开放四个角度提出本节的振兴对策。

融入全国区域经济布局,以分类产业精准施策,全面振兴东北工业。东北经济"铁锈化"问题的解决需要从全国一盘棋出发,寻找定位,优势互补,对产业进行分类指导、精准施策,融入全国产业基础能力和产业链水平提升的大局。具体来看,当前东北地区支柱产业的总体情况可以分为三类。第一类是"一五"计划时期重点布局的资源类产业项目。这些产业项目如煤矿,基本上已经枯竭,例如阜新海州露天矿、新邱煤矿、抚顺西露天矿、鸡西煤矿等。这些产业面临的问题不是重振,而是善后的问题,涉及生态修复的事宜,作为工业遗产可以转型为新的项目,如旅游文化项目等进行再利用。第二类涉及的产业项目比较多,大多是处于竞争性行业的项目,例如鞍钢、吉林铁合金、吉林碳素、抚顺铝厂等企业。这些大型国企在市场经济大潮的冲击下,要么仍在苦苦支撑如鞍钢,要么破产倒闭如抚顺铝厂,要么改制重组如吉林铁合金和吉林碳素等。而类似抚顺石化、吉林石化等项目,因为加入了中国石油集团的行列得以延续,但仍然面临着激烈的市场竞争,亟需加快市场取向改革以重新振兴。

第三类最为尴尬,也是振兴东北需要重点解决的产业。它们总体上处于产业链上游核心环节,主要是制造"国之重器"的装备制造企业,如中国一重、哈尔滨电气集团、沈阳飞机制造集团、大连造船集团等。这些企业代表东北地区目前的发展水平和实力,总体上具有较高的技术水平,研发的重大技术装备屡屡填补国内空白。但是这些企业往往"叫好不叫座",投入大量资金和精力研发的重大技术装备,其市场需求和实际用量却很小,且利润空间被海外同类装备企业以大幅降价的方式严重挤压。首先要明确不能依赖国家补贴,要以产业政策驱动企业进行"技术追赶"。一是从过去

补贴生产者转向补贴"国之重器"的使用者。这既可以刺激这些高技术产业市场规模的扩大,也可以在市场竞争中遴选出用户心中真正的"国之重器"。二是要鼓励国内用户在技术差异不大的情况下,优先使用东北企业生产的"国之重器",以形成新的国内价值链在地区间的循环。三是鼓励这些企业开发民用产业,以支撑高技术投入和职工福利改进。目前我国的"国之重器"企业大多专注主业,没有开发民用产业。其实,如美国GE、德国西门子、日本三菱等国际装备巨头,一方面生产大型装备,拥有最先进技术,同时又以技术为依托孵化生产市场需要的民用产品,用民品利润支撑高技术研发投入,支持员工福利改进,从而形成集团经济内部的良性循环。

构建东北区域统一大市场,激活工业企业生产效率。东北老工业基地应以对内开放为抓手,破除市场壁垒,完善市场机制,建立竞争中性原则,激活企业发展活力。利用辽宁、吉林、黑龙江及蒙东地区习俗相近、血脉相亲、文脉相连的天然优势,搭建一体化平台。学习长三角地区一体化过程中的有益经验,中央政府应该在东北地区设立市场一体化办公室,由中央直接领导,总领东北三省及蒙东地区对内开放事务,负责东北地区对内开放的中长期战略规划的制定和实施,组建辽宁、吉林、黑龙江和内蒙古四省(自治区)省长联席会议,定期商讨,议题应包含东北地区基础设施互联互通、养老医疗体系一体化、各种地方标准体系互认、投资壁垒的消除等。此外,在东北市场一体化建设和内需扩大等事务的过程中,应该建立激励相容机制,如构建利益共享、成本共担的推进机制及补偿机制,保障参与主体的应得收益,保证构建东北区域统一大市场的顺利推进。

建立竞争有序市场,要明确政府与市场的边界,地方政府应积极转向服务职能,应该把决策权和选择权还给企业和消费者,营造出自由宽松的经营环境,为消费者提供多样化的选择空间;政府自身应专职做好服务工作,有效率地提供公共产品,弥补市场失灵。此外,应加快国有企业改制,国有企业作为东北老工业基地的企业主体,代表东北老工业基地的先进生产力,如果国企不能实现创新发展,必然导致老工业基地技术的退步,国企改制不应该只是一种形式,以科技创新和盈利能力作为国企负责人主要考核指标,并与个人绩效挂钩。从"企业办社会"中脱离出来,鼓励国有企业进行兼并重组,允许"僵尸企业"申请破产,为市场新生力量腾出发展空间,给东北地区大市场的形成注入活力。以竞争中性原则强调民营企业与国有企业的平等地位，消除东北老工业基地国有企业享有的行政垄断特权，破除民营企业对国有企业的依附，建立平等的竞争地位，以创新和效率为导向，提高所有市场参与者的竞争力。有效的市场要求国有企业想要在竞争中生存下去，必须提高生产效率和创新能力，在优胜劣汰的环境中生存下来的企业可以整合市场资源，盘活东北老工业基地庞大的工业资本存量。

整合东北老工业基地为主体的工业价值链，培育技术创新生态。东北地区在基础工业材料制造业、工业机械制造业等重工业相关领域，具有国内市场上的比较优势，这是振兴东北工业的突破点和抓手。如沈鼓、沈飞、一汽、哈电等优势企业可以凭借前期积累的技术优势，整合东北老工业基地内部的工业价值链，将非核心业务全部外包给中小企业，一方面，可以让企业聚焦于核心业务，提升研发创新能力，另一方面，有利于本地生产性服务业的发展壮大，延伸工业价值链，提高生产专业化水平。鼓励中小企业把中间产品做细做精，建立制度化的激励机制，弘扬工匠精神，培育东北老工业基地的"隐形冠军"，形成"链主"企业和配套企业之间优势互补、分工明确的工业价值链。

强化东北老工业基地内部工业价值链的同时，要注重加强与外部工业价值链的链接。当前贸易全球化受阻，国内市场快速扩张，可以趁势把东北老工业基地的优势产品大力推向国内市场。利用逐渐扩大的国内需求，迅速把产品做精做强，先从优势产品上打开突破口，为其他企业树立示范效应，以点带面，实现整体工业振兴。鼓励国内工业企业购买东北自产工业设备，培育东北重工业的本地市场效应。同时，鼓励东北工业企业建立与国内其他区域的工业关联，尽量在国内市场采购中间品，消除东北工业产品在国内的流通壁垒，延长国内工业链长度，增强东北工业发展韧性和根植性，形成国内区域间有效协同的工业价值链。此举除了强化国内工业价值链外，还有一个重要目的，融入国内工业价值链，能够分享沿海地区的工业发展红利，延长国内工业价值链，将工业价值链中高附加值留在国内，这对国内的工业企业来说，将形成巨大的技术创新动机。

培育东北地区对内对外开放新高地，推进东北工业"引进来"和"走出去"。对内开放是对外开放的基础和前提,对外开放是对内开放的延伸和支撑,目前,东北老工业基地对内开放的紧迫性已经超越对外开放,以对内开放整合东北区域市场,提升发展质量,带动对外开放。对内开放应该遵从先易后难的原则,首先减少东北区域内的贸易壁垒,降低贸易成本,其中既要降低商品和要素的流动成本,也要降低劳动力的流动成本,如在东北区域内互认医疗保险、养老保险等关乎劳动力切身利益的保险和公积金。其次,对内开放资本市场,消除外来资本的投资退出限制,增强资本流动性和市场活力。此外,开放企业的融资限制,特别是要针对市场中的中小企业,拓宽融资渠道。再者,逐步放松,直至全面放开户籍对人员流动的限制,这于东北对内开是放尤为重要的一环,将释放大量农业户籍人口的潜在需求,并激活劳动力红利,这是推动东北老工业基地高质量发展的重要动力。

　　统筹考虑东北老工业基地内部与外部双循环,把对内开放与对外开放结合起来,通过东北地区内需的扩大,虹吸国内外创新要素。"引进来",提升东北老工业基地的创新水平,提升企业竞争力;"走出去""走上去",可以成为嵌入GVC的途径和手段。引进来可以利用FDI引进跨国企业所控制的垂直一体化GVC,或者建立市场交易型松散的GVC;走出去则可以通过对外投资、并购等手段,建立以我为主的GVC。在这方面,可以学习东部沿海地区在开放中嵌入GVC的既有经验,汲取重要的教训。比如,更新和建设基础设施,东北地区当前急需建设北部的出海口;在营商环境方面,尤其是政府要不断优化制度环境,改革落后的企业组织制度。再如,要避免走"市场换技术"的老路,实践证明,只有自身研发水平和科技成果产业化水平达到一定程度,才可以通过产业链吸引外资、建设世界级先进制造业集群,更好地嵌入到GVC中。

(与仝文涛合作,原载于《江苏行政学院学报》2021年第1期)

为高质量发展而竞争:地方政府竞争问题的新解析

摘要:建设为高质量发展而竞争的机制,是贯彻落实新发展理念、建设现代化经济体系的具体行动。在新一轮扩大地方政府自主权的背景下,矫正过去的地方政府竞争制度、重塑经济新动力,是推进全面深化改革的一项极其重要的选择。过去地方政府竞争是以 GDP 和财政收入增长为中心,现在是以高质量发展为导向。要通过对统计体系、标准体系、绩效评价、政策体系等方面的创新,以新发展理念修正地方政府竞争的目标函数及其构成。重构高效的纵向治理体系和横向治理体系,是新时期有中国特色社会主义经济建设的重大任务。

关键词:地方政府竞争;新发展理念;高质量发展;增长与发展

中国经济奇迹是改革开放 40 年来遵循市场取向型改革原则的重大胜利。市场取向改革的一个重要经验,就是在计划经济转轨的过程中,除了中央政府在纵向方面向地方政府分权外,还不断在横向方面塑造有力量的竞争主体,这样就培育出了中国经济增长与发展的强大动力。过去 20 年来,描述这种现象并从转轨中地方政府间的竞争关系来解释中国经济取得超高速增长的原因,一直是中外经济学人试图努力探索的目标[1]。研究者一般认为,一方面,地方政府竞争是中国语境中经济增长和发展的独特现象,是有别于其他国家的强大增长引擎;另一方面,它也是引发中国经济结构运行中发生重大失衡问题的重要原因,如房地产泡沫、市场非一体化、债务风险、发展粗放等问题,可能都与地方政府过度介入市场运行有直接或间接的关系。

---

① 周业安,宋紫峰:《中国地方政府竞争 30 年》,《教学与研究》,2009 年第 11 期。

鉴于为增长而竞争的地方政府竞争体制在过去发展中的一些副作用,一些研究者认为,中国必须逐步扬弃"地方政府主导经济增长"的竞争模式,把"中央政府—地方政府—市场"这种三维纵向治理结构模式改造为标准化的市场经济体制模式,即"中央政府—市场"这种二维纵向的治理结构模式。这一观点的核心是要在市场取向的改革中,逐步"去地方政府化",让其减少经济权力和责任,专司区域性公共事务和对市场的监督与仲裁活动。其主要依据是:地方政府作为三维纵向治理结构模式的中间层,目前其功能几乎等同于在市场中追求经济利益的主体,地方政府领导则犹如公司的董事长和总经理,其"政绩"主要表现为公司领导的升迁,从而实现行政集团的利益最大化,这就忽略了政府本来应该承担的社会责任[1];以追求经济增长特别是财政收入为最高动力的地方政府逐利化或公司化,在社会治理方面无章无法,更多带来的是混乱[2]。

与这些观点不同,我认为,落实十九大提出的建设现代化强国、贯彻新发展理念建设现代化经济体系等目标,需要给中国经济持续不断地塑造新发展动力。未来,我们可以在新型发展理念指导下,继续保持地方政府竞争模式的内在固有优势,通过改革和完善这个中国特有的竞争体制,通过全面深化改革继续强化中国经济增长的动力,同时防止其可能出现的一些副作用。本文对地方政府竞争变化的背景分析也表明,在建立中国特色的社会主义市场经济体制的实践中,尤其是近年来地方经济实践中,我国地方政府间的竞争不仅没有退出运行或被虚置,而是以一种崭新的形式,正在启动一场席卷全国的竞争浪潮。从为高速度而竞争转向为高质量发展而竞争,是体制机制转轨的最重要表现之一,它必将对我国区域未来发展格局和宏观经济运行产生不可估量的巨大的作用。

本文将对新一轮地方政府竞争的背景、动因、特点、效应等会问题展开初步的分析,并在此基础上展望它的发展演化及需要进一步解决的问题。

---

[1] 张占斌:《"地方政府公司化"反思》,《决策》,2006年第11期。
[2] 邓聿文:《地方政府公司化削弱社会信任感》,《领导科学》,2009年第14期。

一、为增长而竞争转向为高质量发展而竞争：背景和动力

众所周知，出于种种复杂的原因，我国中央命令型计划经济体制在放权让利的改革中，一方面把很多经济决策权下放到地方政府、部门政府和大型国有企业，没有实质性地全部下放给一般企业和居民个人；另一方面，又设计了地方政府间就经济业绩进行分散化竞争的规则和制度框架，以 GDP、财政收入等考核指标作为评价标准决定官员晋升或是否留任的基本依据，把这些指标的完成与当地官员的晋升、收入、福利紧密联系起来。在这种经济利益与政治利益的双重"刺激—反应"机制的作用下，地方政府官员便具有了类似于企业的行为动机和一部分不完整的公司功能，而其官员便具有了作为"企业家"的策权力和动机①。

对于经济增长和发展来说，地方政府官员"企业家化"，一方面，克服了计划体制中发展动力来源于单一的中央政府推动的局限性，"一条腿走路"变成了"两条腿走路"，地方政府官员更具信息优势和决策效率；另一方面，给地方政府放权让利，让其具有强大的竞争压力，也会在塑造新的"准市场主体"的同时，培育出真正的具有强大竞争动力的民营企业，因为民营企业具有天然的适应市场竞争的特点②。实践也证明，20 世纪 90 年代中后期，民营企业如雨后春笋般蓬勃发展，支撑了中国经济增长的大半壁江山。

党的十八大之后，过去一直延续的地方政府就 GDP、财政收入等增长而竞争的制度模式发生了重大的变化。十八届三中全会报告指出，要完善发展成果考核评价体系，纠正单纯以经济增长速度评定政绩的偏向，加大资源消耗、环境损害、生态效益、产能过剩、科技创新、安全生产、新增债务等指标的权重，更加重视劳动就业、居民收入、社会保障、人民健康状况。显然，至此过去单一的为增长而竞争的机制，便成为为增长和均衡发展而竞争的机制。

---

① 刘志彪：《我国地方政府公司化倾向与债务风险：形成机制与化解策略》，《南京大学学报》（哲学·人文科学·社会科学），2013 年第 5 期。
② 张维迎，栗树和：《地区间竞争与中国国有企业的民营化》，《经济研究》，1998 年第 12 期。

2012年年底以来,中央指向的竞争规则改变,极大地影响了地方政府官员参与地区竞争和干预市场活动的预期、动力结构和行为方式,叠加上此期间国家掀起的严厉的反腐败斗争,地方政府官员选择"不作为",成为经济社会运行中比较普遍的一种现象,追逐经济增长的竞争热情随之趋降。这是经济增长率不断降低的一个直接原因。随着中国发展的内外环境复杂化和不确定性的增加,经济增长速度连续下了几个大平台,"L型"增长轨迹和格局既定。一时,中国经济增长还需不需要地方政府竞争机制来推动的问题,成为各方面所关注的焦点。

党的十九大提出,新时代高速度经济阶段已经转向了高质量经济阶段。贯彻落实新发展理念、建设现代化经济体系,是这个阶段国家经济建设的总纲领。2017年年底召开的中央经济工作会议则更加明确地指出,必须加快形成推动高质量发展的指标体系、政策体系、标准体系、统计体系、绩效评价、政绩考核,创建和完善制度环境,推动我国经济在实现高质量发展上不断取得新进展。显然,竞争规则的彻底改变已经是工作议程,为增长而竞争的机制将彻底转化为为高质量发展而竞争的机制。

2018年1月26日,中共中央修宪建议,设区市的人民代表大会及其常务委员会,在不同宪法、法律、行政法规和本省、自治区的地方性法规相抵触的前提下,可以依照法律规定制定地方性法规,报本省、自治区人民代表大会常务委员会批准后实施。这意味着什么?很明显,这等于说是要赋予设区市的立法权,相当于中央政府在向地方政府进一步放权、扩权。目的也是很明显,就是要在改善新的考评政绩机制的同时,通过进一步扩大地方政府的自主权,为全国掀起新一轮的为高质量发展而竞争的体制奠定法治的坚实基础。

因此可以总结,党的十八大之后,尤其是2017年以来,地区间竞争的浪潮迭起,与三个因素或者动力有直接的关系:一是我国经济增长减速的现实背景,国家需要重塑发展的新动能;二是从高速度经济阶段向高质量经济阶段转型,需要竞争规则的彻底改变;三是中央政府层面在推进全面深化改革中,不断推动地方政府自主权的扩大。

从实践上看,中国地方政府竞争的形式一直在变化,内容丰富多彩。如2000年以来,"中国地方政府创新奖"已举办7届,至2010年有1 500多个省、市、县、乡镇等各级地方政府申报奖项，覆盖了中国大陆所有省、直辖市和自治区；至 2013 年，这一内容主要是侧重社会管理的第六届"中国地方政府创新奖"，申报项目超过 1 800 余项，入围项目达到 139 项①。当前，地方政府就经济高质量发展的新一轮的竞争态势也正在如火如荼地展开。如 2018 年新年春节刚过，山东省委书记刘家义就召开全省大会，对比广东、浙江、江苏，主动揭示山东自身存在的不足和问题，为山东获国家新批准的旧动能转换综合试点做战前动员；济南提出了向郑州、合肥、杭州学习；西安市围绕"大西安"大在哪里的问题，思考大西安在"一带一路"建设中的地位与作用，正式提出要将西安建成国家中心城市；杭州市委书记赵一德一连发出六问：杭州离一流城市还有多远等；武汉等城市提出冲击国家级中心城市的目标；南京 2017 年提出要对标杭州等城市比学赶超等。其中，南京市委市政府用对标方式学习其他先进城市的方式，让我们看到了最为典型的地方政府新一轮风起云涌的竞争态势：

> 创新对标要争一流城市，对标城市是深圳；产业对标要攀高端，对标城市是广州、苏州；营商环境对标要做最优，对标城市是北京、上海、广州、深圳等；城建对标要提品质，对标城市是杭州、上海；民生对标要优化供给，对标城市是上海；开放对标要国际化，对标城市是广州；改革对标要抓突破，对标城市是上海、深圳；生态对标要补短板，对标城市是杭州②。

显而易见，这种地方政府就高质量发展竞争的机制和模式，跟以前一样，具有强烈的模仿学习的特征。在建设社会主义现代化强国的要求和背景下，这种标杆式学习，会加速缩小地区间、城市间的发展差距以及发展趋向的同质性，意味着竞争将会更加激烈，地方政府介入经济的动力也会更强烈。

---

① 何艳玲，李妮：《为创新而竞争：一种新的地方政府竞争机制》，《武汉大学学报》（哲学社会科学版），2017 年第 1 期。

② 毛庆：《聚焦"1+8"推动对标找差取得实质突破》，《南京日报》，2018 年 2 月 23 日。

二、新时代需要建立和完善为高质量发展而竞争的制度安排

美国学者 Oi 在研究当代中国乡镇政府的政治经济问题时首次提出了"地方性国家统合主义"(local state corporatism)这个概念,用于解释在中国地方政权、金融机构以及企业之间所形成的统合关系①。"地方政府公司化"概念可能是对上述重要概念的本土化延伸,可以比较准确地描述地方政府的行为动机和行为方式,以及可能的发展效应。

经过改革开放四十年的实践,我们很容易发现,过去的"地方政府公司化"倾向虽然有一些重要的优点和特性,但是也确实存有许多的弊端。十八大和十九大提出的修正考核评价体系和机制,就是为了在继续发挥地方政府积极性、扩大地方自主权的条件下,纠偏地方政府的发展偏好与中央意欲的全社会目标之间的差距,给地方政府竞争的目标函数输入新的发展理念,以矫正其竞争行为。

值得思考的是,进入新时代,我们为什么不把高质量发展的任务全部交给市场和企业,而仍然需要通过政府改革,去建立和完善一种新的地方政府竞争模式和制度的安排?

第一,为了实现新时代建设现代化强国的目标,仍然需要一定的经济增长速度。这种速度需要持续的、强大的增长引擎而取得,不仅仅是通过纯粹的市场调节和企业交易行为就可以达到的。GDP 增速仍将是中国一些重大政治经济问题的逻辑基石,是经济政策的重要的量化指标。2035 年要实现基本现代化,按现在的币值,人均 GDP 要达到 2 万多美元。这意味着从 2020 年开始接下来的 15 年中,或者在 2016 年 8 260 美元的基础上,经济增长得保持 5% 左右的速度,才能保证届时按战略规划要求进入高收入国家行列。从 20 世纪 50 年代到 80 年代,全球只有日本一个国家持续保持了 30 年的中高速增长。中国改革开放以来已经高速成长了 40 年,但如果把

---

① Oi J C. *States and peasants in contemporary China: the political economy of village government*. Berkeley and Los Angeles:The University of California Press,1989.

5%左右的增长速度持续到2035年,那么就意味着中国要保持近60年的中高速增长。这是全球以市场规则调节的经济增长的历史上从未有过的现象。根据中国过去的经验,保持经济增长的巨大动力必须通过发挥市场的决定性作用和更好地发挥政府的作用来达到。

第二,新时代我国社会的主要矛盾已经转化为人民日益增长的美好生活需要和不平衡不充分的发展之间的矛盾,有效缓解这一矛盾也需要在发挥市场决定性作用的基础上,更好地发挥政府的能动作用。不平衡是供给的结构有问题,不充分是供给的程度有问题,它们都是供求结构的失衡。导致这种失衡的内在原因究竟是什么? 是长期积累的一些结构性、体制性、素质性的突出矛盾和问题[①]。显然,解决这些矛盾和问题的方法,需要以推进供给侧结构性改革为主线,推动经济发展质量变革、效率变革、动力变革,即要从提高供给质量出发,用改革的办法推进结构调整,矫正要素配置扭曲,扩大有效供给,提高供给结构对需求变化的适应性和灵活性。在实践中,我们可以按照结构性改革的方向和要求,通过鼓励地方政府采取为高质量发展而竞争的方式,来引导企业实现这些任务。如对供给数量不充分的问题,我们可以简单地鼓励地方政府进行产量竞争;而对于供给质量不充分的问题,我们可以通过把质量参数输入地方政府的竞争目标或者考核标准中,使其引导企业在市场竞争中间接地实现。

第三,过去,为增长而竞争的制度安排所留下的一些重要和隐患的问题,不可能全部丢给市场和企业去解决,而必须继续由政府去消化和承担。供给侧结构性改革就是要在充分发挥市场在资源配置中的决定作用的同时,矫正以前过多依靠行政配置资源带来的要素配置扭曲,同时实施精准的地方性产业政策进行结构调节。如现在绝大多数产能过剩的落后企业和"僵尸企业",都是过去在地区竞争中依靠政府做的投资和高杠杆维持的。对现在列入国家竞争政策需要淘汰的落后产能,尤其是"僵尸企业","解铃还须系铃人",还是需要政府出手,该断奶的就断奶,该断贷的就断贷,

---

① 龚雯,许志峰,王珂:《七问供给侧结构性改革——权威人士谈当前经济怎么看怎么干》,《人民日报》,2016年1月4日。

坚决拔掉"输液管"和"呼吸机"。这些事务的解决,完全靠市场是不可能的,也是不可信的。其实,以企业和市场为基础进行结构的自调节,与提倡地方政府高质量竞争、发挥地方性产业政策的引导作用之间并不是矛盾和冲突的。产业政策是利益诱导性的,而不是由地方政府去确定具体项目,或选择把资源投向哪一个企业主体,具体的投资机会还是要由企业家来摸索和把握。因此实现高质量发展,完全可以通过改变对地方政府的竞争规则和激励机制来实现,完全可以通过用新发理念升级功能性地方产业政策来实现。如果竞争规则和产业政策能够更多地强调生态环境、创新发展、人民幸福生活等竞争标准,则化解社会主要矛盾、提高发展质量就不是空中楼阁。在中国的政治结构和制度约束下,完全可以在你追我赶的竞赛中,看谁能够更多、更好地为市场活动提供更多的"外部经济性",从而间接助推发展质量的加速提升。

第四,以鼓励地方政府为高质量发展而竞争的方法,来实现新时期国家经济建设总纲领的目的,当然也会有各种各样的新的经济和社会成本。如可能要比过去更多地强调通过做强国有资本的方式来实现,从而可能在一定程度上牺牲局部效率;再如,有可能要授予地方政府更多的社会经济职能,如补短板就需要地方政府承担更多的基础设施、科技创新、生态环境等方面的投资功能,因此在一定程度上可能会抑制社会经济组织的自我发育和成长,在一定程度上替代市场主体的某些功能等。应该看到,这是发展中大国经济处于转型阶段时所必须付出的一些社会成本。此外,我们还不能忘记,中国具有悠久的政府控制文化传统,其现实基础十分深厚。在转向社会主义市场经济的过程中,减少行政干预离不开政府自我革命,离不开政府职能的有效发挥。比如在消灭无效企业、安排职工离岗转岗等事务的过程中,不靠行政命令、单靠市场机制也是绝对不行的。当然,不管用哪种手段,最终都是为了有效发挥市场在资源配置中的决定性作用和更好发挥政府作用,这是未来现代化经济体制建设,也是推进供给侧结构性改革必须把握好的关键点。

三、为高质量发展而竞争的体制可能具有的特点

重塑新一轮为高质量发展而竞争的地方政府制度和总体态势，是全面深化改革内容的一项极其重要的选择。总体来看，过去是为 GDP 和财政收入增长而竞争；现在要以人民为中心，为缓解新时期主要社会经济矛盾而竞争，贯彻创新、协调、绿色、开放、共享的发展理念，是这一轮地方政府竞争的主要标准，也是我们推崇和鼓励新一轮地方政府竞争的主要理由。具体来看，新一轮地方政府为高质量发展而竞争的制度安排，可能具有如下几个重要的特点。

第一，从经济发展阶段上看，过去的为增长而竞争的机制，是以短缺经济的总态势为基本背景，因此地方政府竞争的目的，是要最大限度地推进物质财富的超高速增长，以满足短缺经济中民众需求的巨大缺口；现在的竞争基准的提出，是以过剩经济为基本前提和趋势，因此为高质量发展而竞争的制度安排，会更加重视实体经济中的产能过剩、新增债务等问题，会更加重视虚拟经济中出现的资产短缺、资产泡沫问题，会更加重视劳动就业、居民收入、社会保障、人民健康等状况，而不仅仅是 GDP 增长和财政收入。

第二，从实现目的的手段看，过去的竞争基准决定了实现目的手段比较简单，只要在收入既定的条件下，千方百计地增加储蓄、加大投资规模、扩大生产能力，即可提供满足市场需求的物质产品；而在现在的竞争基准下，人民日益增长的美好生活需要日益高质量化、口味多元化、需求服务化，为此必须按照市场需求进行供给侧的结构调整，利用技术进步提高劳动生产率，提高供给质量和投资效率，这就需要转向以创新驱动发展为主的竞争模式，创新因素在新的竞争评价中将会占据重要的权重[1]。

第三，从化解新时期社会主要矛盾看，过去的竞争基准在资源稀缺的条件下要求突出重点和非均衡发展，为了争取更快的速度，往往要求把有限的资源重点倾斜发展

---

[1] 陈国权、黄振威：《地方政府创新研究的热点主题与理论前瞻》，《浙江大学学报》（人文社会科学版），2010 年第 4 期。

某些产业、某些地区,以期通过重点发展来带动一般、通过局部带动整体、通过先富带动后富等。而现在的竞争基准则要求协调均衡增长,不仅是总量均衡,而且是结构均衡;不仅是产业结构发展均衡,如一二三次产业之间、三大产业内部之间的协调发展,而且是空间发展结构上动态发展均衡;不仅实体经济内部要均衡,而且要实现实体经济与现代金融、房地产业之的均衡;不仅要快,而且要好,要高质量发展;不仅讲效率,还要讲平等。

第四,从建设环境友好型社会的要求看,过去的竞争基准是在贫困走向小康的道路上实施的,物资的匮缺使人顾不上对环境的保护和利用,绿水青山、绿色发展是放在次要位置的,增长往往以资源高额消耗、环境严重破坏为代价。在高涨的环保压力下,竞争基准要求发展始终贯彻资源节约、环境友好,实现绿色循环低碳发展、人与自然和谐共生。

第五,从发展的手段和成果分配看,过去的竞争基准体现的是一部分人参与、少部分人有获得感的发展理念。一部分人先富起来并没有真正地带动绝大部分人富裕;GDP上去了,干部得到了晋升,但是GDP中工资福利的含量并不高,大部分民众并没有真正的获得感。现在的竞争基准体现的是共享发展的理念,关注的是人民的获得感、幸福感和舒适度,更能激发人民群众参与建设的热情。让人人参与、人人尽力,最终实现人人享有。如实践中以共用、互换、租借代替占有的共享经济模式,涉及诸如工具、设备、汽车、住房、信息等广大的服务领域,不仅引发了商品服务消费的变革,而且在互联网的帮助下达到可与传统模式匹敌的经济规模。

第六,从中国与外部世界的联系机制看,过去的竞争基准是出口增加外汇储备,增加社会总需求从而提升国家的经济增长速度,因此开放战略和开放政策鼓励的是单一的出口导向,鼓励的是利用别国的市场,鼓励的是利用廉价的生产要素加入全球价值链低端进行国际代工。现在的竞争基准是要建设高水平的开放型经济体系,是发展深度加入全球分工体系、与世界经济之间有着良性循环关系的经济,不仅可以输出商品和要素,而且也可以利用内需不断扩大的优势吸收先进的高级生产要素;不仅可以引进来,而且可以走出去;不仅可以沿"一带一路"对东开放,而且可以向西、向南开放。

显然，新一轮地方政府就高质量发展所进行的竞争，其实就是全面进入了发展高质量经济阶段，就是建设现代化经济体系的具体行动机制。

四、为高质量发展而竞争：要吸取为增长而竞争的经验教训

地方政府公司化倾向是我国过去地方政府间竞争制度安排的产物，由此引发的某些问题也是我们在设计新一轮地方政府竞争规则时必须认真考虑的问题。为高质量发展而竞争的制度设计，必须把地方政府公司化的倾向，改造为非营利公司化的倾向，也即要更多地剥离地方政府追求自身经济利益的职能，让其更多地考虑基于公共利益的发展，以及辖区内的社会治理问题。

根据过去的经验，无论强调什么内容的竞争，地方政府都必然会逻辑地动用其行政权力来参与竞争或竞赛，由此引发的负面效应主要有过多干预经济主体的决策、导致经济碎片化倾向、不愿意充分履行公共事务责任、债务负担过重等。这些问题本身并不是地方政府竞争制度带来的，而是由旧的地方政府职能和旧的竞争规则不适应新时代的发展要求所引发的现实问题。其实，在新一轮地方政府竞争规则的设计中，可以通过地方政府的机构改革，通过事先修改规则、认真地执行新规则以及完善考核评价体系来有效地避免上述这些副作用。

如何避免地方政府过多干预经济主体自主决策？在为增长而竞争的机制设计下，追求GDP和财政收入的增长，最有效的手段是增加投资。为此，地方政府就可能直接干预企业的投资决策，或者倾向于膨胀自己的投资职能，替代经济主体的市场化决策。当我们在追求高质量发展的指标体系、标准体系、绩效评价、政绩考核中，放低这些增长标准的权重后，地方政府干预或者代替企业决策的动机就会大大降低。同理，增加地方政府进行社会治理方面的考核评价指标和相应的权重，自然可以有效地避免其不愿意充分履行公共事务责任的弊端。

如何避免地方政府竞争而导致经济碎片化倾向？地方政府公司化倾向是经济碎片化的起因，破除公司化倾向，把其改造为具有非营利化倾向的经济主体，是一个基本的方向。但是与营利性或非营利性公司不同的是，地方政府具有完整的行政权力

体系,我们在倡导地方政府竞争制度时,必须高度重视有效制度的设计问题,避免其可能的反专业化分工合作、逆区域经济一体化趋势的弊端。基本办法就是要破除把地方政府官员的政治经济利益与辖区边界内的市场利益挂钩的不良制度。如在经济区内,要把推进经济一体化的努力列入考核评价指标,减弱财政收入与个人福利、政治晋升之间的联系,等等。

如何避免日趋严重的地方政府债务危机问题?[①] 中国经济目前面临的风险确实与地方政府参与竞争的制度安排有直接的关系,但是这种风险是在财权、事权和调控权不对称的中央地方关系中发生的,是在土地财政的大背景下发生的,是在所形成的特殊举债融资机制下发生的。严格上说,这种债务风险的发生与地方政府间竞争的制度安排之间并没有逻辑的、必然的对应联系。未来,我们完全可以通过中央与地方财权、事权关系的改革,通过财政金融体制改革的配套,来降低其高负债的可能性,防止可能出现的金融风险。

五、结语:要努力建设中国特色的地方政府纵横治理体系

通过全面深化改革驱使中国经济进入高质量发展阶段,要对具有中国特色和竞争力的地方政府竞争制度进行修正和改造,建立和完善为高质量发展而竞争的制度体系就是一种现实的选择。我们不能把过去为中国发展做过重要贡献的"为增长而竞争"的制度体系"像倒洗澡水一样把婴儿也一起倒掉了"。

"中央政府—地方政府—市场"这种三维主体的纵向治理结构模式,适应我国集中统一、幅员辽阔、人口众多、区域发展高度不平衡以及千差万别的国情。改革开放40年来的经验告诉我们,在建设现代化经济体系的伟大事业中,如果不充分发挥这三个层次的积极性,尤其是基层干部群众的积极性,仅仅具有高层某个层面的积极性,这个经济建设的总纲领就无法落地和落实。因此,如何再次让地方政府在经济发

---

① 傅勇,张晏:《中国式分权与财政支出结构偏向:为增长而竞争的代价》,《管理世界》,2007年第3期。

展和国家治理中强大起来,发挥其应有的作用,重新构建一个高效的"纵向治理体系",是未来新时期社会主义经济建设的重要任务。经过多年的发展,我国已经在区县一级形成了一个高效且极具执行力的基层政府组织。中央进一步对地方政府进行放权,以绩效考核改革为抓手,通过鼓励区域发展竞争来提高地方政府的治理能力,便于提高经济发展活力。

区域之间政府的发展竞争,属于"横向治理体系"的一部分。地方政府之间既可以有发展竞争,也可以有发展的合作。竞争与合作是一体两面的机制。在这个经济全球化、分工日益细化的时代,各地方政府撤除行政壁垒,竞相开放自己的市场,既有竞争又有合作,是大势所趋,是区域市场一体化的发展含义。2014年2月,习近平同志就推进京津冀协同发展所提出的要求,首次界定了政府在区域发展一体化方面的基本职责和基本工作内容,也是未来地方政府在高质量发展竞争与合作中,必须遵循的基本职能。概括起来就是七个方面:一要负责一体化发展的相关规划的顶层设计;二要打破自家"一亩三分地"的思维定式,发挥合作发展协调机制的作用;三要理顺产业发展链条,形成区域间产业合理分布和上下游联动机制;四要调整优化城市布局和空间结构,促进城市分工协作和一体化;五要加强生态环境保护方面的合作;六要把交通一体化作为先行领域,构建现代化互联互通综合交通网络;七要推进市场一体化进程,破除限制生产要素自由流动和优化配置的体制机制障碍。

在新发展理念的指导下,新一轮地方政府间的竞争和合作,必然对我国区域经济发展格局产生时空压缩、增加密度、减少分割的经济地理重组效应,从而实现国土资源利用效率较高、要素密集程度较大、城市群落连绵、区域发展差距较小的现代化经济体系的空间结构。

[原载于《河海大学学报》(哲学社会科学版)2018年第4期]

图书在版编目(CIP)数据

刘志彪自选集：咨政岁月 / 刘志彪著. —— 南京：南京大学出版社，2022.7
(南京大学经济学院教授文选)
ISBN 978-7-305-25557-1

Ⅰ. ①刘… Ⅱ. ①刘… Ⅲ. ①中国经济－文集 Ⅳ. ①F12-53

中国版本图书馆 CIP 数据核字(2022)第 051297 号

出版发行	南京大学出版社
社　　址	南京市汉口路 22 号　　邮　编　210093
出 版 人	金鑫荣
丛 书 名	南京大学经济学院教授文选
书　　名	刘志彪自选集:咨政岁月
著　　者	刘志彪
责任编辑	张　静
照　　排	南京南琳图文制作有限公司
印　　刷	南京爱德印刷有限公司
开　　本	787×960　1/16　印张 17.75　字数 303 千
版　　次	2022 年 7 月第 1 版　2022 年 7 月第 1 次印刷
ISBN	978-7-305-25557-1
定　　价	80.00 元

网址：http://www.njupco.com
官方微博：http://weibo.com/njupco
官方微信号：njupress
销售咨询热线：(025) 83594756

＊版权所有，侵权必究
＊凡购买南大版图书，如有印装质量问题，请与所购图书销售部门联系调换